西南政法大学新闻传播学系列丛书

区域传媒生态结构优化研究

基于传媒生态位的视角

RESEARCH ON THE STRUCTURAL
OPTIMIZATION OF REGIONAL MEDIA ECOLOGY

FROM THE PERSPECTIVE OF MEDIA NICHE

董紫薇 著

社会科学文献出版社
SOCIAL SCIENCES ACADEMIC PRESS (CHINA)

本书为西南政法大学 2021 年校级科研项目"成渝双城经济圈全媒体传播体系发展模式研究"（2021XZNDJDQN－12）研究成果，依托成渝地区双城经济圈发展传播研究院展开研究

摘　要

　　媒体融合步入深度融合阶段的战略目标是构建全媒体传播体系，实现这一目标需要处理好不同层级、不同区域、不同类型媒体之间在竞争与合作方面的重要关系，在实践中要重点解决媒体资源利用模式趋同所导致的传媒生态位重叠与传媒生态结构失衡问题。近年来，随着县域、市域、省域传媒生态融合为一，跨省整合传媒资源、推进区域传媒生态体系构建成为一项新课题。客观上看，我国媒体在区域传媒生态体系构建实践中取得了一些进展但也存在不足之处，对区域传媒生态结构的认识不足在一定程度上阻碍了实践的发展。

　　为了深入了解不同媒体在区域传媒生态结构中所处的位置以及它们之间的关系，本书采用传媒生态位测算方法分别对京津冀和成渝传媒生态结构进行"用户+内容+渠道+技术"四个资源维度上的测算和分析，结果显示区域传媒生态在媒体竞争关系的资源、层级、空间结构三个方面存在三个问题：一是资源结构中的边缘传媒资源有待开发的问题，区域传媒生态中的媒体资源利用模式趋同而呈现媒体高度重叠于中心生态位的"中心－边缘"结构，媒体对边缘生态位上传媒资源的开发力度不足；二是层级结构中的区域级媒体有待建设的问题，区域传媒生态中的全国级和本地级媒体数量较多且仅在本层级内部产生高度生态位重叠，区域级媒体数量较少且在本层级内部几乎没有产生重叠，说明区域层级上存在大量未被占据的空白生态位可供媒体获取资源；三是空间结构中的传媒市场壁垒有待破除的问题，区域内中心城市与周边城市之间在传媒种群多样性、传媒资源总量与利用水平等方面存在显著差别，统一的区域传媒市场尚未成形。此外，在区域传媒生态的媒体合作关系上也存在媒体合作的深度有待加深、广度有待扩展的问题。

通过建立理论模型可以大致描摹出区域传媒生态结构的理想形态。从媒体竞争关系来看，一个理想的区域传媒生态结构应当呈现"资源—层级—空间"多维立体架构；从媒体合作关系来看，一个理想的区域传媒生态结构应当呈现"内环—中环—外环"整体联动架构。对照区域传媒生态理论模型逐一反思现实问题，可以提出区域传媒生态结构的优化策略，包括政府协同治理推进区域传媒市场一体化进程、媒体优化定位形成区域传媒错位经营格局、媒体融合共建互利共生区域传媒生态圈、媒体深度合作打造区域传媒"技术＋"共同体等。总的来说，本书在传媒生态位视角下展开区域传媒生态结构优化研究，在建立理论模型、提出优化策略、拓展实证经验、改良测量方法等方面有所创新。

ABSTRACT

As the media convergence practice entering the stage of deep convergence, the strategic goal of this stage has shifted to build an all-media communication system. To achieve this goal, it is necessary to deal with the important relationship between various media in the dimension of competition and cooperation from the perspective of different hierarchy, region and type. In practice, it is necessary to focus on solving the overlapping of media niche and the imbalance of media ecology caused by the convergence of media resource utilization modes. In recent years, some media platforms have combined county-level media, municipal media and provincial media to establish a regional media ecosystem. Objectively speaking, China's media have made some progress in the construction of regional media ecosystem, but there are also shortcomings. Insufficient understanding towards the structure of regional media ecology hinders the development of practice to a certain extent.

In order to further understand the position of different media in the regional media ecology and the relationship between them, this book calculates and analyzes the structure of regional media ecology in "Beijing-Tianjin-Hebei" and "Chengdu-Chongqing" urban agglomeration by using the method of media niche measurement, and the measurement covers four resource dimensions of "user + content + channel + technology". The results show that there are three problems in the resource structure, hierarchical structure and spatial structure of regional media ecology:

First, there are a lot of undeveloped media resources in the marginal niche of resource structure. The utilization modes of media resources in regional media ecology are similar, which leads to a high degree of overlap of media in the central niche and a blank area in the marginal niche. This situation shows that media has insufficient utilization of media resources in the marginal niche.

Second, the regional media in the hierarchical structure needs to be constructed. There are a large number of local and national media in the regional media ecology, which produce a high degree of niche overlap within their respective hierarchies only. There are a small number of regional media and almost no niche overlap within this hierarchy, which indicates that there are a large number of blank niches in the regional hierarchy.

Third, the media market barriers in the spatial structure need to be broken. There is a significant gap between the central city and the surrounding cities in the media ecological diversity, the total amount of media resources and the utilization level of media resources. Only by breaking the existing market barriers can media managers establish a unified regional media market with free flow of media resources.

In addition, the depth and breadth of media cooperation need to be improved.

In order to explain the ideal form of the structure of regional media ecology, this book establishes a theoretical model. From the perspective of media competition, an ideal form should present a "resource-hierarchy-space" multi-dimensional structure; From the perspective of media cooperation, an ideal form should present a "inner-middle-outer" interlocking structure.

Compared with the ideal form of the structure of regional media ecology, there are some problems to be solved in reality. This book puts forward some strategies for structural optimization of regional media ecology, which mainly includes the following points: First, in order to solve the problem of uneven distribution of media resources in the spatial structure of regional media ecology, the governments of different territories should work together to formulate a detailed plan to establish a unified regional media market; Second, in order to solve the problem of the blank niche in the regional hierarchy structure and the problem that the marginal media resources in the resource structure have not been utilized, all media in the regional media ecology should adopt a series of niche management strategies including filling in the blank niche and exploring new niche, and then set up a situation of dislocation competition; Third, in order to solve the problems of short time, small scope and low degree of cooperation among kinds of regional media, media managers should take the platform media as the leading role, and establish a regional media ecosystem in which multiple media share resources and create value on a unified platform; Fourth, in order to solve the problem that the alliances between different media are not enough to promote deep cooperation, media managers should establish a deep cooperation mechanism with the community as the carrier. In the process of practice, media managers should give priority to building a media technology community, and then build a regional media industry community on this basis.

In general, this book conducts research on the structural optimization of regional media ecology from the perspective of media niche, and has made innovations in establishing theoretical models, proposing optimization strategies, providing empirical evidence and improving measurement methods.

目 录 CONTENTS

目录 CONTENTS

第一章　传媒生态的变革与优化

第一节　媒体融合背景下传媒生态的变化趋势

当前，传媒技术的快速升级迭代正在引领传媒生态步入生态价值向外扩张与生态结构动态调整的剧烈变革期，而媒体融合战略的适时提出，既是顺应传媒生态环境变化形势的战略举措，又为传媒生态的变化叠加了政策制度和传媒实践因素的深刻影响。本书在技术迭代与政策更新的背景下对传媒生态变革的新动态进行梳理，并且依据媒体融合实践的新要求提出研究问题，以期推进新时代、新实践基础上的传媒生态理论创新。

一　技术迭代引领传媒生态剧烈变革

（一）技术进步推动传媒生态价值扩张

近年来，伴随人工智能、云计算、5G、大数据等传媒技术的快速升级迭代，传媒生态的时空维度与多种资源维度都呈现向外延展之势，从时间维度上看，移动互联网和智能设备的珠联璧合让用户在任意时间和地点均能使用传媒产品，其结果是用户的媒体使用时长有大幅度的增长，传媒生态中的用户资源整体价值向外扩张。如图 1 - 1 所示，2021 年 12 月，中国网民人均每周上网时长为 28.5 个小时，较 2020 年 12 月增长了 2.3 个小时。

从空间维度上看，用户在移动状态下伴随式地使用传媒内容产品，在内容产品与空间场景之间建立了全新的链接关系，如用户在开车时收听交通广播、在旅行途中收集景点信息、在医院接收就诊通知等行为，具有明显的场景化特征。特别是随着 5G 时代的到来，5G 物联网能够容纳每平方

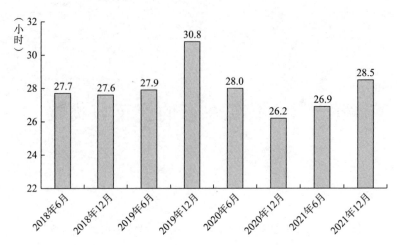

图 1-1　2018 年 6 月至 2021 年 12 月中国网民人均每周上网时长

资料来源：CNNIC：第 49 次《中国互联网络发展状况统计报告》，2022 年 2 月。

公里百万智能终端设备接入，从而将"万物互联"的设想变为现实。传媒用户的智能化、场景化消费特征表现得更为突出。

传媒技术进步推动传媒生态在时空维度上的延展，为传媒生态整体价值的扩张提供了更多的"容量"。一方面，直到触碰到现存传媒时空界限的"天花板"之前，传媒用户的使用时长、使用空间及其场景化需求、碎片化需求、互动需求等尚未被完全满足的心理需求，仍然有增长的潜力。另一方面，用户使用时长和心理需求的扩张使得新媒体市场呈现"供不应求"的状况，供给侧的传媒种群不断发展壮大并创造更多的传媒内容产品价值。最终，整个传媒生态在资源循环中向着生态价值持续扩张、生态主体趋向多元的方向进化。

（二）新媒体兴起引发传媒生态结构变化

当前的传媒竞争形势主要表现为新旧媒体两个种群之间的竞争关系日趋复杂。在竞争中，占据新技术、新渠道优势的新媒体种群迅速成长起来，而传统媒体种群的生存空间则受到新媒体的挤占。在用户资源方面，传媒用户使用空间向移动互联空间的"迁移"使得用户资源大量流向新媒体。截至 2021 年 12 月，我国网民规模达到 10.32 亿，互联网普及率达到 73%；手机网民规模达到 10.29 亿，手机网民占整体网民的比例达到 99.7%；网民规模和手机网民规模较 2017 年 12 月的 7.72 亿和 7.53 亿分别增长了 33.68% 和 36.65%①。

图 1 - 2 2017 年 12 月至 2021 年 12 月我国手机网民规模增长情况
资料来源：CNNIC：第 49 次《中国互联网络发展状况统计报告》，2022 年 2 月。

传统媒体用户链接的断裂又进一步引起了广告资源萎缩的"连锁反应"。近年来，受宏观经济整体下行影响，企业广告预算减少直接影响到传媒生态中的广告资源总规模，而传统媒体在广告资源萎缩的形势下承担了更多的损失：2019 年前三季度，全国广告市场整体收入同比下滑 8%，其中互联网媒体的广告刊例收入同比减少 4.2%，而传统媒体广告市场同比降幅达到 11.4%。从媒体细分领域来看，电视和广播媒体的广告刊例收入分别下降 10.8% 和 10.7%；报纸和杂志媒体的广告刊例收入分别下降 27.4% 和 7.0%；传统户外媒体的广告刊例收入同比下滑 19.8%②；2020 年全国广告市场整体收入同比下滑 11.6%③；2021 年广告市场整体收入同比增长 11.2%，虽然市场有所回暖，但与 2019 年相比仍然存在差距④。

① 第 46 次《中国互联网络发展状况统计报告》，中华人民共和国国家互联网信息办公室官网，2020 年 9 月 29 日，http://www.cac.gov.cn/2020－09/29/c_1602939918747816.htm。
② 《2019 年前三季度中国广告市场回顾报告》，未来智库网，2019 年 11 月 21 日，https://www.vzkoo.com/read/9f837a33281d6a2f6aa97e288deeeed2.html。
③ 《2020 年中国广告市场回顾报告》，中文互联网数据资讯网，2021 年 3 月 9 日，http://www.199it.com/archives/1212757.html。
④ 《2021 年中国广告市场回顾报告》，流媒体网，2022 年 3 月 28 日，https://lmtw.com/mzw/content/detail/id/212382/keyword_id/3。

用户资源与广告资源的萎缩，直接影响到传统媒体经济效益目标的实现。许多传统媒体收入下滑甚至入不敷出，随之而来的是资本萎缩、人才流失，许多难以从外部环境中获得和利用传媒资源的传统媒体纷纷停办，整个传统媒体种群的组织数量有所缩减。2019 年全年宣布停刊的报纸有二十多家，包括《法制晚报》《北京晨报》《华商晨报》《新商报》等；2020年以来，电视频道也迎来了"关停潮"，湖南广播电视台时尚频道、广东广播电视台珠江电影频道、上海广播电视台纪实频道和艺术人文频道等多个电视频道停播。

总之，从传媒资源萎缩、组织死亡率上升等方方面面的表现上看，传统媒体种群越来越难从传媒生态环境中获取资源，这种情况在很大程度上与媒介渠道的属性有关。与新媒体种群所占据的移动双向传输网络渠道相比，电视、报纸、广播等传统单向传播渠道在提供"随时随地"的满足机会以及提供对个性化、实时互动等新需求的满足效用方面居于劣势。传统媒介渠道正在逐渐失去对用户、广告、资本、人才等传媒资源的吸附力，其结果是整个传统媒体种群的经济效益和传播效果都打了折扣。

二 媒体融合助推传媒生态结构优化

（一）媒体融合实践由浅入深取得阶段性成果

在新旧媒体同台竞技倒逼传媒生态结构优化调整的形势下，无论是传统媒体自身为了生存发展而转型求生，还是出于重建主流媒体传播力和引导力的全盘考虑，媒体融合都是大势所趋。2014 年 8 月，中央全面深化改革领导小组第四次会议审议通过《关于推动传统媒体和新兴媒体融合发展的指导意见》，这是媒体融合战略正式提出、媒体融合实践步入正轨的开端。

自 2014 年媒体融合战略提出并以顶层设计的形式在全国推广以来，至今媒体融合实践已经走过了八个年头，并且取得了一定的成效。媒体融合实践遵循着自上而下、从中央到地方、由点到面、由浅入深的动态发展规律，不同时期的主体范围、融合维度和融合深度有所不同，据此可以将媒体融合实践划分为三个阶段：第一阶段是媒体融合的初步探索阶段（2014～2015 年），光明日报、人民日报等中央媒体以建设新型主流媒体为目标，先后挂牌成立融媒体中心并在构建融合传播矩阵等方面取得突破，但该阶段"试水"性质的探索尚不能兼顾多种维度的融合，且融媒体中心运营过程中存在体制机制不灵活、形式重于实质等短板和瓶颈，因此第一阶段的媒体融合实践停留在小范围试水和物理融合、单向度融合的层面。

第二阶段是媒体融合的转型拓展阶段（2016～2018年），国家新闻出版广电总局于2016年6月发布的《关于进一步加快广播电视媒体与新兴媒体融合发展的意见》强调，要"力争两年内，广播电视媒体与新兴媒体融合发展在局部区域取得突破性进展，形成几种基本模式"①，在意见的指导下媒体融合实践向多维度扩展，包括在内容融合维度上创新"中央厨房"内容生产模式，在渠道融合维度上构建"两微一端"移动传播矩阵，在技术融合维度上应用无人机、AR、VR、AI等新技术于新闻报道中，在业务融合维度上开展向多个产业延伸的跨界融合实践等。

第三阶段是媒体深度融合阶段（2019年至今），中宣部于2019年初发布的《县级融媒体中心建设规范》将媒体融合实践的重点放在省级融媒体技术平台和县级融媒体中心建设上；2019年1月，习近平总书记在主持中央政治局第十二次集体学习时强调要"立足形势发展，坚定不移推动媒体深度融合""推动媒体融合向纵深发展"②。媒体深度融合阶段的实践探索更加注重开掘新业态和新技术潜力，包括在技术融合维度上进一步融合5G、VR、AI、云计算、区块链、大数据等新技术打造智能化媒体平台，在业务融合维度上全面拥抱MCN模式并展开视频化转型，在机构融合维度上探索"广电＋报业"融合新模式，在内容融合维度上重点打造集"新闻＋政务＋服务"于一体的综合媒体平台等。

（二）深度融合阶段战略重点转向传媒生态结构优化

从媒体深度融合阶段的实践进展来看，建设县级融媒体中心、打通媒体融合的"最后一公里"是近年来推进媒体融合的改革重点，中宣部要求2020

①　《关于进一步加快广播电视媒体与新兴媒体融合发展的意见》，国家广播电视总局官网，2016年7月2日，http://www.nrta.gov.cn/art/2016/7/2/art_3592_42309.html。

②　《习近平主持中共中央政治局第十二次集体学习并发表重要讲话》，中华人民共和国中央人民政府官网，2019年1月25日，http://www.gov.cn/xinwen/2019-01/25/content_5361197.htm。

年底基本实现县级融媒体中心在全国的全覆盖。至此，自上而下的媒体融合实践使得"中央—省级—市级—县级"四级媒体都拥有了为数众多的融媒体中心，基本能够实现新旧传媒资源在单个传媒组织内部的融合。在此基础上，传统媒体向着"四全媒体"形态演变，呈现出全程媒体、全息媒体、全员媒体、全效媒体的特征，媒体格局、传播方式发生深刻变革。

从媒体深度融合阶段的主要障碍来看，尽管以融媒体中心建设为基本方式、以传媒组织为基本单元的媒体融合实践已经取得进展，但是传媒组织"个体"的发展不能简单地等同于传媒产业"种群"的发展，加快推动种群层面的媒体融合发展需要考察不同类型、不同层次、不同区域媒体之间的关系是否健康。从媒体之间的竞争与合作关系视角出发，可以看到传媒生态位重叠和传媒生态结构失衡问题对媒体融合进程有阻碍作用。单个媒体在生态位经营中的不当选择会导致传媒生态位重叠，一些传统媒体组织在融合转型过程中并没有结合自身资源优势去寻找在传媒生态中的合适站位，而是盲目模仿、生搬硬套其他传媒组织的做法，由此导致传媒组织之间生态位重叠、同质化竞争严重的问题是媒体融合发展的一大障碍。

特别是，伴随着5G智媒时代来临和媒体融合实践步入深度融合阶段，技术、市场与制度等环境因素共同作用加大了传媒生态剧烈变革期的不确定性。传媒生态的剧变本身会引发传媒资源在新旧传媒种群之间重新分配的问题，加之单个传媒组织在进行生态位经营时不考虑传媒种群整体利益，将会导致传媒生态结构失衡现象的加剧，其主要矛盾集中在以下三个方面：一是传媒资源结构失衡，许多融媒体在整合渠道、用户、内容、技术等资源的过程中盲目求大求全而不注重依据自身资源优势进行垂直整合，其结果是资源"相加而不相融"，导致整个传媒生态出现媒体定位高度重叠于头部资源的开发而对尾部资源的开发利用程度不够的现象；二是传媒层级结构失衡，长期以来我国媒体的资源禀赋呈现依照行政级别递减的"倒金字塔"状态，中央媒体与地方媒体之间所拥有的传媒资源呈现梯度差别；三是传媒空间结构失衡，大的空间范围内传媒资源流向经济发达地区的中心城市形成了"东部强西部弱"的格局，小的空间范围内则呈现出中心城市过度吸取周边传媒资源而对外辐射能力较弱的发展现状，这些结构失衡问题不利于传媒生态的协调发展。

当下，客观阐述并合理解决传媒生态结构失衡问题的呼吁不仅在传媒业界和学界得到广泛认同，而且解决该问题的思路也在媒体深度融合阶段的战略安排中有所体现：2017 年 5 月，《国家"十三五"时期文化发展改革规划纲要》提出，"要明确不同类型、不同层级媒体定位，统筹推进媒体结构调整和融合发展"①。2019 年 1 月 29 日，习近平总书记在主持中央政治局第十二次集体学习时强调，要统筹处理好媒体融合的"四组关系"，即传统媒体和新兴媒体、中央媒体和地方媒体、主流媒体和商业平台、大众化媒体和专业性媒体之间的关系，形成资源集约、结构合理、差异发展、协同高效的全媒体传播体系②。2019 年 9 月，《关于加快推进媒体深度融合发展的意见》再次强调，"要按照资源集约、结构合理、差异发展、协同高效的原则，完善中央媒体、省级媒体、市级媒体和县级融媒体中心四级融合发展布局"③。相关政策文件精准提炼了不同类型、不同层级、不同区域媒体之间的关系，指出建立全媒体传播体系应当考虑到传媒组织的资源获取方式、传媒生态的结构和功能布局，为解决传媒生态结构失衡问题提出了新的研究和实践方向。

第二节　传媒生态结构优化问题的提出与研究框架

一　传媒生态结构优化问题的提出

媒体融合步入深度融合阶段的战略目标是构建全媒体传播体系，实现这一目标需要处理好不同层级、不同区域、不同类型媒体之间在竞争与合作方面的重要关系，在媒体融合实践中要重点解决媒体资源利用模式趋同

---

① 《中共中央办公厅 国务院办公厅印发〈国家"十三五"时期文化发展改革规划纲要〉》，中华人民共和国中央人民政府官网，2017 年 5 月 7 日，http://www.gov.cn/zhengce/2017 – 05/07/content_5191604.htm。

② 《习近平主持中共中央政治局第十二次集体学习并发表重要讲话》，中华人民共和国中央人民政府官网，2019 年 1 月 25 日，http://www.gov.cn/xinwen/2019 – 01/25/content_5361197.htm。

③ 《中共中央办公厅 国务院办公厅印发〈关于加快推进媒体深度融合发展的意见〉》，中华人民共和国中央人民政府官网，2020 年 9 月 26 日，http://www.gov.cn/zhengce/2020 – 09/26/content_5547310.htm。

所导致的传媒生态位重叠与传媒生态结构失衡问题。

传媒生态结构失衡的内在原因是技术进步消除了时间、空间和渠道限制，使得单个媒体的资源利用模式和不同媒体之间的资源竞争形势发生变化。在互联网兴起之初，专注线下渠道的传统媒体与聚焦线上渠道的新媒体之间在传媒生态中所占据的位置少有重叠，然而，随着传媒技术快速升级迭代以及新旧媒体融合程度不断加深，今天的媒体正在成长为综合运用一切技术手段面向全渠道传播信息的全程、全息、全员、全效媒体。在此过程中，传媒技术进步逐渐破除渠道壁垒而推动着一个渠道边界不断重塑、市场势力全面洗牌的"大媒体产业"形成，被同构到统一内容、技术、渠道、用户等多维资源空间中展开激烈资源争夺的"全媒体"无疑面临着更为复杂的生态位竞争环境。

在全新的生态位竞争环境中，栖息于多种渠道而"泛食"多品类资源的全媒体可能会在更多资源维度上、更大资源空间中展开竞争，而融媒体建设中所存在的生搬硬套、形式大于实质、定位相互重叠等问题，在客观上也会导致多家媒体争夺同一类生态位资源的同质化竞争现象愈演愈烈。当统一资源空间中的传媒竞争趋于白热化，媒体之间的传媒资源利用模式趋同会造成多家媒体在头部资源聚集的中心生态位上发生高度重叠，而在中尾部资源聚集的边缘生态位上出现亟待开发的空白地带，这种传媒生态位过度重叠的现象阻碍着传媒组织之间形成良性竞争与高效合作关系，并引发传媒生态结构在资源配置、空间布局、功能分工等方面的多重失衡问题。

随着 2020 年底县级融媒体中心基本实现全国全覆盖，在当前媒体深度融合阶段解决传媒生态位重叠与传媒生态结构失衡问题需要进一步跨地域、跨类别、跨层级统筹配置多种传媒资源，方能推动省、市、县三级传媒生态以及各省互联的区域传媒生态乃至全国传媒生态结构的优化调整。实践路径的第一步也是最重要的一步是要先尝试在一个较小的范围内，如在一个跨省区城市群内统筹推进传媒生态结构优化调整，建立各类传媒组织之间资源共享、错位经营、功能耦合、共创价值、协同发展的区域传媒生态体系，然后才能向更大范围拓展，从而由小到大、由点到面地逐步将分布在不同区域、不同部门、不同层级的各种媒体整合到一个资源集约、结构合理、差异发展、协同高效的全媒体传播体系中。

综上，本书从传媒生态位视角出发，展开对区域传媒生态结构存在问题以及优化策略的研究，重点解决三个问题。

第一，在媒体融合背景下，采用传媒生态位测算方法对不同媒体依据其特有传媒资源利用模式而在一定区域范围内传媒生态结构中占据的位置进行测算，并从传媒生态位测算结果中总结出区域传媒生态结构的主要特征及存在的问题。

第二，在迪米克等传媒经济学者提出的"传媒生态位"理论视角下，整合邵培仁等传播学学者提出的"传媒生态系统"理论而进一步建立一个全新的区域传媒生态结构理论模型，并以此呈现一定区域范围内整个传媒群落与宏观生态因子之间相互依存而形成良好互动关系以及传媒群落内不同媒体之间生态位适度重叠而形成良性竞争与高效合作关系的理想型传媒生态布局。

第三，针对区域传媒生态结构中所存在的媒体高度重叠于中心生态位、边缘生态位上存在大量空白等问题，有针对性地提出区域传媒生态结构优化调整的方向和策略。

二　研究的主要内容和基本框架

(一) 研究内容

本书围绕区域传媒生态结构的存在问题和优化策略展开研究，在写作顺序安排上，分为八个章节的内容：

第一章对研究背景、研究问题、研究意义、研究方法与创新点、研究内容与框架做出解释。

第二章包括相关理论、概念阐释和文献综述，重点对传媒生态、区域传媒生态、传媒生态位概念进行界定，并对全书的分析架构做进一步解释。

第三章展现了当前区域传媒生态体系构建实践的进展与不足之处，包括媒体以联合报道为主要手段凝聚宣传合力但尚未实现常态化，以自建与联运两种方式建设区域级信息枢纽但小范围试点尚未由点及面，以联盟合作为基本模式探索区域传媒协同机制但尚未形成长效合作机制等。

第四章是案例与实证研究，以京津冀和成渝传媒生态为例进行区域传媒生态结构的测算与分析。为了观察区域传媒生态在空间、层级、资源结构中呈现的基本样貌，对区域传媒生态中的代表性媒体进行"用户＋内容＋渠道＋技术"四个资源维度上的传媒生态位测算。

第五章是区域传媒生态结构中存在的问题，结合传媒生态位测算结果和区域传媒生态体系构建实践进展总结出区域传媒生态在媒体竞争关系的资源、层级、空间结构上存在的三方面问题以及在媒体合作关系结构与合作机制上存在的两方面问题。

第六章是区域传媒生态结构的理论模型，在传媒生态位视角下提出区域传媒生态理论模型：从媒体之间的资源竞争关系来看，一个理想的区域传媒生态结构应当呈现"资源—层级—空间"多维立体架构；从媒体之间的分工合作关系来看，一个理想的区域传媒生态结构应当呈现"内环—中环—外环"整体联动架构。

第七章是区域传媒生态结构的优化策略。对照传媒生态理论模型，反思现实中所存在的问题，有针对性地提出区域传媒生态结构优化调整的一系列策略，包括政府协同治理推进区域传媒市场一体化进程、媒体优化定位形成区域传媒错位经营格局、媒体融合共建互利共生区域传媒生态圈、媒体深度合作打造区域传媒"技术＋"共同体等。

第八章是研究总结与展望，主要内容包括研究结论、研究的理论贡献和实践价值、研究局限与后续研究展望。

（二）研究框架

如图 1-3 所示，本书遵循"提出问题—分析问题—解决问题"的研究路径。

在问题提出阶段，采用文献分析法和交叉研究法，通过夯实理论基础和总结相关文献来理清已有研究的优缺点、未来研究的重点和主要参考的理论。在问题分析阶段，首先解读区域传媒生态体系建构实践的进展与障碍；其次，采用传媒生态位测算方法和案例分析法选取京津冀和成渝传媒生态作为典型案例进行区域传媒生态结构的测算和分析；最后，设计一个理想的区域传媒生态结构模型并提出区域传媒生态结构优化调整的方向。在问题解决阶段，结合理论与实证研究结果给出研究结论与策略建议。

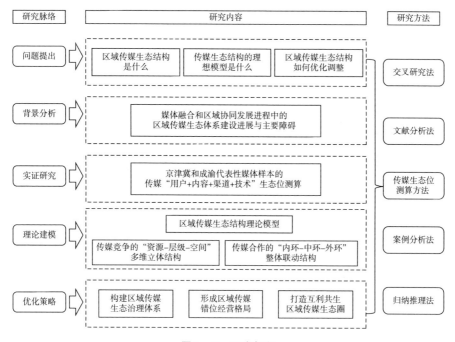

图 1 - 3　研究框架

三　研究的理论意义与现实意义

（一）理论意义

当前，传媒生态理论与实证研究取得了一定的成果，但也存在不足。在理论研究方面，传媒生态理论建构大多是从系统论角度出发对媒体之间的关系以及媒体与宏观生态因子之间的互动进行阐述，能够得出具有普遍意义的结论。然而，在媒体融合背景下对区域传媒生态融合进行研究的理论成果较为零散，理论架构还有待完善。

在实证研究方面，已有学者在传媒经济学框架下开展传媒生态位测算，其研究重点在于测算和分析不同类型传媒种群之间对某种传媒资源进行利用而在传媒生态中所形成的相对位置关系，但是关于整合多种传媒资源维度以及涉及不同地域、不同类型与不同层级媒体的生态结构测算与分析成果较少，研究数量和质量有待提高。

此外，传媒经济学框架下的传媒生态位理论及其测算方法主要是用于分析媒体竞争结构，它与传播学框架下的传媒生态理论之间有着一定的共通之处，但是至今两大理论之间还没有明确建立范式和方法上的链接。在未来的传媒生态学研究中引入传播学、生态学、传媒经济学等相关领域的研究范式与研究方法并取得新的研究成果能够推动交叉学科背景下的理论范式融合创新。

在学科融合趋势下，本书综合运用传播学中的"传媒生态"、传媒经济学中的"传媒生态位"以及生态学中的"多维超体积生态位""生态位重叠""生态位移动"等理论来展开区域传媒生态结构优化研究。在推进传媒生态理论创新方面，对已有的传媒生态理论模型进行改良，并借助实证研究证据去解读区域传媒生态各组成部分之间的关联而进一步建构"区域传媒生态结构"理论模型；在推进传媒生态实证研究方面，将传媒经济学中的传媒生态位测算方法引入传媒生态学研究中，对区域传媒生态结构中代表性媒体所占据的位置进行了测量。最终，本书能够在交叉学科背景下推进传媒生态理论与实证研究的创新。

（二）现实意义

以"宏观—中观—微观"相结合的方法进行立体的多层面的研究和分析，可以发现微观层面上单个传媒组织效益目标的实现并不等同于中观层面上多个传媒种群以及宏观层面上整个传媒生态群落利益的最大化。譬如，传媒组织之间定位重叠、竞争性复制、重复建设的现象在生态层面上造成了整体性的供需不均和资源浪费等问题，必须要引入传媒生态理论范式加以阐释和求解。更何况，从现实情况来看，中微观层面上的传媒种群和种群内的传媒组织在追求经济效益与社会效益方面本身就存在重心上的不同：依靠市场机制主导成型的原生新媒体种群内存在为数居多的重视经济效益而忽视社会效益的传媒组织；依靠行政力量主导成型的传统媒体种群更多地承担着信息把关和舆论引导作用，但是在新媒体和商业平台的冲击下传统媒体的传播力、影响力、引导力均有所下降，重建和转型成为媒体融合进程中传统媒体不得不面对的新课题。

理解不同传媒种群及种群内的组织之间在功能目标和效益取向上的差异，以及理解从单个传媒组织经济效益到整个传媒经济生态整体价值、从单个传媒组织传播力与引导力到整个传播生态整体价值上的错综复杂关系，明确了传媒生态研究的现实意义：中微观层面上的传媒种群及组织将自身效益目标融入传媒生态整体价值的构建中，在客观评估外部竞争环境、资源环境、用户环境、技术环境、制度环境等多重环境要素的前提下确定自身资源优势和生态站位，将能够求解传媒组织个体效益与传媒生态整体效益的"最大公约数"，在宏观层面上有利于整个传媒生态群落的价值提升与共同进化。

随着媒体融合实践步入深度融合阶段，全媒体传播体系建设目标的提出更加强调要处理好不同层级、不同类型之间媒体的关系，以县级融媒体中心建设为重点的融合实践工作告一段落也进一步提出了从弥合县域传媒生态到优化调整区域传媒生态结构的新课题。在当前形势下，要让传媒生态理论层面的构想"落地"，就必须将理论构想与现阶段正在推进的区域传媒生态结构优化实践相结合，方能在实践中更好地检验和发展理论。因此，本书将目光聚焦在以一个跨省区城市群为范围的区域内，围绕区域传媒生态结构的存在问题和优化策略展开研究，以期求得传媒组织个体效益与区域传媒生态整体效益的"最大公约数"。

第二章　理论阐释、概念界定与文献综述

第一节　理论阐释

一　传媒生态与区域传媒生态相关理论

传播学是研究人类一切传播行为和传播过程发生、发展的规律以及传播与人和社会的关系的学问。国内外学者在传播学视野下研究传媒生态或者媒介环境（Media Ecology），发展出的两个主流学派分别是中国的"传媒生态学"和北美的"媒介环境学"。尽管本土和海外的研究都聚焦于传媒生态本身，但是两个学派对于"Media Ecology"的界定和看法存在差异：媒介环境学派将"Media Ecology"解读为"作为环境的媒介（Media as Environments）"①，即以借喻表达方式强调不断更新的媒介技术通过塑造一种新环境而对人类社会发展产生的"生态式"影响；传媒生态学派则将"Media Ecology"概念解读为"媒介的生存环境"，即将媒介视为生态环境中的主体去研究媒介之间及其与外部环境之间的关系。基于这种显在的认知差异，国内学者何道宽和北美学者林文刚商议后一致认为，应该把北美的"Media Ecology"定名为"媒介环境学"，因为它是把媒介技术当作环境来研究，而国内学者提倡的"传媒生态学"重点研究的是传媒生态主体之间及其与外部生态环境之间的互动关系②。

---

① Postman, N. , "What is Media Ecology?", *Media Ecology Association*, https://media-ecology. org/What-Is-Media-Ecology.

② 何道宽：《媒介环境学辨析》，《国际新闻界》2007 年第 1 期，第 46 ~ 49 页。

实际上，与传媒环境学研究传媒之社会文化影响的思路不同，传媒生态学的落脚点是在传媒组织的经营和管理上，它是"利用传媒生态学的框架，对传媒的生存和管理展开的研究。这类研究主要通过对传媒生态环境的考察，来制定传媒的发展战略和规划"①。本书所关注的"Media Ecology"，是中国传媒生态学视野下的"传媒生态"而非西方媒介环境学视野下的"媒介环境"，故此着重对中国传媒生态学领域的理论与文献进行综述。

（一）媒介生态系统论与结构观的提出

中国传媒生态学研究肇始于 21 世纪之初，崔保国在翻译"Media Ecology"概念时提出了关于传媒生态的新见解，即用"社会环境是水，媒介是条鱼"的系统论观点来阐释传媒产业作为社会经济系统组成部分的结构和功能②。中国第一位系统研究传媒生态学的学者是邵培仁，他于 2001 年在《新闻大学》上发表《论媒介生态的五大观念》一文，提出应当确立五大"媒介生态观念"——媒介生态整体观、媒介生态互动观、媒介生态平衡观、媒介生态循环观、媒介生态资源观③。此外，支庭荣在《大众传播生态学》一书中阐述了作为社会机构的传媒组织在社会系统中存在的几种主要联系，他认为传播生态可以分为三个层次：传播原生态、传播内生态和传播外生态④。总的来说，"媒介是条鱼""媒介生态观念""传播生态与社会联系"等零散观点的提出是学者们为建立"人—媒介—社会系统"的和谐关系和实现传媒生态良性循环而做出的认识和思考。

以 2008 年为时间节点，传媒生态学研究正式步入理论模型建构的新时期。在《媒介生态学研究的新视野——媒介作为绿色生态的研究》一文中，邵培仁将"媒介生态学"界定为"用生态学的观点和方法来探索和揭示人与媒介、社会、自然四者之间的相互关系及其发展变化的本质和规律的科学"。他指出，"媒介生态学是从生态学角度对于传播学和媒介学问题进行重新审视、重新认识的结果"，其研究对象是"媒介系统与社会系统

① 陈燕：《媒介生态学的产生与流变》，《湖南工业大学学报》（社会科学版）2008 年第 4 期，第 117～120 页。
② 崔保国：《传媒是条鱼》，《中国传媒报告》2003 年第 2 期。
③ 邵培仁：《论媒介生态的五大观念》，《新闻大学》2001 年第 4 期，第 20～22 页，第 45 页。
④ 支庭荣：《大众传播生态学》，浙江大学出版社，2004，第 11～13 页。

之间的互动，这些互动不仅仅有媒介系统的内部要素互动，还有人与媒介、媒介与媒介、媒介与社会、国家与国家之间的互动"①。

如图 2 - 1 所示，邵培仁从系统论角度出发研究媒介生态，他以模型图示法绘制了一个理想的媒介生态系统模型，即"在一定的时间和空间内，人、传媒、社会、自然四者之间通过物质交换、能量流动和信息交流的相互作用、相互依存而构成的一个动态平衡的统一整体"。该模型包含了自然环境、社会环境（包括政治环境、经济环境、文化环境和技术环境）和一级生产者（传播者）、二级生产者（媒介）、三级生产者（营销）、消费者（受众）和分解者（回收、利用者）等传媒生态主体与环境要素之间的互动关系。

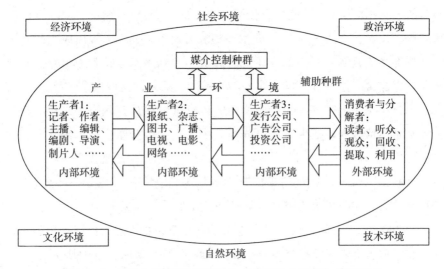

图 2 - 1　邵培仁于 2008 年提出的"传媒生态系统"理论模型

资料来源：邵培仁：《论媒介生态系统的构成、规划与管理》，《浙江师范大学学报》（社会科学版）2008 年第 2 期。

在论述媒介生态系统论观点时，邵培仁进一步强调，"媒介生态研究必须首先从结构开始，我们可以从其形态结构和功能结构两个方面来描述和分析"。他将媒介生态的形态结构划分为垂直性结构（不同市场层级之

---

① 邵培仁：《媒介生态学研究的新视野——媒介作为绿色生态的研究》，《徐州师范大学学报》（哲学社会科学版）2008 年第 1 期，第 135 ~ 144 页。

间、同一区域内同一类型媒介种群之内的纵向比较分析）和水平性结构（同一市场层级之内、不同区域之间以及不同类型媒介种群之间的横向比较分析）；将媒介生态的功能结构形容为"食物链"——"由于资源和功能关系在媒介之间形成的一种链条关系"①。总的来说，媒介生态系统论和结构观的初步建构，奠定了传媒生态学研究的理论基础。

（二）传播学"空间转向"对区域传媒生态理论建构的启示

"人类对地理空间的感知和经验，离不开传播媒介扮演的角色；任何形态的传播实践，也必定在特定的地理空间中形成与展开。近十几年来，大量传播学者沿着不同学术路径，从不同面向探究传播与空间性的相互影响，构成了传播学的'空间转向'。"② 目前，有关传播媒介与地理空间的论述实际上分散在诸如"媒介与城市""媒介与农村""地域媒介""区域传播""媒介帝国主义"等有关的研究中，并可以统一命名为媒介地理研究。"媒介地理学关注和重视特定地域产生的特定媒介形态，及其相同媒介形态中呈现出的不同地理样本，认同和理解生活在不同地理环境下人的不同传播特点，以及不同区域受众对媒介内容会有不同的地理'看'法"③，这一定义标志着媒介地理学作为一门交叉学科开始进入中国传播学界的视野，也将该学科的研究对象确定为地理空间与传播媒介之间的关系。

从媒介地理学为区域传媒生态理论建构提供的理论范式与实证经验来看，在研究思路确立方面，亚当斯等将媒介地理学概念框架划分为四个部分：再现（Representations，传播中的地方）、纹理（Textures，地方中的传播）、关联（Connections，传播中的空间）、结构（Structures，空间中的传播），并进一步在结构研究中解释了区域之间传媒发展不均衡的缘由："在政治和经济上占据主导地位的地区，其基础设施的发展更迅速、更激烈，当权力和财富资源被调动起来，各种尺度上传播设施的集中化也随之而来，这些集中化反过来又带来了某种以更快的经济增长以及更具有活力的

---

① 邵培仁：《论媒介生态系统的构成、规划与管理》，《浙江师范大学学报》（社会科学版）2008 年第 2 期，第 1~9 页。

② Adams, P. C., "Geographies of Media and Communication", *Progress in Human Geography*, 2018 (6): 65–82.

③ 邵培仁：《媒介地理学：行走和耕耘在媒介与地理之间》，《中华新闻报》2006 年第 1 期。

政治和文化为特征的优势。"① 而根据 1974 年美籍华裔地理学家段义孚提出的"恋地情结"（Topophilia）理论，人类与地理空间之间形成了"情感依附"关系，地理文化在很大程度上塑造了"本乡人"的感知、态度、价值观和世界观等②。邵培仁等指出，这种"情感依附"表现为，在媒介与地理的关系上形成了"一方水土一方媒介"的现象，如"海派文化"与"京派文化"的截然不同导致北京和广州的报纸风格也迥异其趣③。综合来看，媒介地理学提供了地理与文化、经济、政治、技术等因素相互交织影响传媒生态结构并与之形成互动关系的研究思路，特别是媒介地理研究中关于地理文化通过影响传媒用户感知而塑造传媒内容表达方式的叙述，对于诠释区域传媒用户生态与内容生态之间的密切联系有重要意义。

在研究的合理性论证方面，区域传媒生态结构研究在新旧媒体融合发展的背景下可能会面临"媒介消灭空间"理论思潮的质疑。对此，媒介地理研究做出回应，认为媒介所提供的"二手经验"与人们所生活的世界提供的"一手经验"之间确实存在一定差别，媒介对地理的"再现"可能会造成"空间扭曲"的效果④；但是，这也意味着媒介存在对空间领域进行区域的类别生产与认同的可能⑤，大众媒体在创造与维护区域文化、区域身份形象等方面与区域自身地理文化之间存在较强的联系⑥。此外，对地理距离与传播效果的最新实证研究显示，地理距离在互联网信息传播与接收中起到不可忽视的作用：距离网络综艺节目播出地区越远，用户对节目

---

① 保罗·C. 亚当斯、安德烈·杨森、李森、魏文秀：《传播地理学：跨越学科的桥梁》，《新闻记者》2019 年第 9 期，第 83～96 页。
② 宋秀葵：《地方、空间与生存：段义孚人文主义地理学生态文化思想研究》，中国社会科学出版社，2012。
③ 邵培仁、潘祥辉：《论媒介地理学的发展历程与学科建构》，《徐州师范大学学报》2006 年第 1 期，第 131～136 页。
④ Relph, E., *Place and Placelessness*, London：Pion, 1976.
⑤ 谢沁露：《从空间转向到空间媒介化：媒介地理学在西方的兴起与发展》，《现代传播（中国传媒大学学报）》2018 年第 2 期，第 75～81 页。
⑥ Blotevogel, H., "Newspaper Regions in the Federal Republic of Germany", *Daily Press*, 1984 (3)：79－93；Burgess, J., "Landscapes in the Living Room：Television and Landscape Research", *Landscape Research*, 1987 (12)：1－7；Paasi, A., *The Media as Creator of Local and Regional Culture*, In OECD REFO, 1989.

的关注度越低，这种联系在信息传播初期更为明显①。综合来看，媒介地理学研究成果为区域传媒生态理论研究确立了合理性。可以说，即便是在即时信息传播的互联网时代，包括地理距离在内的地理因素仍然是影响传媒生态结构的重要环境因素。

在研究框架建构方面，邵培仁将媒介地理学的分析架构划分为空间分析、生态分析和地域综合分析，空间分析探索特定区域内部媒体的分布模式和变动趋势；生态分析探索特定区域内传播媒介与外部人文因素和环境因素的互动关系；地域综合分析着重研究单个区域内部与多个区域之间传播媒介的联系与交流②。这一划分方法对于区域传媒生态研究框架建构的启示是，特定区域内的传媒生态结构及其变化、区域传媒生态群落与外部环境因子的互动、不同区域之间传媒生态结构的耦合关系均为区域传媒生态研究的重要内容。

二 传媒生态位及其关系结构相关理论

（一）传媒生态位及其测算架构的提出

20 世纪 80 年代以来，以迪米克为代表的西方传媒经济学者开始运用生态位理论范式研究传媒组织及种群层面的竞争与共存问题。迪米克等对"传媒生态位及其关系结构"概念的界定较多地受到哈钦森所提出的"多维超体积生态位"概念的影响。哈钦森的"多维超体积生态位"概念假定影响一个具体物种的环境变量如果有三个以上就构成了多维超体积空间③，这一概念的提出打开了生态位实证研究的新思路：将一个物种对于多种生存资源的利用模式记为多维生态位，那么在一定时空范围内对多个物种在特定资源维度上的生态位宽度、重叠度、竞争优势等指标进行测量，就可以分辨出物种基于特定资源利用模式的相似性和差异性而在生态环境中形成的相对位置关系结构是什么。

① 黄鑫楠、孙斌栋、张婷麟：《地理距离对互联网社会中网络信息传播的影响》，《地理学报》2020 年第 4 期，第 722 ~ 735 页。

② 邵培仁：《论中国媒介的地理集群与能量积聚》，《新闻大学》2006 年第 3 期，第 102 ~ 106 页。

③ Hutchinson, G. E., *A Treatise on Limnology*, NY: John Wiley, 1957.

迪米克将"多维超体积生态位"概念以及生态位测算方法引入传媒经济学研究中，阐述了对传媒生态位及其关系结构进行研究的基本思路。他认为，"在传播研究中，媒介的生态位是由支持其存在的资源来定义的，如传媒用户的满足效用或需求。这些资源由一个或多个资源维度（Resource Dimensions）以及与媒介使用相关的环境的其他维度来表示"①。迪米克等的研究总是将传媒生态位划分为用户、内容、广告等多个资源维度，然后分别在某一资源维度上取得数据并据此进行传媒生态位宽度、重叠度、竞争优势等相关指标的测算工作，再依据实证研究结果总结出传媒生态位关系结构的主要特征。

用户心理资源维度可以划分为满足机会与满足获得两个维度，它们分别与媒介自身特有属性及传媒用户的需求特征有关②。20世纪七八十年代，一些传播学者对用户向媒介渠道寻求消费的动机（Gratification Seeking）和人们是否得到满足（Gratification Obtain）这两个不同概念加以区分③。满足机会是由一种媒介或媒体的属性所决定的特征，它允许用户克服时间和空间的限制，并在实际上放大或减弱用户从媒介中获得满足的能力④。满足获得则是由传媒用户在各种维度上的心理需求所决定的特征，它衡量一种媒介或媒体能够在哪些需求维度上以及在多大程度上为用户提供满足。传播功能理论指出，大众媒体能够为用户提供监测环境所必需的信息、提供娱乐、提供知识，还能改变用户的态度⑤，受众研究进一步指出媒体能够满足用户对于建构与维持身份地位⑥和社交关系⑦的需求。综合来看，一

① Dimmick, J., *Media Competition and Coexistence: The Theory of the Niche*, NJ: Lawrence Erlbaum Associates, 2003.

② Dimmick, J., Feaster, J., Hoplamazian, G., "News in the Interstices: The Niches of Mobile Media in Space and Time", *New Media & Society*, 2010 (1).

③ Rosengren, K., Wenner, L., Palmgreen, P., *Media Gratifications Research*, Beverly Hills, 1985.

④ Ramirez, A., Dimmick, J., Feaster, J., Lin, S. F., "Revisiting Interpersonal Media Competition: The Gratification Niches of Instant Messaging, E-Mail, and the Telephone", *Communication Research*, 2008 (5): 529 – 547.

⑤ 〔美〕施拉姆：《传播学概论》，何道宽译，人民大学出版社，2010。

⑥ Harwood, J., "Age Identity and Television Viewing Preferences", *Communication Reports*, 1999 (12): 85 – 90; Gauntlett, D., *Media, Gender and Identity*, London: Routledge, 2002.

⑦ 严婷：《社交媒体中青年群体亲密关系的建构研究》，云南大学硕士学位论文，2019。

种媒介或媒体的用户心理生态位可以通过询问用户对不同媒体在满足机会与满足获得两个维度上的需求满足评价来获得相应的证据。

通过使用媒体获得满足的用户会消耗相应的时间并支付一定的价格，因此，一种媒介或媒体的用户消费生态位即用户对它的使用时间和金钱花费。张明新认为，对用户消费生态位进行定类测量，方法是将用户划分为具有不同身份属性的人群再进行测量①。这个说法有一定道理，因为人们利用媒体的一个主要原因就是找到将媒体所提供的内容与他们不同的身份属性联系起来的方法。换句话说，身份建构与维持是用户寻求和使用媒体的重要动机②。在受众研究中，学者们对传媒用户寻求认同的身份属性进行了分类③；迪米克通过深度访谈发现人们在媒体使用过程中呈现出包括地域属性、年龄属性、职业属性、性别属性在内的 11 个身份属性④。目前，传媒用户消费生态位的定类测量，主要集中于对用户年龄生态位进行测算，而对其他方面的用户身份属性关注较少。

在广告资源维度上，传媒广告生态位是指媒体所利用的广告种类占其广告总收入的比例⑤。张明新指出，不同类型的媒体产业或组织，以及拥有不同受众类型的媒体，对来自不同行业、地域的广告资源利用应该有所不同⑥。进行传媒广告生态位测量可以观测不同媒体对广告资源的利用模式，从而为分析媒体的竞争与共存状况提供证据。

---

① 张明新：《媒体竞争分析：架构、方法与实证——一种生态位理论范式的研究》，华中科技大学出版社，2011，第 15 页。

② Slater, M. D., "Reinforcing Spirals: The Mutual Influence of Media Selectivity and Media Effects and Their Impact on Individual Behavior and Social Identity", *Communication Theory*, 2007 (11): 281 - 303.

③ Frable, D., "Gender, Racial, Ethnic, Sexual and Class Identities", *Annual Review of Psychology*, 1997 (48): 139 - 162; Howard, J., "Social Psychology of Identities", *Annual Review of Sociology*, 2000 (1): 367 - 393.

④ Dimmick, J., Sarge, M., *Media and Identity: A Theory, Measures of Identity Facets and Outcomes and Preliminary Studies*, *Communication Theory*, CA: Sage, 2015.

⑤ Gant, C., Dimmick, J., "Making Local News: A Holistic Analysis of Sources, Selection Criteria, and Topics. Journalism & Mass Communication Quarterly", *Journalism & Mass Communication Quarterly*, 2010 (3): 628 - 638.

⑥ 张明新：《媒体竞争分析：架构、方法与实证——一种生态位理论范式的研究》，华中科技大学出版社，2011，第 15 页。

在内容资源维度上，传媒内容生态位是指媒体所利用的内容资源种类占其内容资源总量的比例。以往研究主要是将内容资源划分为媒体新闻内容报道方式、报道主题、新闻丰富性、互动性等多个资源维度分别展开生态位测量[①]。

（二）传媒生态位关系结构的基本框架

传媒种群在生态中所处的位置是相对于其他种群而言的，换句话说，种群之间的资源竞争关系决定了它们在传媒生态中形成的相对位置关系[②]。图 2-2 列出了两个传媒种群之间的生态位关系可能存在的三种情形——生态位分离、生态位重叠和生态位重合。第一种情形是生态位分离，当物种 A 和物种 B 在资源利用模式上差别较大时，物种 A 和物种 B 在特定资源维度上不存在因为重叠而发生的资源争夺关系；第二种情形是生态位重叠，当物种 A 和物种 B 的资源利用模式极其相似时，两个物种之间在特定资源维度上可能存在资源争夺关系，重叠的部分会依据资源的争夺程度而变化；第三种情形是生态位重合，物种 A 和物种 B 基于在资源利用模式上的相似性而产生竞争，物种 A 比物种 B 更能多样化地利用多种资源而不是依赖某种单一的资源，此时生态位较宽的物种 A 容易吞并生态位较窄的物种 B。

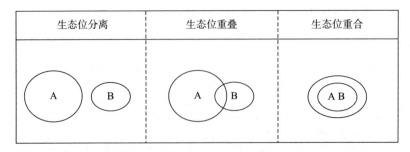

生态位分离	生态位重叠	生态位重合
A B	A B	AB

图 2-2　物种 A 和物种 B 之间可能存在的三种生态位关系

根据俄罗斯微生物学家高斯提出的竞争排斥原理，两个种群不能长时间在同一生态位上共存。在两个种群对同一资源的竞争中，具有优势的一

①　张意曼、陈柏宏：《从区位理论观点探讨电子报与传统报在内容上异同》，《传播与管理研究》2003 年第 2 期，第 209～230 页。

②　Whittaker, R. H., Levin, S. A., *Niche：Theory and Application*, NY：Dowen Press, 1975.

方将最终占据该生态位，而另一方将被排除出该生态位①。此时，竞争中落败的一方为了维系生存会进行生态位移动，即向其他居住地迁徙或改变原有的资源利用模式。

总的来说，随时空界限及宏观环境因子变化而变动的整体资源环境，以及在一定资源环境中传媒种群为了维持生存而参与资源争夺并进行生态位移动的过程，构筑了传媒生态位关系结构的基本框架。

第二节　概念界定

一　"传媒生态"概念界定

邵培仁认为，"媒介生态学的研究内容依据不同的标准、从不同的角度划分、寻找到不同的内容"，其中，"从信息的传播过程看，主要有传者生态、信息生态、符号生态、媒介生态、受众生态五项内容；从媒介的种群结构看，主要有出版生态、报纸生态、期刊生态、广播生态、电视生态、电影生态、网络生态七项内容；从分布的主要领域看，主要有媒介政治生态、媒介经济生态、媒介文化生态、媒介教育生态四项内容"②。整体上看，传媒生态学的研究内容与概念体系非常庞杂，狭义范围内以媒介渠道为研究对象的"媒介生态"研究只是传媒生态学研究的一个侧面，这就使得基于传媒生态学框架开展的多种研究并不局限于使用"媒介生态"的提法。

如表 2 - 1 所示，许永、蒋晓丽等将"媒介"含义延伸到将大众传播工具作为单独有机体来看待的物质领域来谈论与之有关的生态环境③。阿什德、支庭荣等从信息传播过程出发，倾向于使用"传播生态"的提法来

---

① Gause, G. F., "About the Processes of Destruction of One Species by Another in the Populations of Ciliates", *Zoological Journal*, 1934（1）：16 - 27.

② 邵培仁：《媒介生态学研究的新视野——媒介作为绿色生态的研究》，《徐州师范大学学报》（哲学社会科学版）2008 年第 1 期，第 135～144 页。

③ 许永：《优化媒体资源从认识媒介内生态开始》，《新闻知识》2002 年第 11 期，第 19～23 页；蒋晓丽、杨琴：《媒介生态与和谐准则》，《西南民族大学学报》（人文社科版）2005 年第 7 期，第 36～38 页。

强调依附信息传播活动而存在的生态环境①；王炎龙、邢彦辉、郑保卫等在定义"传媒生态"时更加关注传媒要素、结构、功能、资源等多因素多维度的影响与调控机制，郑保卫还强调了传媒生态的时空范围②。2014年以来，随着媒体融合在实践上的不断推进，传媒生态中利用多种媒介渠道开展传播活动的融媒体已经与以往采用单一媒介渠道的传统媒体有较大区别，作为传播渠道的"媒介"概念与作为大众传播主体的"媒体"概念在事实上的分开使得越来越多的学者开始使用"媒体生态"概念，王晶、陈立敏等界定了"媒体生态"的概念③，融媒体生态④、新媒体生态⑤、主流媒体生态⑥等提法也较为常见。

表 2 - 1   "传媒生态"概念体系内的主要概念

名称	表述
媒介生态	媒介生态是指媒体在一定社会环境下生存和发展的状态。这种状态包括媒体之间所形成的平衡结构（媒介内生态），和整个媒体群落在社会大系统中的位置（媒介外生态） 媒介生态是指在一定社会环境中媒介各个构成要素、媒介之间、媒介与其外部环境之间相互良性制约而达到的一种相对平衡的结构，是实现公众—媒介—政府—社会这一复合生态系统整体协调而达到一种稳定有序状态的动态过程 媒介生态是指在一定社会环境中媒介各构成要素之间、媒介之间、媒介与外部环境之间关联互动而达到的一种相对平衡的和谐的结构状态

① 〔美〕大卫·阿什德：《传播生态学：控制的文化范式》，邵志择译，华夏出版社，2003；支庭荣：《大众传播生态学》，浙江大学出版社，2004，第 11 ~ 13 页。

② 王炎龙：《传媒生态规律与电视生存逻辑》，《声屏世界》2003 年第 1 期，第 9 ~ 11 页；邢彦辉：《传媒生态系统中的资源循环》，《当代传播》2006 年第 3 期，第 23 ~ 24 页；郑保卫、王静：《数字化对传媒生态的影响》，《兰州大学学报》（社会科学版）2008 年第 5 期，第 2 ~ 7 页。

③ 王晶：《重构媒体生态平衡探析》，《新闻战线》2016 年第 18 期，第 11 ~ 12 页；陈立敏：《新媒体生态及其对传统新闻业的三重影响》，《新闻知识》2018 年第 10 期，第 3 ~ 7 页。

④ 严功军、张雨涵：《内爆转换与传播危机：融媒体生态的批判解读》，《现代传播（中国传媒大学学报）》2017 年第 11 期，第 14 ~ 23 页；崔佐钧：《"四圈深融"做优融媒体生态——广西日报媒体深融路径思考与实践》，《中国报业》2020 年第 15 期，第 22 ~ 25 页。

⑤ 李祖阳：《浅析新媒体生态下新闻付费模式的困境》，《新闻研究导刊》2020 年第 16 期，第 200 ~ 201 页；孙英芳：《新媒体生态下的非物质文化遗产传播与文化再生产》，《新闻爱好者》2020 年第 8 期，第 78 ~ 80 页。

⑥ 杜菡、田和旭：《地方主流媒体生态平台的四个维度》，《中国广播电视学刊》2019 年第 12 期；吴林锡：《主流媒体生态保护宣传引导作用探讨》，《中国报业》2020 年第 4 期，第 84 ~ 85 页。

续表

名称	表述与文献来源
传播生态	在最宽泛的意义上，传播生态指的是信息技术的结构、组织和易接近性，以及各种论坛、媒介和信息渠道 传播生态其实就是传播行为发生的具体环境 传播生态是传播系统内部的组织、构成、冲突及其与个体、人群、社会大环境之间的互动与演化
传媒生态	所谓"传媒生态"，是指在特定的传媒时代，传媒系统内部结构之间、同质异质传媒之间、传媒与其生存环境之间的要素、结构、功能之间的相互影响与调控机制 传媒生态系统是一个相互依存并有着错综复杂联系的整体，这种联系主要表现在媒介的生态资源之间、生态资源与其生存环境之间的相互依存和相互制约、协调发展 传媒生态是指在一定时间和空间范围内传媒内部与外部各要素及其关系的总和
媒体生态	媒体生态是在一定社会环境下，媒体各个构成要素之间、媒体之间、媒体与其外部环境之间相互良性制约而达到的一种相对平衡的结构 媒体生态即基于媒介组织的视角，对"媒介的生存环境"做总体描摹，它是对一段时间内占主导地位的媒体运行的生存环境、总体规律、运行规则的高度概括

资料来源：许永：《优化媒体资源从认识媒介内生态开始》，《新闻知识》2002 年第 11 期，第 19～23 页；蒋晓丽、杨琴：《媒介生态与和谐准则》，《西南民族大学学报》（人文社科版）2005 年第 7 期，第 36～38 页；邵培仁：《媒介生态学研究的新视野——媒介作为绿色生态的研究》，《徐州师范大学学报》（哲学社会科学版）2008 年第 1 期，第 135～144 页；〔美〕大卫·阿什德：《传播生态学：控制的文化范式》，邵志择译，华夏出版社，2003；王炎龙：《传媒生态规律与电视生存逻辑》，《声屏世界》2003 年第 1 期，第 9～11 页；邢彦辉：《传媒生态系统中的资源循环》，《当代传播》2006 年第 3 期，第 23～24 页；郑保卫、王静：《数字化对传媒生态的影响》，《兰州大学学报》（社会科学版）2008 年第 5 期，第 2～7 页；王晶：《重构媒体生态平衡探析》，《新闻战线》2016 年第 18 期，第 11～12 页；陈立敏：《新媒体生态及其对传统新闻业的三重影响》，《新闻知识》2018 年第 10 期，第 3～7 页；支庭荣：《大众传播生态学》，浙江大学出版社，2004，第 11～13 页。

支庭荣认为，"由于人们常常把'传播'与'媒介'作为可彼此替代的限定词使用，因而传播生态与媒介生态、传媒生态的含义大体相近"[1]。本书同意这一观点，并且认为综合各个相关概念来看，蕴含了"传播、媒介与媒体之生态"之意的"传媒生态"用词更为准确。

传媒生态是一个多层次、复合性概念。这是因为传媒生态中总是存在多层级、多类型的传媒生态主体以及多维度的传媒资源要素、宏观生态因

———————

[1] 支庭荣：《大众传播生态学》，浙江大学出版社，2004，第 11～13 页。

子，它们之间又存在错综复杂的依存与制约关系而使得动态变化中的传媒生态表现出易变性、不确定性、复杂性、模糊性的特征。就传媒生态的主体构成来看，媒体在微观层面上表现为数量众多的同质异质传媒"组织"，在中观层面上表现为由一定时空范围内同类传媒组织所集合成的广播、报纸、电视、网络等多种类型的传媒子产业"种群"，在宏观层面上表现为在一定时空范围内所有传媒种群集合成的整个传媒"群落"。

在"传媒组织—传媒种群—传媒群落"的主体框架下，媒体之间及其与外部生态环境之间的基本关系是传媒生态研究的重要内容。在宏观层面上，由不同传媒种群集合成的整个传媒群落是一个不断与外界交换物质和能量的"耗散系统"，群落生境中的技术环境、经济环境、政治环境、文化环境、社会环境、自然环境等多种宏观生态因子每时每刻都在与传媒群落进行互动，这种互动关系的动态变化又决定着整个传媒群落所能吸附的资源种类和资源总量在一段时间内是增长还是衰减，从而为中微观层面上的传媒种群及组织构筑了生存与发展的基本资源环境；在中微观层面上，传媒种群及组织只有获取用户、广告、技术、渠道、资本等必要的传媒资源才能开展正常的信息生产与传播活动，因此围绕同质资源进行争夺的竞争关系和依托异质资源进行联合的合作关系是传媒种群与种群之间、传媒组织与组织之间的基本关系。

由此可见，传媒生态是一个包括"传媒外生态"和"传媒内生态"在内的复合概念：传媒群落与群落生境中的政策、技术、经济、文化、社会、自然环境等诸多生态因子之间形成以互动为表现形式的基本关系，并在互动中相互良性制约而达成的相对平衡结构即为"传媒外生态"；传媒群落中的诸多传媒种群及组织围绕传媒资源的分配与利用而形成以竞争与合作为表现形式的基本关系，并在竞合过程中各自占据一定的生态位弥合成的相对平衡结构即为"传媒内生态"。从两者之间的关联来看，"传媒外生态"的动态变化为"传媒内生态"的运行构筑了基本的传媒资源环境。

综上，传媒生态就是指在一定时空范围内传媒群落与多种宏观生态因子之间达成互动关系以及传媒群落内不同传媒种群及组织彼此之间达成竞争与合作关系而实现的一种相对平衡的和谐的结构状态。

二　"区域传媒生态"概念界定

对区域传媒生态的概念进行界定，首先要搞清楚区域的范围是什么，以及区域传媒生态的主体包括哪些媒体。在以前谈到区域媒体时，它是与地方媒体混用的一个概念。由于行政体制原因及历史遗留问题，长期以来我国传媒生态尤其是机构媒体种群生态的空间分布呈现出"条块分割，以块为主"的特征，按照行政主管单位建制归属于中央还是地方的级别不同而将媒体划分为中央媒体和地方媒体的提法较为常见。其中，地方媒体通常是指接受地方政府管辖的媒体，包括为数众多的省级媒体、市级媒体和县级媒体，它们具有规模小、数量多、主要服务于本地用户的特征。

步入 21 世纪以来，随着社会生产力的发展和劳动地域分工的演变，物质流、信息流、人流的跨地域流动越来越普遍，过去按行政级别、属地空间划分媒体发展空间的方式越来越难以满足地方媒体经营规模扩张和经营实力提升的需要。在区域经济一体化发展的新环境下，不仅地方媒体向外扩张需要建立传媒要素自由流动的区域统一传媒市场，而且区域社会转型也要求媒体在宣传区域发展政策、倡导建设和谐社会、促进公众与政府沟通等方面扮演好信息传播、舆论引导、缓解冲突的区域"信息枢纽"和社会"黏合剂"角色。

在此背景下，学者们逐渐认识到所谓"区域"虽然依托地缘，但它不仅是一个行政区划或是地区空间，而且是伴随政治发展战略、经济发展战略而出现的新的空间概念①。在传播学中，区域的概念既含有自然的概念，也体现文化的理念②。它是指在地理文化等方面由具有一定相似性的地方所组合成的特定地域空间，在此空间中人们因文化属性比较相近、生活习惯相对一致而使特定的符号与意义可以共享并由此形成了统一的传播区域。此外，区域还具有一定的经济学意义：在商品经济发展条件下，随着

---

① 黄升民、宋红梅、彭颖：《地方广电向区域媒体转型的当下与未来》，《现代传播》2009年第 2 期，第 1~4 页。

② 梁振廷：《浅谈新媒体环境下区域媒体的主要发展方向——以〈大河报〉新媒体的运营模式为例》，《新闻爱好者》2016 年第 10 期，第 62~65 页。

社会生产力的发展以及劳动地域分工的不断深化，一些行政区逐渐形成了密切的经济联系以及大体一致的经济发展方向而组合成各具特色的"经济区"。综合来看，在地理、文化、经济等方面体现出一致性的地域组合成的统一空间就是区域。传媒区域化是经济区域化的必然结果，一些地方媒体以相近地域之间在地缘相接、文化相近、经济联系密切、用户消费心理相似等方面的共有特征为依托，突破行政区划限制而逐步建成在一定区域范围内跨地域传播信息与获取用户的媒体，从而完成了将传播与经营空间从本地扩大到区域的转变，也使得区域媒体具有了全新的内涵：相对于在一定行政区划范围内以本媒体所属地域为传播与经营空间的本地级媒体而言，在地理、文化、经济等方面体现出一致性的多个地域组合成的区域为传播与经营空间的媒体即为区域级媒体。

步入 5G 智媒时代以来，5G、云计算、大数据、AI 等传媒技术不断投入应用并塑造出"万物互联"的信息传播图景，媒介渠道边界被打破进一步推动了信息传播的"无界化"发展。在统一的互联网、物联网空间中，媒体可以通过在微博、微信等公众平台开设账号以及自建移动客户端等手段进一步将传播与经营空间扩展到全国乃至全球。随着媒体融合的深入推进，一些地方媒体展开跨越本地、本区域空间而面向全国用户提供信息与服务的"全国化"实践，逐渐成长为以全国为传播与经营空间的全国级媒体。例如，北京的《新京报》建立了遍及网、官网、微信、抖音、快手、B 站、喜马拉雅等多个媒体平台的 480 余个网络渠道，取得了在全网覆盖 2.5 亿人群、日均流量超 5 亿次的好成绩；上海的《东方早报》主动停刊，全员转型打造以原创新闻为主的全媒体新闻资讯平台"澎湃新闻"，并取得日活跃用户数量过千万、下载量超 1.5 亿次的好成绩。但值得注意的是，《东方早报》传统多关注书评、经济评论、国际报道，其内容不是地方性的，这说明澎湃新闻的成功对于大多数地方媒体来说不具有可复制性[①]。与一诞生就自带全国化定位基因的澎湃新闻不同，绝大多数地方媒体受到站点布局、经费分配、人力成本等影响，不太可能对跨区域的新闻热点面

---

① 王天定、黎明：《区域影响力、地方认同与地方媒体重建》，《青年记者》2021 年第 1 期，第 18~20 页。

面俱到①。此外，相较于全国级媒体而言，立足于本地、本区域提供"近地"内容与服务的媒体在满足用户需求方面仍然具有不可替代性：关心本辖区"小事"的读者需要地方媒体及时报道地方领导更迭、属地社保新政、买房卖房政策变化等地方时政新闻，也需要地方媒体提供地域性较强的服务新闻和监督批判新闻②。

由此可见，尽管技术驱动信息传播的空间趋于无界，但是媒体生存的空间仍然是有界的。由于媒体所能支配的传媒资源存在数量、种类等方面的差异，且互联网时代的用户心理需求趋于个性化而必然要求媒体细分用户市场进行分层传播，因此一家媒体所能覆盖的传播与经营空间范围必然受到其依据自身特有资源利用模式而定位于特定用户群体提供差异化内容与服务的限制，这种媒体定位上的不同表现在传媒生态中就形成了不同类型、不同层级媒体分别占据不同生态位、承担不同功能的基本格局。总之，在技术进步与媒体融合的大趋势下，媒体发展仍然遵循着产业分工的现实逻辑③。在资源利用模式上存在差异的媒体进行垂直分工和错位经营会呈现各自以本地、本区域、本国乃至全球为特定传播与经营空间的多层次布局，由此可以将媒体按照传播与经营空间层次的不同由小到大地划分为本地级媒体、区域级媒体、全国级媒体乃至全球级媒体。

在实际研究中，仍然要以一个尺度来规定媒体所处的空间，较为常见的一种做法是以传媒公司注册地来表示媒体所属的区域。作为媒体属地的区域与作为媒体传播与经营空间的区域，两个概念之间存在一定的区别：前者所界定的研究范围包括属地范围内的所有媒体，而不论其传播范围是聚焦本地还是全国；后者仅包含以区域为传播空间的区域级媒体。本书认为，传媒生态中媒体之间的关系是同时存在于多种媒体之间的竞合关系，因此区域级媒体之间的关系及其与本地级、全国级等其他级别媒体之间的

---

① 曹竹青、陈朋：《地方媒体的"无界传播"与"有界生存"》，《青年记者》2021年第2期，第15~16页。
② 窦锋昌：《地方性媒体的出路在哪里》，《青年记者》2020年第33期，第111页。
③ 谭天：《新媒体不是"媒体"——基于媒介组织形态的分析》，《新闻爱好者》2014年第6期，第4~7页。

关系都应纳入研究范围，而不应局限于仅研究区域级媒体的状况；此外，虽然大型传媒集团的经营可能是面向全国乃至全球的，但是本地级和区域级媒体仍然需要依靠"近地性"优势来谋得用户的青睐，这说明媒体的属地仍然具有研究价值。因此，本书以媒体属地为标准来界定研究范围，并提出区域传媒生态的基本概念：在地理、文化、经济等方面呈现出一致性的多个地域集合成的统一空间即为区域，以特定区域为属地的媒体之间达成竞争与合作关系以及它们与外部环境之间达成互动关系而实现的一种相对平衡的和谐的结构状态，这就是区域传媒生态。区域传媒生态中的媒体在用户定位上可能会处于本地、本区域乃至全国等不同层级，在空间上可能出现媒体群聚和分散的现象，在资源利用模式上可能会表现出相似性和差异性，这些方面都值得研究。

三 "传媒生态位"概念界定

至今，迪米克在他所发表的数十篇相关论文中对"传媒生态位"概念进行了多次阐释："在生态位理论中，传媒物种（如特定的媒介渠道或媒体组织）的生态位是它与环境的联系。这种联系是围绕着该传媒物种生存所必需的资源构建的。"[1] "传媒产业的资源首先是媒体所满足的受众需求，以及由此产生的消费者对媒体所给予的时间和关注。从媒体组织、公司和行业角度来看，关键资源维度是消费者与广告支出。一家媒体的生态位是指它在诸如传媒用户需求、传媒用户使用时长、传媒用户与广告主对本媒体的金钱支出等资源维度上形成的资源利用模式。"[2]

可以看出，迪米克所界定的"传媒生态位"概念表达了一种研究思路，即认为媒体生存所必需的传媒资源决定着媒体在生态环境中的站位。但是，迪米克的定义没有考虑到传媒生态的时空范围变化可能会导致各个传媒生态位上的资源价值发生变化。对于这一点，中国学者马世骏所提出

① Dimmick, J., *Media Competition and Coexistence: The Theory of the Niche*, NJ: Lawrence Erlbaum Associates, 2003.

② Dimmick, J., Feaster, J., Hoplamazian, G., "News in the Interstices: The Niches of Mobile Media in Space and Time", *New Media & Society*, 2010 (1).

的"扩展生态位"概念模型解释得更为清楚①。"扩展生态位"概念体系对生态位的分类，首先体现出时间与空间变量的动态变化对生态位关系结构的影响：随着时空范围的变化，"非存在生态位"与"存在生态位"之间的界限也处在动态变化之中，二者在一定时空条件下会相互转化；其次，在一定时空范围内多个物种对"存在生态位"的利用是有极限的，其中总是会存在一部分能够被利用的生态位资源即"实际生态位"，以及一部分尚未被利用的生态位资源即"潜在生态位"；最后，在"实际生态位"上总是存在多个物种共同参与传媒资源的分配过程，其结果是物种之间的生态位重叠现象普遍存在。

本书综合迪米克所提出的"传媒生态位"定义与马世骏所提出的"扩展的生态位"概念模型，进一步认为传媒资源维度与外部环境因素共同决定着传媒物种在生态群落中的相对位置关系，并给出如下定义：传媒生态位是指在一定时空范围与环境条件所限定的多维传媒资源空间中，一个传媒物种（如特定的媒介渠道或媒体组织、种群）依据其对用户、广告、内容等多维资源进行利用的广度和深度（即该传媒物种的资源利用模式）而在传媒生态结构中占据的相对位置。

第三节 文献综述

一 传媒生态相关研究综述

2014 年以来学者们在媒体融合背景下开展的传媒生态研究集中于三类：一是媒体融合背景下传媒生态的结构变化研究；二是媒体融合背景下传媒生态变革的影响因素研究；三是媒体融合背景下优化调整传媒生态结构的策略研究。

（一）传媒生态的结构变化研究

近年来，学者们对于传媒生态结构变化的讨论聚焦于媒体类型结构，而对于媒体层级结构、媒体空间结构、媒体资源利用结构等方面的讨论较

---

① 马世骏主编《现代生态学透视》，科学出版社，1990，第 72~89 页。

少。计春燕指出当前传媒生态结构存在传媒组织小而散、传媒生态位重叠严重等弊端，传媒生态结构的动态变化表现为新旧媒体融合发展与传媒生态边界扩张①。李林容等认为新媒体的出现改造了传统媒体的生态环境，并引导传统媒体向数字化发展②。严三九指出媒体融合使得原本生产、传播逻辑不同的媒体类型之间实现了交融，由此推动传媒形态与生态的颠覆性变革③。胡正荣等认为媒体融合实践对传媒生态的影响是塑造了一种全新的传媒生态主体，即以智能技术为依托、面向全渠道传播的智能全媒体④。王君超等分析了以"中央厨房"为代表的融媒体中心作为一种全新传媒生态主体与政治、经济、技术生态因子之间的互动关系，及其对内容、渠道、人才等传媒资源的利用模式，认为融媒体在宏观传媒生态中承担着重要的功能与作用⑤。张志安等在媒体融合背景下研究了新闻生态系统中的新行动者，认为国有的专业媒体、机构媒体、平台媒体集群共同构成了新闻媒体生态中的主体类型结构⑥。陈昌凤等认为，新闻聚合类媒体作为新闻生态中的全新主体，其特殊的内容、渠道、用户资源利用模式将进一步推动新闻生态结构的优化调整⑦。樊向宇等认为在由现代信息技术驱动所形成的"传播新生态"中，网民作为信息源、受众与自媒体以及机构媒体作为信息发布主体、主流媒体作为舆论引导主体、商业平台作为场域基础设施提供者各自在传播与舆论生态中承担着重要的功能⑧。

① 计春燕：《"互联网＋"时代传媒产业生态结构的变迁分析》，《电视指南》2018 年第 8 期，第 230 页。

② 李林容、李珮：《新媒体对传统媒体生态影响初探》，《中国出版》2015 年第 3 期，第 36 ~ 38 页。

③ 严三九：《从形态融合到生态变革——传媒形态与生态在融合中的颠覆与发展》，《编辑之友》2014 年第 8 期，第 6 ~ 7 页。

④ 胡正荣、李荃：《走向智慧全媒体生态：媒体融合的历史沿革和未来展望》，《新闻与写作》2019 年第 5 期，第 5 ~ 11 页。

⑤ 王君超、张焱：《中央厨房的创新模式与传播生态重构》，《中国报业》2019 年第 15 期，第 25 ~ 28 页。

⑥ 张志安、汤敏：《新新闻生态系统：中国新闻业的新行动者与结构重塑》，《新闻与写作》2018 年第 3 期，第 56 ~ 65 页。

⑦ 陈昌凤、王宇琦：《新闻聚合语境下新闻生产、分发渠道与内容消费的变革》，《中国出版》2017 年第 12 期，第 3 ~ 7 页。

⑧ 樊向宇、王泆：《传播新生态中的中国舆论场》，《媒体融合新观察》2020 年第 4 期，第 21 ~ 24 页。

（二）传媒生态结构变化的影响因素研究

近年来，学者们对于传媒生态变革影响因素的研究较多，特别是对制度与技术因素的研究较多。刘毅认为传媒外部生态环境因素包括政治、经济和社会环境因素[①]；丁柏铨认为政治制度因素、经济因素和文化因素构成了传媒生态的外部环境[②]；李良荣等认为政府规制、技术进步、社会变迁以及资本介入是新闻传媒生态变革的四大驱动力量[③]。高长力等认为媒体融合时代传媒监管部门的机构整合、简政放权、事后监管等政策制度建构了传媒生态的外部监管环境[④]。范以锦等回顾了传媒改革四十年历程，认为传媒政治环境变化能够推进新闻改革，进而对传媒生态变革产生至关重要的影响[⑤]。喻国明等在"互联网＋"战略实施背景下探讨了互联网作为一种"高维媒介"对传播生态的重构作用，认为互联网技术对传播生态的影响主要是激活了以"个人"为基本单位的传播力量，继而打破了传统不对等的、单向性的、局域式的媒介生态[⑥]。彭兰认为智能技术重构传媒生态的四个重要维度分别是用户平台、新闻生产系统、新闻分发平台和信息终端，技术在推动传媒生态原有边界消解与全新版图扩张两方面具有重要作用[⑦]。郭全中认为，区块链技术在传媒领域的应用能够通过形成自组织传媒生态系统而推动传媒生态版图扩张[⑧]。张志安等在研究"互联网内容生态"时提出技术驱动和用户引领是互联网内容生态变革的影响因素，

① 刘毅：《传媒生态环境及产业创新》，《重庆社会科学》2008 年第 3 期，第 64～68 页。
② 丁柏铨：《传媒生态环境的变化与文化建设面临的挑战》，《西南民族大学学报》2018 年第 1 期，第 151～156 页。
③ 李良荣、袁鸣徽：《中国新闻传媒业的新生态、新业态》，《新闻大学》2017 年第 3 期，第 1～7 页，第 146 页。
④ 高长力、胡智锋：《需求与引领：传媒生态与监管服务之变——2014 年〈现代传播〉年度对话》，《现代传播（中国传媒大学学报）》2014 年第 1 期，第 1～10 页。
⑤ 范以锦、刘芳儒：《传媒生态、媒体业态、媒介形态：中国传媒业改革四十年》，《新闻记者》2018 年第 10 期，第 13～18 页。
⑥ 喻国明、焦建、张鑫：《"平台型媒体"的缘起、理论与操作关键》，《国际新闻界》2015 年第 6 期，第 120～127 页。
⑦ 彭兰：《未来传媒生态：消失的边界与重构的版图》，《现代传播》2017 年第 1 期，第 8～14 页，第 29 页。
⑧ 郭全中：《"区块链＋"：重构传媒生态与未来格局》，《现代传播》2020 年第 2 期，第 1～6 页。

平台媒体则是这种影响的关键载体①。

（三）传媒生态结构的优化策略研究

近年来，探索传媒生态结构优化策略的相关文献主要是对微观传媒组织内部及它们之间的生态联合、生态圈构建等经营管理策略提出建议。喻国明等认为传媒组织通过打造开放平台与构建信息节点集群可以转型为在传播生态中占据中心位置的平台型媒体，平台型媒体的崛起将改变传媒资源与权力分配结构②。戴元初认为，媒体融合背景下的传媒组织通过构造一个线上线下接轨、传受双方互动的跨媒介空间，能够实现多维传媒资源的对接与延伸③。胡正荣在媒体融合战略实施的大背景下提出建设"融合媒体生态"的倡议，认为传统媒体构建媒体融合生态系统至少应该包括技术子系统、用户子系统、产品与服务子系统、融合媒体体制与机制子系统四个组成部分④。赵树清从系统论角度阐述了融合进程中广电媒体进行生态化经营的基本思路，包括对四个生态子系统（行业生态、产业生态、传播生态、价值生态）进行整合，并在此基础上构建包括大集团生态圈、公共广播电视生态圈、专业联盟生态圈在内的三大广电生态圈⑤。李继东认为推进媒体融合发展的关键在于构建多环状生态圈，首先要依托移动互联网构建全新用户生态，其次要依托核心用户群需求形成多种商业生态，最后要通过对外合作来构建优势互补的外环生态圈⑥。

总的来看，近年来国内学者研究了媒体融合背景下传媒生态结构的变

① 张志安、聂鑫：《互联网内容生态变化：历程、路径与反思》，《新闻与写作》2018 年第 10 期，第 5 ~ 12 页。
② 喻国明、张超、李珊、包路冶、张诗诺：《"个人被激活"的时代：互联网逻辑下传播生态的重构——关于"互联网是一种高维媒介"观点的延伸探讨》，《现代传播》2015 年第 5 期，第 1 ~ 4 页。
③ 戴元初：《融媒体时代传媒跨界生态营造的核心突破——北京电视台 2015 春晚新媒体创新价值初探》，《现代传播》2015 年第 4 期，第 11 ~ 15 页。
④ 胡正荣：《媒体的未来发展方向：建构一个全媒体的生态系统》，《中国广播》2016 年第 11 期，第 48 ~ 52 页。
⑤ 赵树清：《重构传媒生态推进融合创新——广电媒体融合发展的治本之策》，《传媒》2016 年第 17 期，第 14 ~ 17 页。
⑥ 李继东：《构建多环状生态圈："十三五"期间媒体融合发展之道》，《声屏世界》2015 年第 11 期，第 11 ~ 12 页。

化趋势、影响因素并提出了优化传媒生态结构的一系列策略建议，对本书研究有较大的借鉴意义。

（四）传媒生态相关研究的回顾与述评

传媒生态研究的主要理论贡献在于提出了传媒生态系统论与结构观，近期在媒体融合背景下展开的传媒生态研究还着重探讨了传媒生态变革的影响因素以及传媒生态结构优化调整的可行之策。已有研究的不足之处在于以下三点：一是传媒生态学尚未建立起完善的理论范式和研究框架，学者们虽然形成了借用生态学概念诠释传媒领域问题的研究思路，但是理论研究不够深入、理论模型较为简单、研究框架有待完善，特别是对于如何处理不同区域、不同层级、不同类型媒体之间关系的问题尚未进行很好的解答；二是媒体融合背景下的传媒生态变革研究反映了学者对实践经验的观察与思考，然而学者们聚焦某一类媒体发展或某一种生态因子作用而进行论述的零碎观点尚未同构到统一的传媒生态研究框架之下，故而难以在宏观上把握传媒生态结构的整体变化趋势和发展规律；三是传媒生态实证研究尚未取得明显的进展，传媒生态理论模型缺少来自现实证据的支撑导致其解释力不足。今后，采用传媒经济学领域的传媒生态位测算方法来研究传媒生态学命题，是推动传媒生态实证研究创新的一种新思路。

二　区域传媒生态相关研究综述

（一）区域传媒生态影响因素研究

区域传媒生态的相关研究，以国内学者的研究为主，研究论题聚焦在区域传媒生态影响因素与区域传媒生态结构优化策略两个方面。第一类研究强调了区域传媒生态主体与外部生态因子的互动关系是塑造区域传媒生态结构的重要力量：王瀚东等对中部传媒生态的研究显示，中部地区的区域性媒体与区域性社会、经济、文化等因素形成了在互动中共同发展的运行模式①；张岩等认为东北地区独特的民间"笑"文化为传媒产业集聚提

---

① 王瀚东、强月新：《教育部人文社科重点研究基地重大项目——"中部媒介生态与媒介发展研究"报告：中部媒介生态与媒介发展——理论视野、现状分析与个案研究》，《中国媒体发展研究报告（2007年卷）》，武汉大学出版社，2007，第284～307页。

供了资源优势①；樊拥军在研究京津冀传媒集成经济时提出"PEST + G +
C"（政治经济社会技术 + 地理 + 文化）等宏观外部环境要素的共同作用是
区域传媒经济协同发展的重要动力②；谭顺秋解读了广州佛山都市圈的媒
体扩张与博弈态势，认为区域经济一体化对传媒产业发展的首要影响在于
建立统一的区域传媒市场，多个传媒组织在同一市场中的竞争日趋白热
化，将导致旧有传媒生态格局经历短暂失序后走向新的平衡③；张瑜烨等
探讨了长江中游媒体与区域发展良性互动的可能性，认为媒体在利用新闻
报道构建城市形象、塑造社会信任、调节发展失衡、理顺社会关系等方面
承担着构建区域社会秩序的独特功能，发展传媒产业是区域经济建设的重
要环节④。

（二）区域传媒生态结构优化策略研究

第二类研究指出了传媒生态结构在区域布局上存在的问题并提出区域
传媒生态结构优化调整的策略：强月新等对广东、湖北、贵州三省主流媒
体传播力的实证研究结果显示，三地传媒生态结构之间存在差异⑤；陶喜
红等认为，我国传媒生态结构最初是在政策制度因素的引导下按照行政区
域划分形成了"条块分割，分散经营"的格局，这就造成各个区域之间的
传媒生态发展不平衡，推动传媒资源适度聚集、优化传媒生态空间布局等
一系列策略有助于解决区域传媒生态失衡问题⑥；姜照君等对江苏省内电
视台、广播电台、报社、杂志社、网站五类媒体的广告资源生态位进行测
算，结果显示江苏省内的电视媒体生态位竞争优势不及报纸媒体的局面在
2002 年后出现反转，说明新旧媒体之间传媒资源的重新分配会引起区域传

---

① 张岩、李晓媛：《东北文化资源与文化产业经济的共生性研究》，《产业与科技论坛》2015
年第 5 期，第 22 ~ 23 页。

② 樊拥军：《京津冀传媒集成经济协同发展的实践路径与成效检验》，《河北经贸大学学报》
2019 年第 4 期，第 18 ~ 21 页。

③ 谭顺秋：《广佛同城背景下的媒体扩张与博弈》，《新闻战线》2011 年第 5 期。

④ 张瑜烨、黄龙：《大众传播对长江中游城市群建设的舆论助推作用——以湖北广播电视台
为例》，《中国广播电视学刊》2014 年第 8 期，第 93 ~ 96 页。

⑤ 强月新、陈星、张明新：《我国主流媒体的传播力现状考察——基于对广东、湖北、贵州
三省民众的问卷调查》，《新闻记者》2016 年第 5 期，第 16 ~ 26 页。

⑥ 陶喜红、党李丹：《中国传媒产业生态结构的多重失衡》，《当代传播》2018 年第 4 期，
第 71 ~ 74 页。

媒生态结构变化，处理好新旧媒体之间的关系有助于区域传媒生态健康发展[①]；段莉对粤港澳大湾区建设进程中传媒产业发展的研究发现，该区域传媒产业发展战略重点在于突破原产业框架和区域格局、重构区域和各城市站位战略、实现区域文化协同发展机制的全面创新[②]；商建辉等对京津冀传媒产业发展模式的研究指出，当前以政府为主导的传媒产业集聚模式难以形成柔性集聚的合作创新网络，政府应当以引导者身份推动区域交流机制、人才共享机制、知识产权服务体系与投融资服务体系的构建，促进京津冀传媒产业协同发展[③]；荆婵等认为京津冀文化传媒产业尚未形成合理的分工合作和产业空间结构，面临着行政区经济特色明显、区域性不平衡显著、长效发展机制不足等问题，亟须完善顶层设计、优化资源配置、升级产业结构[④]；王定兴等对武汉城市圈媒体融合图景的研究发现，中心城市强势媒体对边缘城市传媒资源的整合导致"极化效应"，区域传媒布局应当综合考虑传媒生态位排列的空间结构与物种结构，积极构建功能互补、资源联合的区域传媒生态圈[⑤]；宋春风等对广西县级融媒体中心与广西云客户端平台建设路径的研究显示，众多县级融媒体中心在省级技术平台上共享传媒资源的融合模式，能够推动区域传媒生态内部的资源流动与价值循环[⑥]。

总的来看，区域传媒生态结构变化趋势及其影响因素相关研究成果既展现了多重生态因子对区域传媒生态变革的重要影响，又肯定了区域传媒发展在加强信息传播、重建社会信任、打造文化软实力、调节经济发展失

① 姜照君、顾江：《江苏省传媒业的广告资源竞争——基于生态位理论的实证分析》，《现代传播（中国传媒大学学报）》2014 年第 8 期，第 100～106 页。
② 段莉：《从竞争合作到协同发展：粤港澳大湾区传媒发展进路探析》，《暨南学报》（哲学社会科学版）2018 年第 9 期，第 118～132 页。
③ 商建辉、张志平：《京津冀传媒产业集群运作中政府协同路径研究》，《西部广播电视》2017 年第 4 期，第 42～43 页。
④ 荆婵、石柱君、李婧：《京津冀传媒文化产业协同发展存在的问题及策略研究》，《西部广播电视》2016 年第 10 期，第 17 页。
⑤ 王定兴、贾方军、胡见勇：《多视域下的武汉城市圈传媒融合》，《湖北师范学院学报》2009 年第 5 期，第 104～106 页。
⑥ 宋春风、黄俪：《构建生态圈，推进县级融媒体中心建设》，《新闻战线》2019 年第 15 期，第 73～75 页。

衡等方面的积极作用。区域传媒生态结构的优化调整策略相关研究成果对京津冀、江浙沪、粤港澳等城市圈的传媒发展模式进行了有益探索，针对当前我国区域传媒资源集聚力度不够、同一区域媒体之间合作创新网络尚未形成等问题提出了构建区域传媒生态圈、优化传媒空间结构与物种结构等建议。

（三）区域传媒生态相关研究的回顾与述评

目前，关于传媒生态具有区域性的观点分散在媒介地理学、区域发展理论、传媒经营管理研究等多个研究领域中。特别是媒介地理研究中关于传媒用户"恋地情结""一方水土一方媒介"的论述，为传媒生态研究提供了将地理空间与历史文化、经济、政治、技术等因素相联系并分析其与媒体互动关系的研究思路。

近年来，国内学者关于区域传媒生态的研究论题集中在区域传媒生态影响因素与区域传媒生态结构优化策略两个方面，相关研究认为区域传媒生态主体与外部生态因子的互动关系是塑造区域传媒生态结构的重要力量，区域传媒生态发展不平衡是阻碍我国传媒经济协调发展的重要原因。对此，相关研究提出了调整县域与市域传媒生态格局的可行之策，对于本书研究媒体融合背景下的区域传媒生态结构优化策略有一定借鉴意义。已有研究的不足之处在于研究数量较少并且观点较为零散，研究范围局限在单个省域内而较少对跨省区域城市群的传媒生态进行研究，同时研究的主观色彩浓厚而缺乏现实证据的支持，研究的学理性也有待提升。

三 传媒生态位测算相关研究综述

（一）传媒生态位测算的国外研究成果

迪米克和罗森布勒 1984 年首次运用生态位理论研究了新旧媒体之间的竞争替代现象[①]。20 世纪 90 年代至今，迪米克及其合作者，以及我国台湾地区学者李秀珠等的一系列研究主要聚焦于两大类：一类研究是在一个固定的时间维度上，通过建立生态位测算架构，分别测量不同类型媒体在用

---

① Dimmick, J., Rothenbuhler, E. W., "Competitive Displacement in the Communication Industries: New Media in Old Environments", *The New Media*, 1984（3）: 287–304.

户、广告、内容等多个资源维度上的生态位宽度、生态位重叠度和生态位竞争优势，以此来量化表达报纸、广播、电视、网络等多种大众媒体以及人际媒体在传媒生态结构中的站位①。另一类研究是观察传媒生态在不同时间节点上呈现新变化的历时性研究，研究重点在于新媒体兴起和扩散对传统媒体生态位所产生的影响，研究发现新媒体进入市场会引起传媒资源在"生态位重叠"（Niche Overlap）的情形下重新分配，新媒体以一种"竞争替代"（Competitive Displacement）的方式占据传统媒体的部分生态位。但失去一部分原有生态位的传统媒体仍然可以通过重新选择其他生态位，比如瞄准某一类需求尚未被满足的用户、生产具有差异化优势的内容产品等来调整自己在传媒生态结构中的位置②。基于此，迪米克使用生态位替代与生态位移动理论来解释新媒体技术出现之后的媒体竞争与共存格局③。

（二）传媒生态位测算的国内研究成果

目前，国内将生态位范式用于传媒经济研究的代表性学者有樊昌志、卢文浩、强月新、王春枝、张明新、卜彦芳、申启武、陶喜红、陈瑞群等，研究的重点放在传媒市场竞争格局与传媒组织竞争策略上。第一类研究是通过测量不同类型媒体的生态位宽度、生态位重叠度、生态位竞争优势等指标来分析传媒产业的市场竞争格局：卢文浩的《中国传媒业

① Li, S., "New Media and Market Competition: A Niche Analysis of Television News, Electronic News, and Newspaper News in Taiwan", *Journal of Broadcasting and Electronic Media*, 2001 (45): 259 – 276; Gant, C., Dimmick, J., "Making Local News: A Holistic Analysis of Sources, Selection Criteria, and Topics", *Journalism & Mass Communication Quarterly*, 2010 (77): 628 – 638; Dimmick, J., Ramirez, A., Wang, T., Lin, S. F., "'Extending Society': The Role of Personal Networks and Gratification-utilities in the Use of Interactive Communication Media", *New Media & Society*, 2007 (9): 795 – 810; Dimmick, J., Feaster, J., Ramirez, A., "The Niches of Interpersonal Media: Relationships in Time and Space", *New Media & Society*, 2011 (13): 1265 – 1282.

② Dimmick, J., Patterson, J. W., Albarran, A. B., "Competition Between the Cable and Broadcast Industries: A Niche Analysis", *Journal of Media Economics*, 1992 (1): 13 – 30; Dimmick, J., Chen, Y., Li, Z., "Competition Between the Internet and Traditional News Media: The Gratification-Opportunities Niche Dimension", *Journal of Media Economics*, 2004 (17): 19 – 33.

③ Dimmick, J., Feaster, J., Hoplamazian, G., "News in the Interstices: The Niches of Mobile Media in Space and Time", *New Media & Society*, 2010 (1).

的系统竞争研究：一个媒介生态学的视角》于 2009 年出版，这是中国第一本在生态位视角下定量研究传媒竞争的专著，提出了多种媒体在传媒生态环境中进行"系统竞争"的观点[1]；强月新和张明新对 1999～2006年中国报纸、电视、广播、杂志和网络五大传媒种群的广告资源生态位指标进行测量，发现网络媒体与四种传统媒体在广告资源维度的竞争强度最弱，而传统媒体之间的竞争强度较强且报纸媒体的生存环境越来越严峻[2]；杜向菊采用类似的方法测量了 2006～2016 年我国五大传媒种群的广告生态位[3]；张明新还对五大传媒种群的内容生态位、受众心理生态位、受众消费生态位进行测算与分析，并提出传媒生态位的"层级关联"理论，认为传媒生态的四个资源维度之间存在"受众心理生态位—内容生态位—受众消费生态位—广告资源生态位"的影响传导机制，上游资源对下游资源起决定或影响作用[4]；王春枝采用生态位理论范式与生态位测量方法对报纸媒体和网络媒体的竞争关系进行了定性和定量分析[5]。

国内学者进行的第二类研究是将生态位重叠、生态位分离、生态位移动等理论范式应用于媒体经营管理研究中，并以提升传媒生态位竞争优势与优化调整传媒生态结构为目标，提出了一系列策略：樊昌志等基于生态位选择理论提出媒体"错位经营"的新思路，即"某一级的某一类媒介产业以取得自身可能占有的媒介资源为市场目标而采取的避免与竞争对手正面交锋的市场策略或理念"[6]；申启武从生态位经营视角剖析了广播频率专业化设置的竞争优势，并以"安徽交通广播"为例进行运营

① 卢文浩：《中国传媒业的系统竞争研究：一个媒介生态学的视角》，中国经济出版社，2009。
② 强月新、张明新：《中国传媒产业间的广告资源竞争：基于生态位理论的实证分析》，《新闻与传播研究》2009 年第 5 期，第 9～87 页。
③ 杜向菊：《基于生态位理论分析 2006～2016 我国传媒业的广告资源竞争》，《广告大观》（理论版）2018 年第 5 期，第 58～67 页。
④ 张明新：《媒体竞争分析：架构、方法与实证——一种生态位理论范式的研究》，华中科技大学出版社，2011，第 15 页。
⑤ 王春枝：《寻找利基：报纸媒体与网络媒体的竞争关系研究》，外语教学与研究出版社，2012。
⑥ 樊昌志、申芳龄：《以错位竞争理念构想地市级电视媒介产业发展战略》，《湖南城市学院学报》2003 年第 4 期，第 8～12 页。

策略分析①；李庆春认为引导传媒组织之间的关系从生态位重叠走向生态位分离能够推动传媒生态的和谐发展，传媒组织可以采取价值链管理、品牌管理、资源优势培育等策略来优化自身生态位②；强月新等从技术生态与社会生态维度阐释了新型主流媒体的内涵，并提出其建构路径是要在技术迭代所创造的生态位新空间中通过打造平台媒介、提升传媒竞争力等策略在传媒生态食物链中占据核心生态位③；卜彦芳等提出采用传媒生态位理论研究传媒组织动态竞争策略的新视角，即分别考虑短期静态竞争力和长期动态竞争力的培育，并制定了在短期内提升现有市场竞争优势的错位经营、合纵连横、基因优化等"调适"策略，以及在长期内开拓新市场的临界点舍弃、生态位加乘等"突破"策略④；陶喜红在《中国传媒产业生态系统健康评价研究》一书中建构了以传媒产业活力、产业组织和产业恢复力为一级指标的传媒产业生态系统健康评价指标体系，并提出建立产业共生模式、提高传媒产业弹性力等一系列优化调整传媒生态结构的策略⑤。

总的来看，传媒生态位理论范式开辟了传媒生态研究的新思路。此类研究在建立传媒生态位理论模型、运用传媒生态位测算方法、提出传媒生态位经营策略等方面对本书有借鉴意义。

（三）传媒生态位相关研究的回顾与述评

传媒经济学与生态学交叉视域下的传媒生态位相关研究起始于传媒生态位概念体系的建立，马世骏等生态学学者提出的"扩展的生态位"概念与传媒生态位研究代表性学者迪米克提出的"传媒生态位"概念对本书影响较大，在此基础上本书加入时空范围与环境因素等限制条件界定了"传媒生态位"的新概念。迪米克等还开创了传媒生态位的理论体系，主要是

① 申启武：《媒介的生态位策略与广播频率的专业化设置》，《暨南学报》（哲学社会科学版）2006 年第 2 期，第 141～144 页。
② 李庆春：《生态位视角下传媒企业竞争战略探究》，《新闻战线》2014 年第 5 期，第 144～145 页。
③ 强月新、孙志鹏：《媒介生态理念下新型主流媒体的内涵与建构路径》，《当代传播》2019 年第 6 期，第 10～22 页。
④ 卜彦芳、董紫薇：《调适与突破：新型主流传媒生态位经营新策略》，《青年记者》2019 年第 10 期，第 19～22 页。
⑤ 陶喜红：《中国传媒产业生态系统健康评价研究》，中国社会科学出版社，2019。

使用传播学领域的使用与满足等理论以及传媒经济学领域的注意力经济、二元产品市场等理论，说明了将传媒生态位划分为用户心理生态位、用户消费生态位、广告资源生态位、内容资源生态位等不同资源维度生态位的理论依据。此外，传媒生态位研究者还将生态学实证研究方法引入传媒经济学研究中，建立了传媒生态位测算的指标体系并针对传媒种群竞争与共存问题进行了实证研究，据此提出了提升媒体生态位竞争优势的一系列策略。

已有研究的不足之处在于以下两点：一是当前传媒生态位研究者们普遍将传媒组织当作纯粹追求商业利益的经济主体来看待，忽视了传媒经济的特殊性，即传媒经济兼具经济属性与宣传属性，传媒组织在追求经济利益之余还必须承担社会责任，特别是主流媒体要依凭强大的传播力与引导力来承担宣传使命。对传媒经济的双重属性与传媒组织的双重效益追求认识不足，导致传媒生态位研究片面地聚焦于对经济领域的竞争力建构与用户消费资源利用模式的分析，而忽视了对传播领域的影响力建构与行政资源利用模式的研究。二是现有的传媒生态位理论模型重点在于阐释单一层级或单一类型媒体之间对单一种类传媒资源进行利用而在传媒生态中所形成的相对位置关系，但是对于整合多种资源维度的研究、整合不同类型与不同层级媒体的研究以及对于优化调整传媒生态结构的策略研究较少。有鉴于此，本书在传媒经济学、传媒生态学、传播学、生态学等多学科视角下采用传媒生态位测算方法研究区域传媒生态结构的优化策略，对于推进传媒生态位理论与实证研究的创新有一定意义。

第三章　区域传媒生态体系建构的实践探索

第一节　区域传媒生态体系建构实践的意义和场所

本书重点对一个跨省区城市群范围内的区域传媒生态结构进行研究，既照应了媒体深度融合时期各类媒体共建全媒体传播体系的新实践，也符合区域协同发展战略对实现区域传媒一体化发展的必然要求。

一　区域传媒生态体系建构的实践意义

（一）媒体融合战略实施的必经之路

媒体融合步入深度融合阶段的战略目标是建构一个资源集约、结构合理、差异发展、协同高效的全媒体传播体系，这一目标对于传媒生态结构的优化调整提出了新要求。实践路径的第一步也是最重要的一步是要先尝试在一个较小的范围内，如在一个城市群内统筹推进传媒生态结构优化调整，建立各类传媒组织之间资源共享、错位经营、结构合理、功能耦合、共创价值、协同发展的区域传媒生态体系，然后才能向更大范围拓展，由小到大、由点及面逐步地将分布在不同区域、不同部门、不同层级的各类微观传媒组织整合到全媒体传播体系中。

从当前媒体融合实践的最新进展来看，区域传媒生态体系建构取得了一定的成果。在 2020 年底县级融媒体中心基本实现全国全覆盖的基础上，省级传媒平台利用其联通各县市级融媒体中心的信息枢纽功能，最大化整合区域传媒资源和节约生产传播成本，集合全省媒体同频共振取得了较好的传播效果。例如，以"长江云"为支撑，湖北省在统筹全省传媒资源方面形成了"1＋N"模式，N 个县级融媒体中心立足县情实际接入 1 个媒体融合平台"长江云"后，能够实现传媒技术、内容、用户等资源在全省范围内的共享，同时也使得县级媒体"跨地域组合、区域联动、成片开发"成为可能。至今，"长江云"已经在全省打造了 120 个"云上"系列县市级媒体客户端、吸引 2200 余家党政机关入驻平台，还汇聚医疗、美食、团购等民生服务功能，成长为引领区域传媒生态体系构建的"媒体＋政务＋移动"综合性移动新媒体航母平台。与湖北"长江云"类似，陕西"秦岭云"、山东"闪电云"、江西"赣云"等综合云服务平台都是本区域传媒生态体系构建的主导者，以此为依托在建设省内各市县融媒体云平台和移动客户端方面进行统一规划，能够有效解决融媒体建设过程中的重复建设和无序竞争问题，在实践过程中大多数县级融媒体的建设遵循这一模式并实现协同发展；而对于浙江安吉、江苏邳州等少数发展状况较好的融媒体中心来说，将自己的"小云"接驳省、市等上级媒体的"大云"也能获取资源共享、用户联运、集成经济等新优势。今后，全国各地进一步统筹县域、省域传媒资源，构建省、市、县三级传媒生态体系以及各省互联的区域传媒生态体系是媒体融合实践的必经之路，因此立足于区域进行传媒生态结构研究在推进媒体融合实践方面具有现实意义。

（二）区域协同发展战略实施的必然要求

近年来，党中央、国务院先后制定了一系列推动区域协同发展的重大国家级规划，包括《京津冀协同发展规划纲要》（2015 年）、《长江经济带发展规划纲要》（2016 年）、《粤港澳大湾区发展规划纲要》（2019 年）、《长江三角洲区域一体化发展规划纲要》（2019 年）等。2020 年 1 月 3 日，中央财经委员会第六次会议提出要推动成渝地区双城经济圈建设，在西部形成高质量发展的重要增长极，此后《成渝地区双城经济圈建设规划纲要》在 2021 年制定完成。可以看出，推动区域协同发展得到党和国家的高度重视，特别是以城市群为主体的区域产业协同实践已经成为推动区域协同发展的重要举措。

在区域一体化发展进程中，传统媒体和融媒体作为舆论的引导者、思想的塑造者和信息的传递者肩负着建设区域级信息枢纽的任务。媒体应当向公众发布区域一体化的重大战略布局和传达与人民生活息息相关的重要决策，还要在交通一体化、产业转移、民生保障等方面持续发声，督促政府提高公共服务水平和办事效率。例如，上海人民广播电台"长三角之声"作为全国第一家由地方电台开设的区域性广播，开设有《发现长三角》《东广早新闻》《早安长三角》《中国长三角》等节目，该电台承担着长三角一体化发展最新进程和政策发布的宣传功能，也建构了长三角民生服务与品质生活平台。然而，目前类似"长三角之声"的区域级媒体数量较少，区域内各地媒体发布内容基本上还是以各自行政区域为出发点，在信息联动、共享方面有所欠缺。

目前，为了打造区域级信息枢纽以及强化区域内各地媒体在信息联动、资源共享等方面的协同合作，区域内各地政府及有关部门联合制定推进传媒一体化进程的协同发展规划，将构建区域传媒生态体系视为推动区域一体化发展的重要抓手。例如，2014 年国家新闻出版广电总局规划发展司、京津冀三地新闻出版广电行政部门主要负责人签署《京津冀新闻出版广播影视协同发展项目合作推进协议》，明确支持三地新闻出版广电产业打破区域限制，开展项目合作，探索跨地域的产业规模化、集约化、专业化发展道路。又如，2019 年成立的粤港澳大湾区媒体营销联盟汇聚大湾区各大传媒力量，其宗旨是打造大湾区媒体融合发展旗舰品牌，实现区域内各地传媒优势互补、资源共享，提升国内外各界对粤港澳大湾区战略的了解度和参与度。总之，区域一体化发展离不开区域级信息枢纽的发声和区域内不同媒体的共奏，而媒体之间合作共建、互利共生的区域传媒生态体系是提升区域信息传播效率和效果的重要抓手，因此立足于区域进行传媒生态结构研究在推进区域协同发展方面具有现实意义。

二　区域传媒生态体系建构的实践场所

2014 年至今，媒体融合实践经历了以人民日报社"中央厨房"为代表的央媒层面的媒体融合到以浙报传媒集团为代表的省级媒体层面的媒体融合，自上而下纵向发展进入市县级媒体层面的融合并在 2020 年底基本实现县级融媒体中心全国全覆盖的目标。在四级媒体融合发展布局成形的基础上，媒体深度融合阶段的实践进一步向跨地域、跨层级、跨类型整合传媒资源并进一步建构区域传媒生态体系的方向发展。

实现省、市、县三级传媒资源的互联互通是县级媒体融合实践的重要追求。综观县级融媒体中心建设的三大主要模式，无论是省级技术平台自上而下统一部署、成片开发县级融媒体客户端的省级主导建设模式，还是市级媒体先行布局融媒体并与周边县市联动合作共同接入省级技术平台的市级并联建设模式，抑或县级媒体自主搭建融媒体中心再向上接入省级技术平台的县级自主建设模式，最终都要向着各县市媒体横向并联，省、市、县三级传媒资源纵向贯通的传媒生态和谐方向发展。随着县域、市域、省域传媒生态融合为一，在更大范围内推动传媒资源的跨省流动、搭建多省联动乃至全国统一的全媒体传播体系成为媒体深度融合阶段的新目标，跨省区的城市群因此成为媒体融合战略实施的重要场所。

建设跨省区城市群是推动区域协同发展的重要举措，是我国打破行政规划限制、进行资源整合和再分配的重要战略安排。近年来，跨省区城市群规划不断发力：2014年，国家发改委印发《关于开展跨省级行政区城市群规划编制工作的通知》，正式启动跨省区城市群规划编制工作，并对长三角城市群、成渝城市群、哈长城市群的发展目标、开发方向、空间结构以及城市群内各城市的功能定位和分工、协同发展体制机制等进行全面规划设计；截至2019年，我国提出的19个国家级城市群规划基本编制完成，其中跨省区城市群规划均已出台并实施。但实施过程中发现，以城市群作为标尺，范围相对较大，缺少必要的切入点和抓手。

在这方面，2014年开始实施的媒体融合战略与城市群规划起步时间相近，在融合实践成果上也已经基本建成省、市、县三级联通的传媒生态体系，同时进一步提出了跨省区统合传媒资源、推进区域传媒生态融合的新要求。由此观之，跨省区城市群是媒体融合和区域协同战略实施的重要场所，在媒体深度融合时期推进跨省区城市群的传媒生态体系建设，或可为城市群规划建设提供必要的切入点和抓手，也能在两大战略相辅相成的过程中优先解决重要城市群的传媒一体化发展问题，进一步加快全媒体传播体系建设的步伐并有力地推动媒体深度融合时期的实践发展。

具体来说，"十三五"规划、"十四五"规划中提出要在全国重点发展的19个国家级城市群是区域传媒生态体系建构与城市群规划建设的交汇点，它们分别是：要优化提升的五个城市群——京津冀、长三角、珠三角、成渝、长江中游城市群；要发展壮大的五个城市群——山东半岛、粤闽浙沿海、中原、关中平原、北部湾城市群；要培育发展的九个城市群——哈长、辽中南、山西中部、黔中、滇中、呼包鄂榆、兰州—西宁、宁夏沿黄、天山北坡城市群。五个要优化提升的城市群、五个要发展壮大的城市群、九个要培育发展的城市群分别对应着中国城市群体系中的成熟型、成长型和潜力型城市群，成熟型城市群在首位度和规模－位序关系上居于前列且与后序城市群之间分化明显，特别是京津冀、长三角、珠三角、成渝作为四大"发展极"承担着中国经济发展空间的主体支撑作用。

综上，在我国重点布局京津冀、珠三角、长三角、成渝等跨省区城市群规划建设的总体格局下优先在传媒资源丰富、经济发展水平较高的四大"发展极"城市群内展开区域传媒生态体系建构实践是推进区域传媒一体化发展的应有之义，同时也符合媒体融合程度较高的地区率先开展深度融合实践进而由局部向全国全面铺开实现融合发展的基本实践规律。因此，本章重点考察当前京津冀、珠三角（粤港澳大湾区）、长三角、成渝四大跨省区城市群的区域传媒生态体系建构实践，较为全面地梳理实践进展并对其中存在的不足之处进行重点解读。

第二节　区域传媒生态体系建构实践的主要进展

一　区域媒体进行联合报道的实践

近年来，区域传媒生态中的各地各层级各类型媒体通过联合开展大型采访报道活动在区域一体化重大政策制定、区域政府协同治理、区域应急事务管理等方面形成多种形态融媒体产品共同制作并在区域内各地多家全媒体平台上同步分发的广泛宣传声势，在一定程度上推动了重大报道传播力和影响力的提升。

从长三角媒体的探索来看，联合报道已经成为区域内不同层级、不同类型媒体共话"长三角经济带"议题的主要手段。在省级门户网站联合报道方面，来自沪、苏、浙、皖三省一市的多家网络媒体于 2018 年 7 月联合开展《奋斗新时代——长三角改革开放再出发》大型新媒体采访报道活动,在为期一个月的时间里,东方网、中国江苏网、浙江在线、中安在线等网络媒体记者一路走访长三角20多个城市,对城市主要领导、街镇社区、重点企业进行访谈并整理成统一报道在多家网络媒体平台上呈现,集中展示改革开放以来长三角各城市经济社会发展成就。在市级广播媒体联合报道方面,上海人民广播电台、苏州新闻广播、南京新闻广播、宁波综合新闻广播等十家长三角广播媒体于2019年8月携手开展《我们都是长三角人——对话长三角市长》长三角广播电台大型全媒体联合新闻行动,邀请长三角主要城市的市长做客各地广播电台直播间并就各城市如何各扬所长共塑长三角地区竞争能力的议题进行现场对话,该系列访谈特别节目使用统一栏目名称、统一视觉画面、统一制作格式,并于统一直播时段在十家长三角广播频率同步播出,取得了全媒体传播同频共振的效果。在县级融媒体中心联合报道方面,百家县级融媒体中心助力长三角一体化国家战略网络文化宣传季"接力大连麦"、"炫酷融媒赛"和"云游慢直播"三大系列活动于2020年5月正式启动,活动紧扣"你好长三角——美好生活的向往"这一主题,全方位展示各地区位优势、经济发展、乡村振兴、脱贫攻坚、人文风貌、美食非遗等,百家长三角县级融媒体中心通过5G直播、新媒体创意产品等多角度全方位展示长三角城市群的魅力风采,取得了良好的传播效果。

此外,京津冀、粤港澳和成渝媒体在联合报道方面也进行了一定的探索。天津广播电视台广播新闻中心联合河北广播电视台综合广播、北京人民广播电台新闻广播于2019年2月共同推出纪念京津冀协同发展五周年的大型新闻采访暨系列报道活动《春天的脚步——"开启新篇章"》,三地广电媒体围绕京津冀协同发展取得的成就和未来规划共同进行全方位、多视角的深入采访报道,并汇总内容资料统一制作成系列节目在京津冀之声《早安京津冀》节目以及津冀广播主频率上同步播出。2019年5月,首届粤港澳大湾区媒体峰会之"粤港澳媒体湾区行"大型采访活动启动,三地媒体深入粤港澳大湾区重点城市进行采访报道,集中呈现粤港澳大湾区建设的新进展和新气象。2020年8月,重庆市政协新闻宣传中心与四川政协报社签署《关于开展"成渝地区双城经济圈建设"联合报道合作备忘录》,双方明确了包括共建协作机制、共设专题专栏、联合采访报道、联合刊发推送在内的四大合作内容，并于 9 月首次围绕成渝双城经济圈建设主题展开联合采访与报道活动。无独有偶，由上游新闻与红星新闻共同发起，联动重庆晨报、成都商报、重庆发布、成都日报、成都发布推出的"双城新发现——成渝主流媒体聚焦双城新经济高质量发展"大型主题报道活动也于 2020 年 9 月正式启动，参与集体采访活动的成渝媒体不仅将稿件在各自媒体平台同时刊发、同步推送，还在微博上共同发起"微双城新发现"话题，在"重庆媒体看成都"与"成都媒体看重庆"的独特视角下共同擘画成渝未来美好蓝图。至今，红星新闻与上游新闻在举办联合报道活动方面已经积累了丰富的经验并且达成了长久的合作，2022 年 3 月全国两会期间两家媒体还携手联动、共同策划推出了"我为双城建言"两会联动特别报道专题。

总的来说，长三角媒体凝聚了省、市、县三级传统媒体、融媒体和新媒体聚焦区域一体化议题广泛建构统一内容生产与传播体系的合力，在区域媒体跨地域联合报道方面进行了较为深入的探索。京津冀、粤港澳、成渝等多个区域的媒体也均有不同程度的合作。客观上看，区域内各地媒体之间以联合报道为主要手段凝聚宣传合力的实践探索，在一定程度上推动了区域传媒内容资源的流动和共享，从而在各类媒体协同生产、共创价值等方面有助于区域传媒生态体系的建设和完善。

二 区域媒体建设信息枢纽的实践

近年来，区域传媒生态中少数具有前瞻意识的媒体开始探索建设区域级信息枢纽，现阶段建设模式尚不成熟但也初步形成了两种路线——自主建设和联合运营。在自主建设区域级信息枢纽的实践探索上，长三角媒体走在全国前列。在上海，2020 年 10 月 28 日开播的上海人民广播电台长三角之声是全国首家由地方电台开设的区域性广播。依托频率 FM89.9 全新开播的长三角之声以"打造新型传播平台、建成新型主流媒体、扩大主流价值影响力版图"为己任，致力于成为长三角高质量一体化发展进程中的重要力量和跨区域媒体合作平台、便利的长三角民生服务平台、精致的长三角品质生活平台。在浙江，浙江日报报业集团 2019 年 10 月 19 日推出旨在服务长三角一体化发展国家战略的天目新闻客户端，在天目新闻 App 首页上开设聚焦长三角新闻的专题栏目。目前，作为"新闻＋政府＋服务"一站式平台的天目新闻已经接入浙江政务服务的优质资源和浙报集团媒体资源，接下来还将进一步拓展各类个性化服务资源，力争成为长三角老百姓掌上看新闻、指尖办事情的资讯与生活导航图。在江苏，新华报业传媒集团 2020 年 5 月 18 日推出助力长三角更高质量一体化发展的新江苏新闻客户端，该客户端聚焦"视频＋社交"定位，打造新闻、网群、视听、活动四个主要板块，开设江苏、本地、长三角、直播、拍客、悦听等栏目。

在单个媒体自主建设区域级新闻旗舰之外，还有一种多家媒体共同发起开设区域级新闻品牌或新闻栏目的联合运营模式正在兴起，联合运营模式可进一步细分为"造船出海"和"借船出海"两种形式。在多家媒体"造船出海"共同开设和联合运营全新区域级媒体品牌和平台方面，京津冀媒体率先展开实践，由北京广播电视台携手天津海河传媒中心、河北广播电视台共同打造的"京津冀之声"于 2021 年 2 月 26 日正式开播上线。"京津冀之声"作为全媒体平台为京津冀协同发展开辟新宣传阵地，以广泛涉猎京津冀政治、经济、文化、社会、生态文明等全方位内容为主线，重点聚焦新闻视角记录京津冀协同发展，在早晚高峰时段推出《早安京津冀》和《京津冀新干线》两个新闻节目，在第一时间权威发布新闻资讯的同时也全力打造三地受众喜闻乐见的服务类和娱乐类广播节目。以此为基础，三家运营单位联手开展"京津冀之声"的京津冀全域覆盖行动计划（2021－2023），计划以北京为核心区域带动重点城市和地区，采取单频同步组网、重点节目多城市多频转发、合办节目等方式，利用三年时间按照"三步走＋六节点"的进程稳步推进，逐步实现"京津冀之声"的全域覆盖。

此外，多家媒体在已有渠道和平台上共同开设和联合运营区域性新闻栏目的"借船出海"实践也取得了一定成效。例如，"学习强国"旗下上海、江苏、浙江、安徽四家地方学习平台于 2020 年 6 月 5 日同时上线"长三角"频道，四家地方平台在建立常态化内容合作机制、共同建设内容资源库、共同举办线下跨省域和线上跨平台的专家学者"圆桌讨论""跨域连线"活动等方面实现合作，共同打造长三角学习智库。又如，由南方报业传媒集团、新加坡报业控股华文媒体集团共建的"大湾区新知"网络新闻栏目于 2020 年 12 月 16 日在新加坡联合早报网正式上线，该新闻栏目覆盖政策、产经、文化、民生四大内容，聚焦粤新、粤港澳和区域市场交流合作故事，打造新加坡、东南亚地区受众了解大湾区政策、资讯的第一窗口。再如，由重庆日报客户端、四川日报"川报观察"客户端共建的"第四极"频道于 2020 年 7 月在两大客户端正式上线，这是全国首个省级党端共建频道。"第四极"频道设有"双核""智库""四川""重庆""合作"等栏目，围绕"唱好双城记，建好经济圈"这一主题迅速播报双城合作共建的最新成果以及更新各界权威建言献策之声，以期成为政策主张的优秀传播者、实践探索的忠实记录者、区域发展的有力推动者。

综上所述，区域传媒生态中的媒体在自建区域级信息枢纽和联合运营新闻品牌、栏目等方面进行了创新性探索。相较于在大型新闻报道活动方面的大规模、短时间、单维度内容合作来说，区域内媒体在长期建设及运营媒体品牌和栏目方面的实践更有助于建立常态化的运营模式和合作机制，在打造持续性的舆论宣传引导力和建成聚合各类传媒资源的区域级信息枢纽与服务平台等方面有助于区域传媒生态体系的建设和完善。

三　区域媒体开展联盟合作的实践

当前，区域传媒生态中的媒体达成合作的载体主要是媒体联盟，联盟内媒体在联手重大项目、开展技术合作、举办媒体峰会、进行联合报道等方面协同共进、互利共赢，在探索建立区域媒体协同合作机制方面取得了一定突破。

在长三角城市群，媒体联盟作为区域媒体合作的主要载体，吸引着越来越多的媒体参与到区域传媒生态体系建构的实践中来。由上观新闻客户端、交汇点新闻客户端、浙江新闻客户端、安徽日报客户端联合发起的"长三角新全媒联合体"于 2019 年 5 月 22 日成立，首批吸纳了澎湃新闻、界面、看看新闻、第一财经、交汇点、扬眼、新华日报财经、荔枝、浙江新闻、浙江 24 小时等 15 家媒体加入，并在 2020 年新增新江苏、天目新闻、中国蓝新闻客户端、中安新闻 4 家成员单位，联合体成员单位扩容至 19 家。"长三角新全媒联合体"旨在搭建区域媒体协同发展平台，主要任务包括定期开展联合采访活动、每年议定重大报道主题协同作战、搭建内容资源共享平台、搭建新媒体技术合作平台等，以此来凝聚长三角媒体一体化协同的合力、激发长三角区域内传媒资源跨地域配置的活力。2020 年 11 月 11 日成立的长三角地区县级融媒体中心协作平台也体现了媒体联盟的理念：来自长三角地区的 100 余家县级媒体共谋联合打造全媒体传播平台、长三角新闻融媒体平台等具体事宜，以做深、做透、做精"长三角"一体化融媒体平台新闻传播工作、全力推动长三角地区县级融媒体中心发展为宗旨推进区域传媒生态体系构建。

在粤港澳城市群，媒体峰会的召开和媒体联盟的成立在一定程度上推动了粤港澳媒体合作更加频繁和密切。2019 年 5 月 19 日，由南方报业传媒集团主办、香港大公文汇传媒集团与澳门日报社协办的首届粤港澳大湾区媒体峰会正式举行并提出了探索创新媒体间协同合作体制机制的目标。111 家媒体齐聚广州共商合作交流、协同发展之策，共同探讨通过媒体峰会搭建合作平台促进粤港澳媒体之间在信息互换、共同采访、联合报道、合制节目、人员培训等方面开展交流合作的合作之策，以此进一步提升媒体融合报道的能力、水平、效果。"粤港澳媒体湾区行"大型联合新闻采访报道活动正是三地媒体落实峰会成果的一致行动。紧随其后，由广东广播电视台联合 21 家粤港澳广电机构共同发起的"粤港澳大湾区广电联盟"于 2019 年 6 月 25 日正式成立，这是大湾区媒体搭建合作平台、创新协作机制、共谋协同发展的一次积极探索。"粤港澳大湾区广电联盟"旨在整合资源优势、促进多领域深度合作并进一步推动粤港澳媒体互利共赢和协同发展，根据联盟成员共同签订的《粤港澳大湾区广电联盟战略合作框架协议》，联盟成员单位将在内容版权、传媒技术、国际传播、产业拓展等方面展开深度合作。

在京津冀城市群，媒体之间以多个联盟为载体而分门别类地展开同类媒体之间的协同合作实践，京津冀区县媒体联盟、融媒体联盟、自媒体联盟等各具特色的媒体联盟相继成立，服务于区域传媒生态体系的建设和完善。2017 年 9 月 28 日，由蓟州区新闻中心发起并吸纳天津市滨海新区、宝坻区，北京市怀柔区、通州区，河北省迁西县、玉田县等地广播电视新闻部门加入的京津冀区县媒体联盟宣告成立，20 家京津冀区县媒体依托该联盟展开多层次、多领域交流与合作，包括在联合开展新闻采编播业务、全线开放媒体平台渠道、合力策划品牌推介和广告投放活动等方面达成合作等。2018 年 8 月 30 日，以河北报业集团为主导的京津冀旅游自媒体联盟成立，并同步启动由京津冀三地 10 名旅游自媒体"大 V"和 20 位旅行摄影达人参与的"河北人游河北"大型采风活动,组织京津冀百位具有较高摄影、写作水平的旅游爱好者、观察者等参与"旅游大 V"培训营,该联盟在一定程度上推动了京津冀旅游自媒体的协同合作。2021 年 10 月 17 日,由北京市大兴区融媒体中心发起并吸纳承德广播电视台等京津冀 30 余家融媒体中心加入的京津冀融媒体中心协同发展联盟宣告成立,该联盟以共同推进京津冀融媒体中心的高质量发展为共识,从知识共享角度切入京津冀融媒体建设工作,在组织会员单位交流学习融媒体改革创新经验、共同研究融媒体中心在"新闻 + 政务 + 服务 + 商务"方面的特点和规律等方面有助于加强三地媒体的交流合作。

在成渝城市群,媒体联盟内的合作从传统的内容层面简单协作,发展为媒体联手高端智库和技术公司共建传播平台的新型合作样态,合作的广度和深度有所提升。2020 年 8 月 26 日,由国研新经济研究院、联合国世界丝路论坛数字经济研究院、四川日报、重庆日报、封面新闻、上游新闻及成渝地区多家智库机构共同发起的成渝高质量发展智库联盟正式成立。该联盟依托国家智库高端势能和专家资源,面向政府和企业搭建研究咨询和整合传播平台,与人工智能、区块链、云计算、大数据等领域的创新公司、新型研发机构、行业协会等共建集产、学、研、用于一体的智媒生态网络,在输出研究报告和新闻报道、建设成渝产业大数据平台等方面持续发力,以知识、技术和信息资源的互用共享驱动成渝双城协同发展。

总的来说,区域传媒生态中的媒体以联合报道为主要手段来凝聚宣传合力,以自建与联运为两种主要方式来建设区域级信息枢纽,同时以媒体联盟为载体来探索建立区域传媒协同合作机制,这些实践探索在一定程度上推动了区域传媒生态体系的建设和完善。

第三节　区域传媒生态体系建构实践的主要障碍

一　区域媒体竞争关系结构有待优化

区域传媒生态体系的建构要求不同媒体之间通过协同合作、取长补短共塑区域内媒体互利共生的和谐生态格局。尽管纵向生态链上不同环节的媒体之间可以分工合作构筑从生态链上游到下游的传媒资源循环，但是同一环节的媒体始终存在对用户、广告、内容等传媒资源的争夺，它们之间只有在资源获取与利用的某些方面形成差异性才能在资源互补、供需匹配的前提下达成合作。

从媒体竞争关系结构出发，去思考当前区域传媒生态体系中出现的联合报道、联合运营等动向，可以看出无论是大范围、短时间内以大型联合采编报道行动为主要形式的传媒内容生产与分发合作，还是小范围、长时间内以共同开设一个传媒品牌和栏目为主要形态的传媒品牌联合运营合作，都是处在"内容生产—内容分发—用户消费"核心传媒生态链上同一环节的媒体为了共同开发下游的用户资源、提升面向用户的传播力和引导力而达成的合作。然而，联合报道是一种活动式、行动式、节庆式的宣传手段而并非在真正意义上实现了区域媒体共享内容资源、统一生产流程和传播方式的"常态化"机制；联运媒体品牌在一定程度上实现了合作的常态化，但仍然在很大程度上受到合作双方之间的资源互补性、运营能力和资源整合能力的限制，如果只是将联合运营单位的各类传媒资源简单相加而未能基于双方在资源利用模式上即传媒生态位上的差异去整合资源并打通生态链上下游的资源链接，那么仍然难以实现资源利用效率与媒体合作效果的最优。

由此可见，当前区域传媒生态中媒体开展合作时面临的合作难以常态化、合作范围较小、合作联盟较松散等问题究其本质都是本区域媒体尚未形成差异化、立体化开发区域传媒资源的模式而导致媒体相互之间资源替代性较强、互补性不足所带来的问题。因此，区域传媒生态中的媒体竞争关系结构有待进一步优化，特别是要解决媒体资源利用模式高度重合所带来的同质化竞争问题，由此才能在媒体资源互补、适度竞争的条件下"取长补短"地达成媒体合作效果最优，进一步推动区域传媒生态结构向布局合理、功能耦合的方向发展。

二 区域媒体平台建设路径有待探索

当前区域传媒生态中的媒体主要以自建与联运两种方式建设区域信息枢纽，然而现阶段参与区域级信息枢纽建设的媒体数量较少且多是零星几家本地级媒体自主探索和小范围合作。这两种模式均是以建设传媒集团旗下的媒体子品牌为主要路线，虽然在媒体子品牌定位上体现了区域性目标，但在实际运营中可能会面临传媒集团固有定位和资源利用模式的制约以及合作范围较小的限制而不能很好地整合区域内容、用户等资源，自然也就难以保证跨地域媒体品牌的经营。

例如，媒体自身定位的限制使得处在建设中的区域级信息枢纽还明显地带有本地化色彩。笔者在 2021 年 1 月 10 日对天目新闻客户端首页上前 50 条新闻中不同类型新闻所占比例进行了统计，结果显示本地新闻、本区域内非本地新闻以及全国其他地区新闻和国际新闻数量分别为29 条、3 条、17 条、1 条；本地新闻占比高达 58% 而区域新闻占比仅为6%，可见以建成服务于长三角一体化进程的新闻枢纽为目标的天目新闻客户端仍然具有较强的本地性；进一步观察其新闻资源的转载模式可以发现，天目新闻客户端首页前 50 条新闻中有 36 条与同一集团内部的小时新闻客户端、浙江新闻客户端存在较大重叠，而后两者均为定位于本地用户的新闻客户端。由此可见，以传媒集团自主建设方式布局的区域级信息枢纽极有可能受到传媒集团按照本地用户需求安排内容资源布局的固有约束，而难以突破资源利用"惯性"去完成跨地域的传媒资源整合。相比较之下，另一种媒体联运建设区域级信息枢纽的方式虽然能够在几家合作媒体之间实现跨地域的内容资源整合，但仍然难以突破媒体小范围合作模式中少数合作方的资源边界，媒体品牌的传播力和影响力受到限制。

基于对自建品牌和联合运营这两种区域信息枢纽建设路径的分析，可以看出区域信息枢纽的资源联合范围有待拓展。在这方面，县级媒体融合进程中的省级云技术平台建设或可为区域级媒体建设路径的探索提供参考。"省级技术平台是在媒体融合环境下结合最新的云计算、大数据、人工智能、5G 等技术，为省级媒体机构实现全媒体融合发展而设计的技术服务平台，它能帮助省域内县级融媒体中心实现互联互通、信息共享、协同互动，面向省级范围内的主流媒体整合区域内的各类媒体资源，打通生产、发布、运营、等关键节点，实现更多地区、更多机构、更多层级的媒体整合运营。"① 若能将区域内各地媒体统一"上云"整合到区域性生态级媒体平台上，将能依托自由开放的互联网平台优势构建区域内不同地域、不同类型、不同层级媒体之间集生产、分发与运营为一体的互利共生、一体联动区域传媒生态圈。

三 区域媒体长效合作机制有待确立

当前区域传媒生态中的媒体以联盟为主要载体探索媒体之间的协同合作机制。各个媒体成员单位之间通过签订战略合作协议而结成关系松散的互助联盟，虽然能够在一定程度上促进部分媒体共同开发生态链下游的用户资源，但联盟订约条款约束力不强、运行机制较为自由等固有缺陷也会导致机会主义严重、成员单位仅挂名不履职、合作流于形式、联盟生命周期较短等诸多问题。

在优化区域媒体长效合作机制方面，一种正在形成中的合作机制是打造资源通融、内容兼融、宣传互融、利益共融的"共同体"。2020 年 9 月 15 日，全国首个跨区域的媒体融合发展创新中心——"中国（京津冀）广播电视媒体融合发展创新中心"正式成立，该创新中心由三省市广播电视局共同设立，以天津市津云新媒体集团股份有限公司和北京音像资料馆（北京广播电影电视研究中心）、河北长城新媒体集团有限公司三家省级融媒体平台为依托单位，联合京津冀主要媒体、重点实验室、网络平台和科技企业、高校和科研机构、投资基金等 50 余家单位合作共建。创新中心设立后，从理论研究、模式探索、技术推广、项目孵化、区域协同五方面入手，通过打造传媒技术联合研发的共同体来积极推动京津冀媒体的深度融合。京津冀传媒技术共同体通过成立一个正式的合作主体机构而解决了以往区域媒体联盟所存在的资源整合困难问题，以科技资源共享合作为突破方向有利于充分发挥先进传播技术所具有的跨越地域整合内容、融通产业的突破性力量，进一步推动区域传媒生态中的多种资源在以技术为基础的云平台上完成整合，不啻明智之举。

---

① 《"融源"县级融媒体中心省平台云方案》，华栖云网，http://www.chinamcloud.com/rhmt/jjfa/sjjsbsjjfa/。

　　综上所述，当前媒体融合进程中的区域传媒生态体系建构实践取得了一些进展但也存在不足之处。主要进展在于三个方面：区域传媒生态中的媒体以联合报道为主要手段凝聚宣传合力，以自建与联运为两种主要方式建设区域级信息枢纽，同时以联盟合作为基本模式探索区域传媒协同机制，形成了当前区域传媒生态体系的基本面貌。不足之处有两点：从媒体竞争的角度来看，传媒生态链上处于同一环节的媒体联手开发下游用户资源的效果会受到媒体之间资源利用模式趋同而资源异质性、互补性不足的影响，区域内不同媒体对资源展开争夺的竞争关系结构有待进一步优化；从媒体合作的角度来看，媒体以自建与联运方式建设区域级新闻枢纽会受到传媒集团自身或成对媒体合作所固有的资源利用模式约束而难以突破资源边界进一步完成跨地域的资源整合，从这个角度看区域信息枢纽的建设路径和合作模式有待进一步探索，或可借鉴省级云技术平台统一整合域内传媒资源的经验来探索区域性生态级媒体平台的建设路径。区域媒体以联盟合作为基本模式探索建立协同机制可能会面临联盟订约条款约束力不强、成员单位仅挂名不履职、合作流于形式等种种问题，而京津冀媒体正在开展的传媒技术联合研发共同体建设实践提供了一种构建利益互融共同体的合作新思路。

第四章　区域传媒生态结构的测算与分析

——以京津冀城市群和成渝城市群为例

推动区域传媒生态的和谐发展，重点在于处理好区域内不同媒体之间的竞争与合作关系，合理安排不同媒体在区域传媒生态结构中的位置。为了厘清区域传媒生态结构存在的问题和内在特征，本章选取京津冀和成渝传媒生态中的代表性媒体进行区域传媒生态结构的测算和分析，从而洞察特定区域内媒体之间的多种内在结构：如果在本地、本区域乃至全国等不同生态层级上出现了媒体定位适度分离而在本层级内部有所重叠的情况，那么这种分级式的"层级结构"可能会是区域传媒生态的一种内在结构；如果媒体之间的生态位高度重叠于某特定资源类别而在其他资源类别上出现生态位空白，那么这种中心化的"资源结构"可能会是区域传媒生态的一种内在结构；如果特定区域内不同属地媒体之间的生态位重叠情况在本地和异地存在空间上的集聚和分散趋势，那么这种贴近本地的"空间结构"可能会是区域传媒生态的一种内在结构。区域传媒生态结构在其层级结构、资源结构、空间结构等多个维度上所表现出的种种生态位重叠与分离特征都可以通过传媒生态位测算的方式去描摹。在厘清现有结构内在特征的基础上则可以发现区域传媒生态结构存在的问题，并能依据实际证据总结提出一种理想的区域传媒生态结构模型，以此指明区域传媒生态结构的优化方向。

第一节 案例选取、样本确定与测算架构

一 区域传媒生态案例的确定

（一）以"京津冀"和"成渝"两大城市群传媒生态为例

本章以京津冀、成渝两个城市群为例进行区域传媒生态结构测算，在地理文化渊源、媒体融合成果、媒体集群丰富度、区域经济一体化进程等方面体现了案例研究的典型性和代表性原则。从地理文化渊源来看，京津冀城市群和成渝城市群内部具有地缘相接、人缘相亲、文化同源的特征，京派文化和川派文化分别以京津冀和成渝为发源地，使得两个城市群形成了不同的文脉风格，深刻地影响着当地媒体的报道风格。

从媒体融合成果来看，各级媒体林立、传媒资源丰富的京津冀和成渝城市群一直以来都走在媒体融合实践前列。人民网发布的《2020年媒体融合传播指数总报告》显示，2020年全国融合传播力排名前十的省级报纸和排名前十的市级报纸中有三家地处京冀（北京日报、新京报、河南日报），有三家位于成都（华西都市报、每日经济新闻、成都商报）[1]；全国排名前十的广播频率中有五家位于京冀（中央人民广播电视台中国之声、经济之声和音乐之声，河南广播电视台交通广播，北京广播电视台交通广播）[2]；全国排名前十的电视台中有两家位于北京（中央电视台和北京电视台）[3]。京津冀城市群所拥有的众多知名融媒体品牌奠定了该城市群不可撼动的传媒标杆地位，而成渝城市群在报纸媒体融合实践方面也取得了一定成就，且两个城市群分别是中国东部和西部的"发展极"，以此二者为例进行区域传媒生态测算能够为其他区域的传媒实践提供参考。

---

[1] 《2020年报纸融合传播指数报告》，人民网，2021年4月27日，http://yjy.people.com.cn/n1/2021/0426/c244560 - 32088636.html。

[2] 《2020年广播融合传播指数报告》，人民网，2021年4月27日，http://yjy.people.com.cn/n1/2021/0426/c244560 - 32088658.html。

[3] 《2020年电视融合传播指数报告》，人民网，2021年4月27日，http://yjy.people.com.cn/n1/2021/0426/c244560 - 32088670.html。

从媒体集群丰富度来看，国内多数地区受限于行政区划、经济水平等因素，既缺乏中央级主流媒体的支撑，又难以吸引知名新媒体公司安家落户，传媒生态构成相对简单，研究意义不大。反观京津冀城市群，无论是中央广播电视总台、新华社、人民日报等中央级媒体，还是新浪微博、爱奇艺、抖音、快手等头部新媒体平台都将总部安置在北京，这使得京津冀区域内部不同属地、不同层级、不同类型媒体之间的竞争更为激烈。成渝城市群培育出了每日经济新闻这一在全国范围内具有一定影响力的财经媒体，也吸引了腾讯、爱奇艺、快手、人人视频等大型新媒体公司将一部分业务转移到西部落户成渝，同样体现出新旧媒体以及融媒体同台竞技的复杂形势。总之，京津冀和成渝传媒生态极具多样性、复杂性，研究价值高。

从区域经济一体化进程来看，京津冀和成渝的区域发展战略和实践受全国瞩目。《京津冀协同发展规划纲要》（2015 年）和《成渝地区双城经济圈建设规划纲要》（2021 年）的施行，凸显了京津冀和成渝传媒经济一体化发展的重要性。良好的传媒生态格局能够保证区域内建立起运转通畅的信息网络、消除信息不对称、实现数据资源共享等，从而显著推进区域经济协同发展。因此，对京津冀和成渝传媒生态的测算研究，不仅能够为当地构建和谐共生的区域传媒生态体系建言献策，而且从长远来看也能为媒体融合战略与区域协同发展战略齐头并进的改革实践提供参考。

（二）建立"多地三级四类"媒体样本集

把握区域传媒生态基本发展状况，首先要从区域内为数众多的传媒组织中选取具有典型性、代表性的媒体作为测量对象。本章结合媒体资本规模、用户规模与媒体传播力三个指标来评定一家媒体在区域传媒生态中所占据的地位，样本选取步骤如下：首先，以媒体资本规模为依据，查找各地工商联公布的 2020 年百强企业榜单，并结合在企查查、天眼查网站上查询到的注册资本在 5000 万元及以上的传媒企业信息，确定可选择的媒体样本范围；其次，从上述媒体中优先选取入选全国广播电视媒体融合典型案例名单以及入选《2020 年媒体融合传播指数总报告》融合传播力前十榜单的头部融媒体放入样本集；最后，在百度指数网站上逐一检索媒体关键词，取得该媒体的搜索用户规模数据，并对照互联网公开的媒体活跃用户规模来确定最终的媒体样本集，用户规模的比对在确定新媒体样本方面发挥了较大的作用。

考虑到数据可获得性的要求，对样本集进行了一定调整，最终选定的京津冀代表性媒体样本数量为 38 家，成渝代表性媒体样本数量为 25 家，媒体样本结构如附录 1 所示。代表性媒体样本呈现"多地三级四类"的特征。在区位分布上涵盖了京津冀（成渝）城市群中的三个（两个）城市；在层级分布上涵盖了三级媒体（中央级、省级、市级）；在种群分布上涵盖了传统媒体与融媒体种群、新媒体种群，特别是在传统媒体与融媒体种群内部同时选取了多家电视媒体、广播媒体、报纸媒体。样本集充分考虑到在媒体区位、种群与层级分布上贴近京津冀和成渝城市群传媒生态结构的真实情况，能够保证研究结果的可靠性。

二　四维生态位测算架构的建立

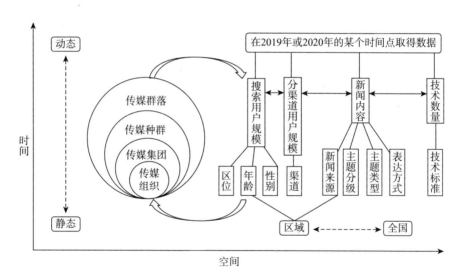

图 4 - 1　"用户—渠道—内容—技术"四维生态位测算架构

如图 4 - 1 所示，本书对区域传媒生态结构进行测算的主体层次是微观层面上的区域代表性传媒组织，测量的四个宏观资源维度是用户资源、渠道资源、内容资源和技术资源，为测算提供依据的四个数据集分别是京津冀（成渝）媒体搜索用户规模、分渠道用户规模、新闻内容规模和媒体拥有技术数量按一定标准分类的比例结构数据，后文对四个数据集的使用目的、分类标准、数据来源与取得时间进行说明。

（一）用户维度：对媒体潜在用户群体的挖掘

对传媒用户资源维度的生态位进行测量，能够获知一定区域范围内不同媒体在用户的地域分布、年龄分布、性别分布等方面是否存在相似性或差异性，由此可以确定每一家媒体在用户生态中的位置。如图4-2所示，本章将对京津冀和成渝用户生态的测量分为三个资源维度以及每一个维度内的多个资源细分类别。

将每一个传媒组织的用户群体细分为两个性别以及五个年龄段群体可以进行用户性别和年龄维度的测量。此外，在用户区位维度上的测量应当同时考虑宏观和微观层面：在宏观层面上，京津冀和成渝代表性媒体的用户在全国大范围内呈现出遍布七个地区（华东、华北、华中、华南、东北、西南、西北）的分布格局；在微观层面上，以京津冀（成渝）城市群为区域小范围，来自区域内不同地方的用户在北京、天津、河北三地（成都、重庆两地）的分布也有其特定的结构。

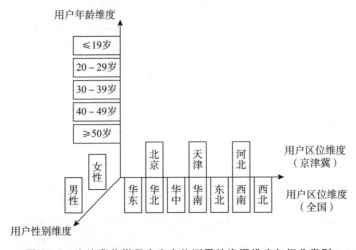

图4-2 京津冀传媒用户生态位测量的资源维度与细分类别

在数据来源上，本章以京津冀和成渝代表性媒体名称为搜索关键词，分别取得每家媒体的百度搜索用户按区位来源、性别和年龄分类的画像数据。百度指数（https://index.baidu.com/v2/index.html#/）是以百度搜索引擎用户搜索行为数据为基础的大数据分析平台。截至2020年6月，中国搜索引擎用户规模达 7.66 亿，占网民整体的 81.5%[①]；百度搜索占据近六成市场份额，领衔中国 PC 搜索市场[②]。百度指数能够展现海量用户使用百度搜索引擎输入关键词进行搜索的主动意愿，从而精准定位媒体潜在用户。在数据收集的时间范围上，百度指数平台的用户性别和年龄、用户区位界面分别展现近一个月和近一年的数据，本章连续收集了 2020 年 7~9 月的京津冀用户性别和年龄画像数据并做平均处理，同时收集了 2019 年全年的京津冀用户区位来源画像数据。成渝数据收集方式与京津冀相仿，但数据收集时间往后推移，分别得到 2021 年 11 月至 2022 年 1 月的成渝用户性别和年龄画像数据以及 2020 年全年的成渝用户区位来源画像数据。

（二）内容维度：对媒体新闻生产状况的分析

对媒体内容资源维度的生态位进行测量能够考察媒体所生产的新闻内容产品是否在内容区位来源、内容主题类型、表达方式等方面呈现多样性。本书对区域传媒内容生态的测量聚焦于新闻领域，主要是以京津冀（成渝）代表性媒体旗下 26 家（22 家）自建新闻客户端为测量对象，样本集详见附录 2。

新闻客户端的数据收集与整理采用内容编码法，由 1 名博士生和 4 名硕士生在经过至少 5 个小时的方法训练后于同一时间分头收集各个新闻客户端首页的前 50 条新闻内容。将样本量确定为前 50 条新闻有一定的依据：首先，数据显示，新闻资讯 App 中日均使用时长最多的是今日头条，日均使用时长达到 86.2 分钟[③]；其次，新闻资讯 App 的主要表达方式为图文与短视频，而视频形式的短新闻一般时长为 1~2 分钟，图文新闻所需阅读时间更长。基于以上两点可以推断，用户平均每天能够阅读的新闻内容为 40~80 条，因此以 50 条为数据量是较为合理的。数据统计时间为 2021 年 1 月（京津冀）和 2022 年 1 月（成渝）。

---

① 第 46 次《中国互联网络发展状况统计报告》，中华人民共和国国家互联网信息办公室官网，2020 年 9 月 29 日，http://www.cac.gov.cn/2020-09/29/c_1602939918747816.htm。

② 萧筱：《2018 中国 PC 搜索专题报告：用户规模将达 6.88 亿，百度搜索领衔市场》，艾媒网，2018 年 11 月 27 日，http://www.iimedia.cn/c460/63040.html。

③ 《极光大数据：一点资讯用户研究报告》，中文互联网数据资讯网，2019 年 1 月 3 日，http://www.199it.com/archives/816637.html。

收集到的每一条新闻都要依照内容生态位的 3 个维度（新闻区域、新闻主题与新闻形态）进行归类和编码。其一，新闻区域指的是新闻内容涉及的区域范围，包括 4 个类别，分别是本地新闻、区域新闻、全国新闻和国际新闻，本地新闻是指媒体所属地域发生的相关新闻，区域新闻则是特指京津冀（成渝）区域内而非本地发生的新闻内容。其二，新闻主题是指新闻按主题分类的 8 个类别，包括社会新闻、党政新闻、科教文卫新闻、民生新闻、经济新闻、体育新闻、娱乐新闻与军事新闻。其三，新闻形态是新闻内容的呈现形式，包括 7 个类别，分别是文字、图片、音频、短视频、直播、互动功能、其他。其中，"互动功能"类别衡量一条新闻是否具有评论、投票、查询等互动属性，"其他"类别则是将动图、海报、表格、长视频等占比较少的分类统一合并为一大类的结果，用以保证分类的均衡性。

（三）渠道维度：对不同渠道用户连接效率与互动效果的观察

对媒体渠道资源维度的生态位进行测量，能够知晓传统媒体在融合多个新媒体渠道和平台的过程中，在哪些渠道上能够取得较高的用户连接效率和较好的融合传播效果，据此可以确定每家媒体在多渠道、多平台生态中的位置。本书对区域传媒渠道生态的测量主要是以京津冀（成渝）代表性媒体旗下 22 个（14 个）融媒体账号为测量对象，样本集详见附录 3。

在进行数据收集时，针对一家媒体可能在多个新媒体渠道上开设多个账号的问题，应当尽可能地选择市场占有率较高的头部平台中用户订阅量较大的代表性融媒体账号进入样本集。极光大数据发布的《2019 年新闻资讯行业研究报告》显示，在新闻资讯 App 渗透率和月均 DAU 等主要衡量指标上，今日头条和腾讯新闻都以较高的市场份额领先于一点资讯、凤凰新闻、网易新闻等其他新闻资讯类 App[①]。报告同时显示，社交媒体和短视频平台也在新闻资讯传播方面发挥着巨大作用。根据 QuestMobile 发布的《2020 中国移动互联网春季大报告》，2020 年第一季度，在短视频赛道中，抖音 App 月活及人均使用时长均超过快手、B 站、小红书等短视

① 《〈2019 年新闻资讯行业研究报告〉发布》，百度网，2019 年 11 月 29 日，https://baijia-hao.baidu.com/s? id = 1651516679770899564&wfr = spider&for = pc。

频平台，跃居行业市场占有率第一[①]；而以微博为代表的社交媒体平台，也在月活量上稳居第一梯队，竞争格局趋于稳定[②]。综上，本书分别在头部新闻资讯客户端中选取今日头条和腾讯新闻、在短视频端选取抖音、在社交媒体平台中选取微博，共计四个新媒体平台作为数据统计的渠道范围。经过整理，发现微博、今日头条、腾讯新闻、抖音四个 App 衡量用户订阅量的指标相同，均为粉丝数；今日头条、腾讯新闻、抖音三个 App 衡量用户互动量的指标相同，均为点赞数，微博则不同。因此，单个媒体分渠道用户订阅生态位数据来源于以上 4 个平台；用户互动生态位数据来源于剔除微博后的 3 个平台。数据统计时间为自账号开设之日起至 2020 年 11 月 25 日（京津冀）、自账号开设之日起至 2022 年 1 月 15 日（成渝）。

（四）技术维度：对媒体技术能力长板和短板的评估

在智能媒体时代，传媒技术是关键生产要素。对区域传媒技术生态的测量有助于了解不同媒体的技术利用模式，从而洞察单个媒体的技术长板和不同媒体之间的技术互补性。本书采用不同类型的专利拥有量指标来衡量媒体的多维度技术能力。京津冀、成渝代表性媒体专利数据的收集时间分别为 2020 年 7 月、2022 年 1 月，数据收集和整理步骤如下：首先，在天眼查网站上查找 38 家京津冀代表性媒体和 25 家成渝代表性媒体所属母公司及其直接控股与实际控制的所有子公司并建立名单，并且逐一收集名单中所有公司拥有的全部专利信息及其 IPC 分类号；其次，将具有相同分类号的专利进行汇总并挑选出所含专利数量最多的 10 个 IPC 分类号作为技术生态位测算的 10 个维度；最后，统计每一家媒体母公司在 10 个技术维度下各自拥有的专利数量，并计算出每一个技术维度专利数量占该媒体母公司专利总量的比例，最终取得 15 个京津冀媒体母公司样本和 8 个成渝媒体母公司样本，样本集详见附录 4。

---

① 《QuestMobile2020 中国移动互联网春季大报告》，QuestMobile 网，2020 年 4 月 21 日，https://www.questmobile.com.cn/research/report-new/90/。

② 《2019 - 2020 年中国移动社交行业年度研究报告》，艾媒网，2020 年 3 月 20 日，https://www.iimedia.cn/c400/70165.html。

三 传媒生态位测算的指标体系与基本公式

生态学与传媒经济学相关研究提供了测算多维度传媒生态位的四个基本指标：生态位宽度、生态位重叠度、生态位竞争优势和生态位相对优势。

（一） 生态位宽度指标与基本公式

生态位宽度（Niche Breadth）指标衡量一种媒体在特定资源维度上消耗或交换该资源下属各种细分类别的宽度，展现媒体的资源使用模式是较为宽泛地、平均地利用多种资源还是较为狭窄地、集中地利用某种资源，据此可以对综合类和垂直类媒体进行划分。本书采用麦克唐纳和迪米克对辛普森 D 指数进行改良后提出的标准化 B 指数[1]（McDonald and Dimmick，2003）来测量传媒生态位宽度：

$$B_{i,k} = \frac{1}{K \sum\limits_{k} P_{ik}^{2}} \tag{4-1}$$

式（4-1）中：k 代表特定资源维度上的第 k 个资源类别；i 代表样本清单中的第 i 种媒体；P_{ik} 代表媒体 i 所拥有的第 k 个资源数量占媒体 i 所消耗的该资源维度总量的比例；K 代表资源类别的数量。生态位宽度 B 值的上限是 1，当一种媒体在某个资源维度上的资源类别中有相等比例的分布时，就会达到这个上限，说明媒体在某个资源维度上呈现出平均分布的多样化资源使用模式。B 值越小，说明媒体对某个资源维度的使用集中在较少的类别中，即呈现出集中化资源使用模式。

（二） 生态位重叠度指标与基本公式

生态位重叠度（Niche Overlap）指标衡量两种媒体在特定资源维度上消耗或交换该资源的相似程度，也可以说是衡量两种媒体对同一资源的依赖程度。在特定资源维度上存在高度生态位重叠的两种媒体在此维度上具有竞争关系。本书对生态位重叠度的测量采用几何距离公式[2]：

---

[1] McDonald, D., Dimmick, J., "Diversity: Conceptualization and Measurement", *Communication Research*, 2003 (10): 60-79.

[2] Dimmick, J., Ramirez, A., Wang, T., Lin, S. F., "Extending Society: The Role of Personal Networks and Gratification-utilities in the Use of Interactive Communication Media", *New Media & Society*, 2007 (9): 795-810.

$$O_{i,j} = \sum (P_{ik} - P_{jk})^2 \qquad (4-2)$$

式（4-2）中：k 代表特定资源维度上的第 k 个资源类别；i 和 j 分别代表样本清单中的第 i 种媒体和第 j 种媒体，P_{ik} 代表第 k 个资源类别在媒体 i 所拥有的资源数量中的比例，P_{jk} 代表第 k 个资源类别在媒体 j 所拥有的资源数量中的比例。如果几何距离 O 值近似等于 0，则两个媒体之间在资源使用中存在完全重叠或完全相似，O 值大于零且远离零则表示资源使用的重叠或生态相似性较少。

（三）生态位竞争优势指标与基本公式

生态位竞争优势（Competitive Superiority）指标衡量多种媒体在特定资源维度上消耗或交换该资源时，一种媒体相较于其他媒体的竞争优势。结合前文所述的生态位重叠度，竞争优势值可以预测在生态位高度重叠的一对或多对媒体中何者将在竞争中取胜。测量生态位竞争优势指标的常用公式是 Schoener 公式[①]：

$$S_{ij} = \frac{T_j}{T_i} \left[\frac{\sum_k (f_{ik}/f_k)(f_{jk}/f_k)}{\sum_k (f_{ik}/f_k)^2} \right] \qquad (4-3)$$

式（4-3）中：S_{ij} 代表以媒体 i 的资源使用为基准，媒体 j 相对于 i 的生态位竞争优势值；T_i 和 T_j 分别代表媒体 i 和媒体 j 在特定资源维度上所拥有的资源总量；f_{ik} 和 f_{jk} 分别代表媒体 i 和媒体 j 所拥有的第 k 种资源的数量；f_k 代表两个媒体所拥有的第 k 种资源总量，式中存在 "$f_k = f_{ik} + f_{jk}$" 的数量关系。Schoener 公式的测算结果总是以媒体 i 为基准，也就是说，将媒体 i 的生态位竞争优势 S 值记为 1，以此来观测其他媒体相对于媒体 i 的竞争优势。若媒体 j 的 S 值大于 1，说明媒体 j 相较于媒体 i 具有竞争优势；若媒体 j 的 S 值小于 1，则说明媒体 j 相较于媒体 i 不具有竞争优势。多个媒体相较于媒体 i 的 S 值呈现出大小之分，则 S 值越大的媒体越具有优势。

（四）生态位相对优势指标与基本公式

生态位相对优势（Revealed Comparative Advantage）指标衡量一种媒体

---

① Schoener, T. W., "Resource Partitioning in Ecological Communities", *Science*, 1974 (8): 27–39.

在特定资源维度内各种细分资源类别上的优劣势，将这些细分类别上的相对优势在不同媒体之间进行比较可以帮助媒体更好地认识自己与竞争对手的资源优势分别是什么，从而帮助处于生态位高度重叠状态的多种媒体寻找生态位移动的方向，进一步推动传媒生态位置关系结构从重叠走向分离。Schmoch U 等学者在 20 世纪 90 年代提出了专利相对指标体系（Revealed Patent Advantage，RPA），采用双曲正切函数来测算不同专利权人的相对技术生态位优势。尽管该公式的主要使用者是技术生态的研究者，但它在数学意义上是具有普遍性的，能够推广到本书对传媒生态位的测算上。因此，本书对生态位相对优势的测量采用 RPA 公式[①]：

$$R_{i,k} = 100 \times tanh\left[\ln\left(\frac{f_{ik} / \sum_{k} f_{ik}}{\sum_{i} f_{ik} / \sum_{i} \sum_{k} f_{ik}} \right) \right] \qquad (4-4)$$

式（4-4）中：k 代表特定资源维度上的第 k 个资源类别；i 代表样本清单中的第 i 种媒体；f_{ik} 代表第 k 个资源类别中媒体 i 所拥有的资源数量；$f_{ik} / \sum_{k} f_{ik}$ 代表第 k 个资源类别在媒体 i 所拥有的特定资源数量中的比例；$\sum_{i} f_{ik}$ 代表所有特定资源维度上所有媒体拥有的第 k 种资源的总量；$\sum_{i} \sum_{k} f_{ik}$ 代表特定资源维度上所有媒体拥有的所有资源类别的总量；$\sum_{i} f_{ik} / \sum_{i} \sum_{k} f_{ik}$ 代表第 k 个资源类别在特定资源维度上资源总量中的比例。结合上述分析可知，小括号内的式子表示媒体对某一细分资源类别的利用程度。在小括号外，该公式使用对数函数来对过大或过小的极端值进行处理，运用双曲正切函数把数字范围确定为介于 -1 到 1 之间的值，再将计算结果乘以 100 后将 R 值取值区间界定为 [-100, 100]，有利于发现规律。当生态位相对优势 R 值为正时，表示媒体对某一资源类别的利用程度相对较高，且 R 值越大代表相关资源优势越显著；R 值为负时则表示资源利用程度较低。

---

① Schmoch, U., "Evaluation of Technological Strategies of Companies by Means of MDS Maps", *International Journal of Technology Management*, 1995 (12): 23-31.

第二节　京津冀传媒生态结构的测算与分析

一　京津冀传媒用户生态的基本结构

（一）18 家媒体在用户生态的全国层级上竞争与共存

图 4 - 3 展现了 38 家总部位于京津冀的媒体的全国用户分布比例结构。采用该比例结构数据计算出 38 家媒体的全国用户生态位宽度 B 值，据此可以将 38 家媒体划分为 B 值较高的"全国组"和 B 值较低的"华北组"。在全国组内，北京的北京电视台、中央电视台、爱奇艺、优酷等 17 家媒体以及天津的 1 家媒体（天津电视台）共 18 家媒体的华北用户占其全国用户规模的比重均低于 40%，且 B 值水平处在较高的 0.6 ~ 0.95，说明它们能较好地吸引全国各地用户。在华北组内，除天津电视台以外的 8 家天津媒体和全部 8 家河北媒体以及北京的健康时报、北京青年报、北京日报、北京人民广播电台共 20 家媒体的华北用户占其全国用户的比重均在 50% 以上，且 B 值处在较低的 0.1 ~ 0.45，说明它们对潜在用户的吸引力集中在华北地区而不太能吸引其他六个地区的用户。

京津冀媒体全国用户生态位宽度的测算结果证实了区域传媒用户生态是一个从低到高、从地区到全国的层级结构。为了进一步呈现不同媒体在区域传媒用户生态层级结构中的所处层级、竞争关系以及优劣势地位，本书将 38 家京津冀媒体进行两两比较计算出 703 对全国用户重叠度 O 值，重叠度 O 值越小越接近于 0 代表两家媒体之间的生态位重叠程度越高，两者之间的竞争越激烈。换句话说，将 O 值从小到大排列，可以看到排名靠后的媒体之间基本不存在竞争关系。基于这一思路以及出于数据呈现简洁美观的需要，选取全国用户重叠度 O 值小于 0.01 的 106 对媒体，再逐一计算 38 家媒体的全国用户竞争优势 S 值，并使用 Gephi 软件将这两个指标进行统一呈现，绘制出多个媒体之间的高度重叠网络图。

需要说明的是，媒体重叠网络图中每一个节点代表一家媒体；每一条连线代表连线两端的两个媒体节点之间存在一次生态位高度重叠。连线的多少、节点的大小和位置代表媒体在特定资源维度上所面临的竞争形势是严峻还是缓和，若一家媒体连线较多则说明其所具有的资源利用模式和本

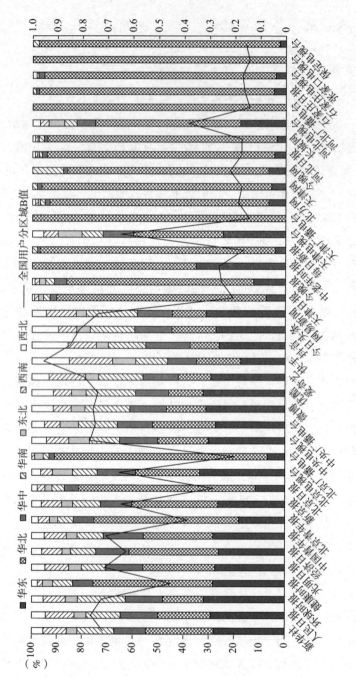

图 4 - 3　京津冀媒体潜在用户的全国分布

区域内较多的其他媒体高度相似，或者说它所面临的竞争对手较多，此时该媒体节点会更大且位置更加居中；反之，在特定维度上资源利用模式较为独特的媒体面临较少的竞争对手，其节点会偏小且位置远离中心；如果一个媒体节点与任何其他节点之间没有连线，这是因为媒体的高度重叠网络图对于在所有媒体对数中排名靠后的较低重叠度连线不予显示，说明该媒体与其他媒体之间不存在高度生态位重叠。

如图4-4所示，节点的颜色分别代表三地媒体：空白代表北京，灰色代表天津，黑色代表河北；节点的数字标签代表竞争优势S值，它是将北京电视台竞争优势记为1取得的相对数，S值越大表示竞争优势越明显。图左半边的17家北京媒体和1家天津媒体（天津电视台）之间结成了1个高度重叠的竞争网络，如前所述，这些媒体的全国用户比例结构较为均衡且B值较高，因此该竞争网络是京津冀媒体在全国用户市场上竞争状况的缩影，它反映了传媒用户生态的层级结构中最高一级——全国级生态的基本状况。在全国市场上竞争优势最强的六家媒体都是来自北京的快手、新浪微博等新媒体，可见新媒体种群相对于传统媒体种群竞争优势显著。传统媒体种群中占据中心生态位的人民日报和中央电视台首当其冲地受到迅猛发展的新媒体种群的挤压而面临着严峻的竞争形势，而起步晚、发展快的快手和抖音是具有独特短视频资源优势的"新新媒体"，它们在全国市场上的竞争压力最小。

在图的上方和右半边，17家媒体结成了3个高度重叠的竞争网络，它们的特点是三地媒体错落分布于网络中，主要以河北和天津的媒体构成网络核心。这17家媒体在全国潜在用户的构成比例上体现出较高的相似性，它们的华北用户占比均在50%以上，显示出这些媒体具有明显的市场聚焦特征——以华北地区为目标市场而彼此争夺用户资源。从图4-4中看，这2个网络中媒体的竞争优势至少比图中左半边的全国级媒体竞争网络低一个量级，并且它们与全国级媒体竞争网络之间没有任何连线，说明较高生态层级上的全国级媒体市场与较低生态层级上的华北地区媒体市场实际上是两个相互之间不存在高度生态位重叠的相对独立的竞争场域，尽管处于低层级的媒体不可避免地会受到来自高层级媒体的挤压，但图中两个竞争网络之间的边界明显，说明跨层级的用户资源争夺并不激烈，竞争的主要

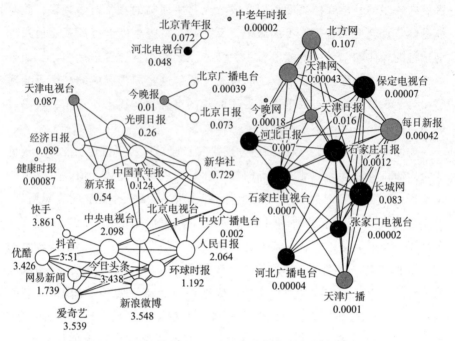

图4-4 京津冀媒体在全国用户生态中的高度重叠网络

压力还是来自同一生态层级、同一市场范围内的其他竞争对手。

此外，图中还有两家媒体健康时报、中老年时报在华北市场的潜在用户占比分别为47%和65%，在华东市场的潜在用户占比分别为28%和35%，今晚网在华北和华南市场的潜在用户占比分别为79%和12%，这种"双市场导向"的特殊用户资源利用模式使得这三家媒体不与其他任何媒体产生高度生态位重叠。

（二）20家媒体在用户生态的本地层级上竞争与共存

在全国用户生态位的测算与分析中，由于覆盖京津冀三地的大范围市场——华北地区市场仅仅被作为全国市场的七个地区分类之一来考虑，因此在全国宏观视角下难以观测到来自京津冀三地的传媒用户分布结构。为了解决这一问题，本书切换到以区域为市场范围的微观视角，进一步使用38家媒体来自北京、天津、河北三地的潜在用户占京津冀潜在用户总规模的比例结构数据来进行京津冀用户生态位重叠度O值测算，并选取O值小于0.01的78对媒体绘制重叠网络图，结果如图4-5所示。

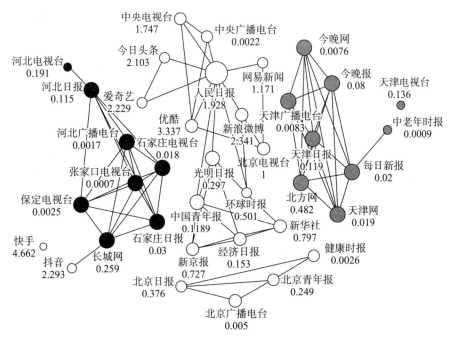

图 4 - 5　京津冀媒体在京津冀用户生态中的高度重叠网络

　　在图的正下方和左右两边，20 家京津冀媒体结成了三个边界明显的竞争网络，说明三地的本地级媒体均以本地市场为限展开竞争。河北本地市场上最具优势的媒体是长城网，竞争优势 S 值为 0.259；天津本地市场上最具优势的媒体是北方网，S 值为 0.482；北京本地市场上最具优势的媒体是北京日报，S 值为 0.376。

　　在图的中间偏上部分，位于北京的中央电视台、人民日报等 15 家全国级媒体在京津冀市场上存在用户生态位的高度重叠。此外，有 3 家全国级媒体（抖音、快手、天津电视台）与任何全国级媒体之间都不存在高度重叠。天津电视台在京津冀三地的用户分布最为均衡而在所有媒体中生态位最宽，因此它与其他媒体之间不存在高度重叠。快手和抖音专注于挖掘二、三线城市用户潜力而在定位上与聚焦一线城市的其他全国级媒体之间产生差别。图 4 - 5 中北京全国级媒体抖音与河北本地级媒体长城网之间存在跨层级、跨地域的高度重叠，可见抖音的下沉市场战略对二线城市的本地级媒体产生了挤压作用。

　　总的来看，对京津冀 38 家媒体的全国用户分七大地区来源结构和区域用户分三地来源结构进行生态位测算，结果显示北京和津冀媒体分别以传媒用户生态的全国层级和本地层级为主要竞争场域：经济发展状况较好且传媒资源丰富的北京呈现出大型传媒集团、中央级媒体、新媒体林立的生态格局，位于北京的 21 家媒体样本中共有 17 家媒体处在全国级生态位上，仅有 4 家本地级媒体在北京本地用户市场上展开竞争；传媒资源相对稀缺且媒体数量较少、规模较小的天津和河北两地媒体呈现出较强的本地性，位于天津的 9 家媒体样本中只有天津电视台 1 家媒体是全国级媒体，剩下 8 家媒体都是本地级媒体；位于河北的全部 8 家媒体都是本地级媒体。从竞争场域的层级关系上看，38 家媒体分别结成了 3 个本地竞争网络和 1 个全国竞争网络，且它们之间的边界明显，说明京津冀传媒用户生态的全国层级与本地层级是两个相对独立的竞争场域，处于其中的每一家媒体都只与同一层级定位的其他竞争对手产生激烈的用户资源争夺。主要原因在于，18 家全国级媒体瞄准用户资源丰富的全国七大地区市场，而不太有兴趣进驻用户资源少、容量小的京津冀本地用户市场；20 家本地级媒体规模小、实力弱、发展缓慢而难以完成对本地市场空间的挖掘和对本地传媒资源的整合，因此也没有能力向全国七大地区市场扩张。从竞争场域的空间范围上看，京津冀本地级媒体分别以各自所属的本地用户市场为限展开竞争使得高度重叠的网络图中较少呈现跨地域重叠而显示出了 3 个边界清晰的本地竞争场域，这说明京津冀传媒用户市场上尚未出现能够整合三地用户资源的区域级领航媒体，三地媒体对于区域内其他两地用户资源的开发与共享程度不高。

（三）本地媒体向用户生态区域层级移动的方向性预测

用户生态位重叠度 O 值测量结果显示京津冀媒体竞争与共存的全国层级与本地层级是两个相对独立的竞争场域，且区域级媒体有待建设。但从京津冀三地之间的经济、文化与地理等方面的联系来看，三地用户对于区域级媒体的需求缺口非常庞大，意味着京津冀传媒生态的区域层级上存在大量空白生态位等待传媒组织去开发，这对于本地级媒体来说是重要的发展机会。三地本地级媒体之间同地域竞争激烈而几乎不存在跨地域竞争关系，意味着一家媒体在本地市场红海获取用户资源难度大、未来发展机会小，而率先向其他两地传媒市场扩张既能避开本地强势竞争对手，也有机会在区域市场一体化进程中抢先整合三地用户资源，谋求区域级媒体发展机遇。那么，在京津冀一体化进程中，究竟哪些本地级媒体有机会对外扩张并整合三地用户资源？

　　为了解答这个问题，本书对京津冀20家本地级媒体的用户生态位相对优势 R 值进行了计算，表4-1展现了20家本地级媒体的相对优势 R 值，R 值取值区间为［-100，100］。三地媒体在本地的 R 值均为正数，且北京和河北媒体在天津用户市场的 R 值接近-100，这说明在三地中天津本地传媒市场的竞争压力最大且排外性强，因此京冀媒体不宜将天津市场作为对外扩张的首选。此外，天津媒体在河北用户市场的 R 值接近-100，说明天津媒体不宜将河北市场作为对外扩张的首选。综合来看，推进京津冀区域传媒用户市场一体化进程应当以经济发展水平最高、传媒资源最为丰富的北京为主导，优先引导北京与河北传媒用户市场的融合，再谋求北京与天津、河北与天津用户市场的融合。

表4-1　20家京津冀本地级媒体在三地用户市场的相对优势 R 值

属地	传媒组织	北京用户市场	河北用户市场	天津用户市场
北京（N=4）	健康时报	77.43	-76.63	0
	北京青年报	76.93	-84.49	-99.05
	北京日报	77.87	-91.86	-99.06
	北京广播电台	77.15	-85.57	-99.17
天津（N=8）	天津日报	-81.75	-94.09	60.15
	今晚报	-82.23	-92.52	59.83
	中老年时报	-62.74	-82.32	52.88
	每日新报	-74.21	-96.34	59.19
	天津广播电台	-97.15	-95.25	64.84
	北方网	-86.08	-98.74	62.84
	天津网	-92.64	-98.58	64.43
	今晚网	-85.77	-93.71	61.00
河北（N=8）	河北日报	-80.75	84.86	-99.52
	长城网	11.93	72.58	-99.94
	石家庄日报	-95.27	86.88	-99.96

属地	传媒组织	北京用户市场	河北用户市场	天津用户市场
河北 （N=8）	石家庄电视台	-94.90	86.77	-99.92
	张家口电视台	-81.03	85.54	0
	保定电视台	-88.87	86.29	0
	河北电视台	-62.76	82.32	-98.04
	河北广播电台	-91.94	86.63	0

从三地媒体的对外扩张优势来看，仅有河北的 1 家媒体（长城网）在北京用户市场上相对优势为正值（11.93），有 4 家媒体在天津市场的 R 值等于 0 说明它们在该地的潜在用户占比为 0 而无法计算优劣势，剩下 15 家媒体在外地的 R 值都小于 0，说明它们对本地市场的用户吸引力显著高于外地市场，但是 15 家媒体中 R 值绝对值接近于 0 的媒体仍然有机会变劣势为优势。从表中可以看出，在北京，有 1 家媒体健康时报（-76.63）在河北的用户相对优势 R 值绝对值距离 0 较近，该媒体可以选择向河北用户市场扩张；在河北和天津，分别有 2 家媒体河北电视台（-62.76）和长城网（11.93）、中老年时报（-62.74）和每日新报（-74.21）在北京的 R 值为正或绝对值距离 0 较近，说明这 4 家津冀媒体可以选择向北京用户市场扩张。此 5 家媒体在今后有希望成长为区域级媒体。

此外，当京津冀三地的用户市场伴随着媒体的对外扩张活动而呈现出统一趋势时，如果作为"生态入侵者"的外地媒体在与本地媒体的竞争中处于劣势，本地媒体对本地用户市场的垄断地位就不会被撼动，那么京津冀三地之间仍然不能建立起统一的区域市场。显然，一家媒体在对外扩张时必须尽可能地提高自身竞争优势来应对当地媒体的冲击，而用户维度上的生态位竞争优势取决于两方面因素——媒体的已有用户规模和媒体的用户资源利用模式。前者是长期积淀的结果，而后者则更考验一家媒体是否能够敏锐洞察用户需求和市场机会从而进行合理的生态位移动。如果一家媒体在对外扩张时能够发现用户市场上那些尚未被满足的需求，那么它就能用"补位策略"占据空白生态位、开辟全新用户群体，在培育自身独有优势的同时也能推动区域传媒生态从生态位重叠走向生态位分离。

综上，有志于对外扩张的京津冀本地媒体，应当选择有潜力的细分用户市场，以垂直化、差异化定位来避开实力强劲的竞争对手。为了洞察三地用户市场上有待开发的空白生态位，本书计算了 19 家京津冀本地媒体在用户性别维度和年龄维度上的生态位相对优势 R 值，结果如表 4 - 2 所示。从年龄维度上看，北京和河北两地媒体更倾向于吸引本地青年用户、天津媒体更倾向于吸引本地中老年用户；从性别维度上看，北京和河北两地媒体主要表现出对本地女性用户的吸引力，天津媒体则能够更多地吸引本地男性用户的注意力。

表 4 - 2　19 家京津冀本地媒体的用户年龄与性别维度相对优势 R 值

属地	传媒组织	年龄 R 值					性别 R 值	
		≤19	20 ~ 29	30 ~ 39	40 ~ 49	≥50	女	男
北京 （N = 4）	健康时报	X	39.20	X	X	X	32.87	X
	北京青年报	26.85	17.99	X	X	X	20.97	X
	北京日报	6.35	27.59	X	X	X	32.64	X
	北京广播电台	61.19	31.11	X	X	13.57	23.92	X
天津 （N = 8）	天津日报	33.97	9.22	1.60	X	X	17.32	X
	今晚报	X	X	X	28.60	74.83	0.66	X
	中老年时报	X	X	X	42.14	91.04	X	18.69
	每日新报	X	X	20.53	X	X	27.55	X
	天津广播电台	39.26	26.93	X	8.49	9.32	X	23.21
	北方网	X	X	15.36	14.81	12.50	X	18.29
	天津网	X	X	28.61	X	X	X	0.77
	今晚网	X	39.72	X	30.11	X	X	0.57
河北 （N = 7）	河北日报	10.60	7.24	2.12	X	X	X	2.24
	长城网	21.85	16.23	X	X	X	17.20	X
	石家庄日报	X	11.33	X	33.14	28.96	5.32	X
	石家庄电视台	77.18	37.46	X	X	29.09	X	14.30
	张家口电视台	X	X	32.90	11.47	X	3.64	X
	保定电视台	42.92	25.14	X	X	X	14.35	X
	河北电视台	77.49	X	X	X	18.52	X	5.93

注：表中"X"代表 R 值≤0 时媒体在特定维度不具有相对优势；京津冀样本集中共有 20 家本地媒体，但是其中有 1 家媒体（河北广播电台）仅取得用户区位维度数据，因此在进行用户年龄/性别维度的生态位测量时，将该媒体从样本集中删去。

为了避开本地强势媒体竞争压力，进军外地市场的媒体应当定位于当地的空白生态位。譬如，天津的中老年时报等媒体有机会获取北京和河北市场上的中老年男性用户注意力资源，北京的北京青年报与健康时报、河北的长城网等媒体有机会获取天津市场上的中青年女性注意力资源。总之，垂直定位于三地用户区位、年龄、性别等维度上空白生态位的媒体竞争压力小而发展潜力大，将有机会在走向统一的区域市场上率先完成用户资源的整合。

二　京津冀传媒内容生态的基本结构

（一）京津冀新闻客户端的报道类型及宽度特征

本书对京津冀传媒内容生态位进行测算，主要是选取三地知名传媒集团建设的 26 个新闻客户端，在同一时间收集每个新闻客户端首页上的前 50 条新闻并按照内容编码规则整理成数据集，对其进行新闻区域、新闻主题、新闻形态 3 个维度的传媒内容生态位测算。根据生态位宽度 B 值的水平不同，可以将一个新闻客户端划分为特定维度上的综合类或垂直类客户端。

新闻区域维度将每条新闻报道划分为 4 个类别（本地新闻、区域新闻、全国新闻、国际新闻），新闻区域 B 值衡量媒体在报道各地新闻范围上的多样性。如图 4－6 所示，北京的 4 个客户端（新京报、健康时报、北京头条、北京时间）以及河北的冀时客户端能够广泛覆盖本地新闻、区域新闻、全国新闻、国际新闻四个类别的新闻报道而呈现新闻区域维度上的多样化、综合性特征，这 5 个客户端 B 值均在 0.8 以上；北京的光明日报以及河北的 3 个客户端（张家口手机台、掌握保定、Hi 廊坊）B 值小于 0.5，这 4 个客户端表现出聚焦本地新闻的垂直性；其他 17 个客户端 B 值均为 0.5～0.8，所报道的新闻区域范围偏向多样。

新闻主题维度将每条新闻报道划分为社会新闻、党政新闻等 8 个主题类别，新闻主题 B 值反映了新闻客户端在报道内容主题类型上的多样性。如图 4－7 所示，北京的北京时间、网易新闻 2 个客户端是新闻主题极为多样的综合类客户端，B 值达到 0.6 以上；北京的健康时报、今日头条、中国青年报、新华社、光明日报 5 个客户端是新闻主题较为单一的垂直类客

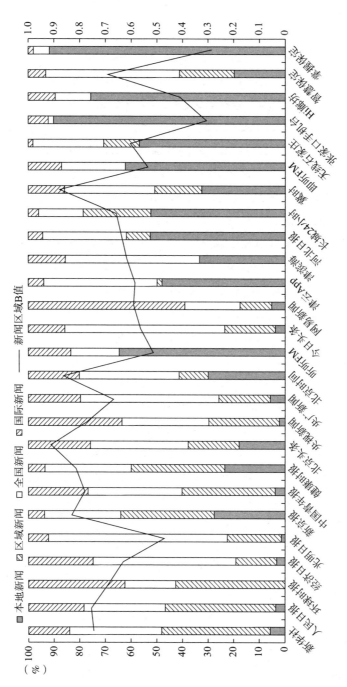

图 4 - 6　京津冀新闻客户端的新闻区域分布

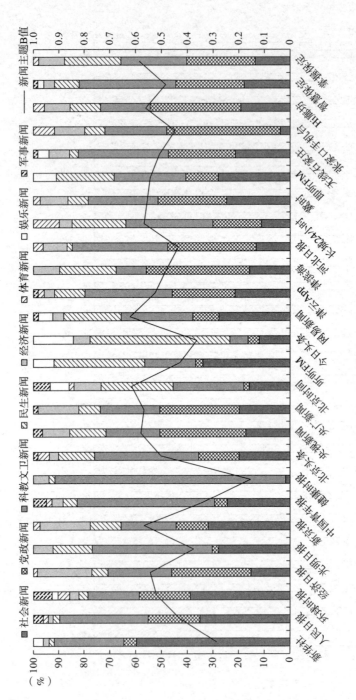

图 4 - 7 京津冀新闻客户端的新闻主题分布

户端，B 值小于 0.4。其他 19 个客户端的新闻主题 B 值均为 0.4~0.6，生态位宽度居中。

新闻形态维度将每条新闻划分为 7 个类别，包括文字、图片、音频、短视频、直播、互动功能、其他类别。如图 4-8 所示，京津冀 26 个新闻客户端在进行新闻报道时主要采用文字、图片、音频形式，而较少采用直播、互动、短视频以及其他新样态，因此三地媒体新闻形态不够丰富多样而导致其新闻形态 B 值较低，均为 0.1~0.4。

总的来看，北京的 15 家新闻客户端在新闻区域和主题维度上体现出兼具综合性和垂直性的样貌，说明北京媒体的内容资源利用模式丰富多样，北京在三地中的内容生态多样性最强；河北的 9 家新闻客户端虽然在新闻主题维度上具有相似的生态位宽度，但是在新闻区域维度上表现出生态多样性；天津媒体所建设的新闻客户端数量远不如北京和河北媒体，2 个新闻客户端（津云、津滨海）在新闻主题、区域与形态维度上的生态位宽度无明显差异，说明天津传媒内容生态较为单一。天津媒体内容资源利用模式的趋同源于机构改革所推动的内容资源集聚与整合：2018 年天津日报社、今晚报社、天津广播电视台组建为天津海河传媒中心，全面整合天津传媒渠道、资本、内容等资源。行政力量主导的机构改革和资源整合在降低内容生态多样性的同时，也在一定程度上避免了重复建设和资源浪费。至今，海河传媒统一建设的天津市移动新媒体总平台津云在安卓市场上下载量已破千万，用户连接力得到显著提升。今后，如何在保持内容资源优势的同时解决内容同质化问题，以丰富多样的内容产品与服务满足用户的个性化需求，是值得天津融媒体思考的问题。

（二）京津冀新闻客户端的报道模式及生态结构特征

多个新闻客户端在内容资源利用模式上的趋同性，造成它们之间的生态位重叠，决定了它们在传媒内容生态中所处的位置以及竞争关系。基于此，本书进一步计算 26 个京津冀客户端两两比较所产生的 325 个内容生态位重叠度 O 值，并选取新闻区域与主题维度上 O 值均小于 0.1 的 59 对高度重叠媒体绘制新闻内容生态位重叠网络图。在此需要说明两点，一是将区域与主题维度的内容重叠度进行合并展现具有必要性，因为即使两个新闻客户端在主题类别上趋同，倾向于获取本地新闻的用户也不能从外地新

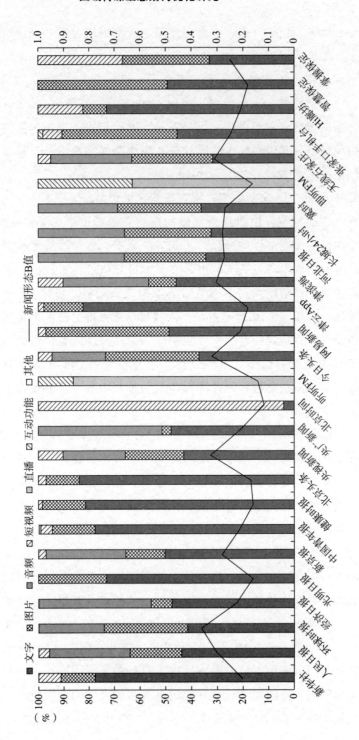

图 4－8　京津冀新闻客户端的新闻形态分布

注：听听FM和即听听FM为音频类新闻客户端，较多采用音频直播、连线互动表达方式。

闻中获得相似的满足；只有同时满足新闻区域和主题上的相似性，两个客户端之间才存在真正意义上的重叠。二是由于数据取得的内容规模界定为50条新闻，即得到的是新闻内容的比例结构数据而无法知晓每一家新闻客户端的内容资源总量，因此在内容生态维度上无法计算生态位竞争优势 S 值，高度重叠网络图中的节点大小反映的是新闻客户端所面临竞争的激烈程度，而非其竞争优势。图4-9展现了京津冀新闻客户端在新闻区域和主题维度的高度重叠网络图，图中节点颜色代表媒体所在地：空白代表北京，灰色代表天津，黑色代表河北。结合图4-6和图4-7展示的新闻区域和主题分布，可以看出新闻资源利用模式相近的客户端存在高度重叠，由此可以划分出 ABCD 四个高度重叠网络和游离在重叠网络外的两个散点E，它们分别代表不同的新闻资源利用模式。

1. 京津冀新闻客户端的重叠网络和报道模式

（1）兼顾全国和区域、社会和科教文卫新闻的报道模式

在图的左边 A 网络，人民日报、北京头条等北京5个新闻客户端的内容重叠度较高：在新闻区域维度上，它们形成了以全国新闻和区域新闻为主的报道模式，两种区域类别的新闻合计占比达到50%以上，其中环球时报和北京头条还兼顾国际新闻报道。在新闻主题维度上，它们形成了以社会新闻与科教文卫新闻为主的报道模式，两种主题的新闻合计占比达到60%以上，其中人民日报和环球时报还兼顾党政新闻报道。总的来看，A 网络的5个新闻客户端都不太关注本地新闻，形成了兼顾全国和区域、社会和科教文卫新闻的报道模式。

（2）放眼全国党政、社会和科教文卫新闻的报道模式

在图的上方 B 网络，有6个新闻客户端的内容重叠度较高：在新闻区域维度上，经济日报、央广新闻、光明日报和智慧保定4个客户端形成了以全国新闻为主的报道模式，特别是光明日报的全国新闻占其报道总量的比例达到70%，为所有新闻客户端中最高；而网易新闻和央视新闻则兼顾全国新闻和国际新闻的报道，特别是网易新闻的国际新闻占其报道总量的比例达到60%，为所有新闻客户端中最高。在新闻主题维度，6个新闻客户端形成了兼顾党政新闻、科教文卫新闻和社会新闻的报道模式，其中光明日报还比较关注民生和经济新闻。总的来看，B 网络的6个新闻客户端

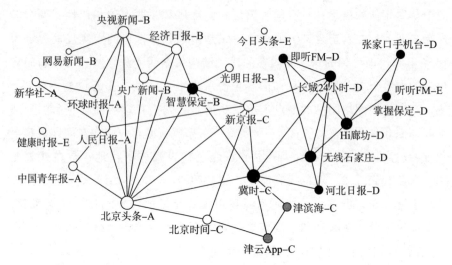

图 4-9 京津冀新闻客户端在新闻区域和主题维度的高度重叠网络

相较于 A 网络的 5 个新闻客户端而言更加注重全国新闻和党政新闻的报道，同时它们也持续关注社会和科教文卫新闻主题，形成了放眼全国党政、社会和科教文卫新闻的报道模式。

（3）兼顾全国和本地多种新闻的报道模式

在图中 C 网络，包括北京的新京报和北京时间、天津的津云和津滨海、河北的冀时在内的 5 个新闻客户端之间的内容重叠度较高：在新闻区域维度上，它们形成了以全国和本地新闻为主的报道模式，其中新京报还保持着对区域新闻的关注。在新闻主题维度上，它们在主要报道科教文卫新闻和社会新闻以外，还兼顾 1~2 种其他新闻主题的报道：新京报兼顾经济新闻报道，津云和冀时兼顾党政新闻报道，北京时间兼顾民生和经济新闻报道，津滨海兼顾党政和民生新闻报道。总的来看，C 网络的 5 个客户端在新闻区域维度上呈现"全国＋本地"的特征，在新闻主题维度上能够兼顾党政新闻、民生新闻、科教文卫新闻、经济新闻等不同类别的新闻主题而呈现"综合性"特征，形成了广泛报道全国和本地多种新闻的多样化新闻资源利用模式。

（4）聚焦本地党政和科教文卫新闻的报道模式

在图中 D 网络，河北的 7 个新闻客户端（河北日报、长城 24 小时、即听 FM、无线石家庄、Hi 廊坊、掌握保定、张家口手机台）相重叠。在新闻区域维度上，它们形成了以本地新闻为主的报道模式，本地新闻占其报道总量的比例均在 50% 以上，特别是掌握保定和张家口手机台的本地新闻占比分别达到 92% 和 90%，体现出聚焦本地新闻的垂直性。在新闻主题维度上，7 个客户端形成了以报道党政新闻和科教文卫新闻为主的报道模式，其中张家口手机台的党政新闻占比达到 44%，为所有新闻客户端中最高。此外，长城 24 小时还保持着对科教文卫和民生新闻的关注，即听 FM 和 Hi 廊坊还保持着对社会新闻的关注。总的来看，D 网络的 7 个新闻客户端都体现出"近地性"特征，形成了聚焦河北本地党政和科教文卫新闻的报道模式。

（5）垂直于某一类新闻主题的报道模式

图中有 3 个离散点 E 与其他任何新闻客户端都不存在高度重叠，健康时报、今日头条和听听 FM 分别垂直于不同的新闻主题而在京津冀传媒生态中占据了竞争压力较小的边缘生态位：健康时报的科教文卫新闻占比达到 90%，在所有客户端中最高；今日头条采用个性化算法推荐机制，当数据收集者点击一条民生新闻后，今日头条可以推送更多的同类新闻，其结果是民生新闻占比达到 54%，在所有客户端中最高；听听 FM 兼顾社会新闻和民生新闻，二者在报道总量中占比均为 34.69%，由于大多数客户端对这两类新闻主题的关注度没有那么高，听听 FM 得以获取差异化定位优势而移动到边缘生态位上。总的来看，垂直化、差异化的特殊新闻资源利用模式使得这三个新闻客户端在各自的特色领域积累了丰富的新闻资源而不与其他客户端产生高度重叠。

2. 京津冀新闻内容生态的"资源—层级—空间"结构

（1）京津冀新闻内容生态的资源分布结构

如图 4-10 所示，将 26 家新闻客户端不同类别的新闻资源加总后得到每一类新闻资源的占比，可以看出京津冀传媒内容资源分布结构呈现出"中心—边缘"格局：在新闻主题维度上科教文卫新闻（30.9%）、社会新闻（22.3%）、党政新闻（19.2%）占比最高，此 3 类内容是新闻主题维度上的中心生态位；新闻区域维度上本地新闻（31.6%）和全国新闻（34.0%）占比最高，区域新闻占比较低（19.2%），国际新闻占比最低（15.2%）。结合京津冀新闻客户端的内容重叠度计算结果来看，以北京头条、冀时为代表的综合类新闻客户端居于中心生态位上且竞争较为激烈，而诸如科教文卫新闻占比最高的健康时报、凭借算法推荐机制垂直于用户

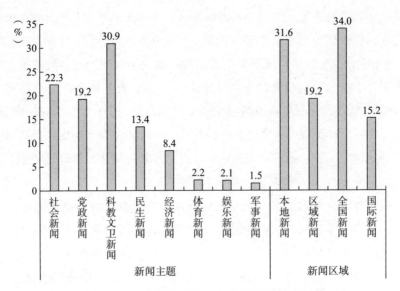

图 4 - 10　京津冀新闻内容生态的资源分布结构

个性化需求的今日头条客户端等垂直类新闻客户端居于边缘生态位上且竞争较为缓和。这种由众多综合性新闻客户端占据中心生态位而少数垂直类新闻客户端占据边缘生态位的"中心—边缘"格局构成了京津冀新闻内容生态的基本资源分布结构。

（2）京津冀新闻内容生态的空间与层级结构

从传媒内容生态的空间与层级结构来看，京津冀三地媒体在内容生态层级结构中所处的位置呈现出明显的地域空间差异：天津2个新闻客户端津云和津滨海聚焦本地新闻与全国新闻，二者占比分别为41%和48%，国际新闻占比为10%，区域新闻占比仅为1%；河北的9个客户端在关注本地新闻（59.6%）和全国新闻（23.2%）的同时，也报道少量区域新闻（12.36%）和国际新闻（4.84%）；北京的15个客户端主要报道全国新闻（38.63%），同时兼顾区域新闻（25.66%）和国际新闻（22.18%），但较少报道本地新闻（13.53%）。由此可见，京津冀三地的传媒内容生态有着明显的差异，北京传媒内容生态最具多样性且北京媒体在报道本区域新闻方面的积极性高于河北和天津，河北和天津媒体的本地性较强而不太愿意关注本区域其他地方的讯息。

总的来看，京津冀媒体在用户与内容资源维度上的生态位基本保持一致。

用户生态位测算结果显示北京和津冀媒体分别以传媒用户生态的全国层级和本地层级为主要竞争场域，且天津媒体最缺乏开发区域级生态位的动力，这一结论与内容生态位测算结果相仿。事实上，传媒生态的用户、内容等各个资源维度之间存在着密切的联系，一家传媒组织只有将内容资源优势与潜在用户群体需求进行精准匹配才能在传媒生态中取得足够的生存资源。值得注意的是，区域新闻是京津冀传媒内容生态中的边缘生态位，这一方面说明京津冀三地之间的信息孤岛大量存在，跨地域的信息数据互联互通纽带尚未形成；另一方面也意味着率先整合三地信息资源的媒体有望成长为区域级新闻枢纽，三地媒体共同搭建信息共享平台也有助于推动区域一体化进程。

（三）本地新闻客户端整合区域新闻内容资源的方向性预测

结合内容资源与用户资源两个维度来看，京津冀 26 个新闻客户端中，来自北京的人民日报、新华社等 12 个客户端不仅在内容上倾向于报道全国新闻，而且在其所属媒体机构的用户生态层级上处在全国级，它们不太可能将报道小范围的区域新闻和获取小范围的京津冀用户作为主要的发展方向。因此在优化调整区域内容生态结构时，应当优先考虑由本地媒体来整合区域内容资源、填补区域内容空白生态位。

为了洞察本地级媒体在整合区域内容资源方面的成长潜力，本书进一步计算由京津冀本地级媒体所建设的 14 个新闻客户端的新闻区域 R 值。如表 4 - 3 所示，天津的 2 个新闻客户端在报道区域新闻上均无优势，北京的 2 个客户端和河北的 5 个客户端在报道区域新闻上具有显著优势。同时对比用户和内容生态位 R 值测算结果发现，北京的健康时报、河北的长城网以及河北电视台不仅具备整合三地用户资源的潜力，也确实以其所建的新闻客户端承担着报道区域新闻的功能，说明此 3 家媒体最有希望占据区域内容与用户生态位，未来可能会成长为区域级媒体并承担京津冀信息枢纽职能。

表 4 - 3　14 个京津冀本地级媒体所建新闻客户端的新闻区域相对优势 R 值

属地	传媒组织	新闻客户端	本地新闻	区域新闻	全国新闻	国际新闻
北京（N = 3）	健康时报	健康时报	X	78.54	18.14	X
	北京青年报	北京头条	X	43.94	28.64	81.37
	北京广播电台	听听 FM	23.27	X	X	63.67

续表

属地	传媒组织	新闻客户端	本地新闻	区域新闻	全国新闻	国际新闻
天津 （N＝2）	海河传媒	津云	X	X	41.47	X
	滨海新区融媒体中心	津滨海	X	X	54.29	53.62
河北 （N＝9）	河北日报	河北日报	2.50	X	12.45	X
	长城网	长城24小时	2.50	63.49	X	X
	河北电视台	冀时	X	33.31	21.73	52.20
	河北广播电台	即听FM	19.08	X	X	45.06
	石家庄广播电视台	无线石家庄	9.83	9.47	X	X
	张家口广播电视台	张家口手机台	50.63	X	X	X
	廊坊广播电视台	Hi廊坊	37.02	11.43	X	X
	保定广播电视台	智慧保定	X	51.30	54.29	X
	保定日报社	掌握保定	52.25	X	X	X

注：表中"X"代表R值≤0时媒体在特定维度不具有相对优势。

　　在整合区域传媒内容资源时，本地媒体应当结合其在新闻主题与形态的不同类型所具有的优势来优先整合某一领域的内容资源，从而推动区域传媒内容生态位走向分离，形成功能互补的内容生态结构。如表4－4所示，京津冀三地在新闻主题的不同类型上存在空白生态位：北京本地级媒体在报道党政和经济新闻方面优势不明显，天津本地级媒体在报道体育和军事新闻方面优势不明显，河北本地级媒体在报道科教文卫、民生、娱乐和军事新闻方面优势不明显。未来，本地级媒体凭借自身内容优势填补外地空白生态位有利于对外扩张和区域资源整合。例如，北京的健康时报在科教文卫领域优势突出，而河北和天津两地本地级媒体在此领域居于劣势，健康时报可以进一步整合三地科教文卫新闻资源；又如，听听FM可以整合三地社会和民生新闻资源，长城24小时可以整合三地体育新闻资源等。总之，在某些新闻主题领域占据相对优势的媒体可以依托自身特殊的新闻报道模式而定位于市场空白，它们将有机会垂直整合三地传媒内容资源而成长为京津冀传媒生态中特定新闻主题领域的"领头羊"。

表 4－4　14 个京津冀本地级媒体所建新闻客户端的新闻主题相对优势 R 值

属地	新闻客户端	社会	党政	科教文卫	民生	经济	体育	娱乐	军事
北京 （N＝3）	健康时报	X	X	75.63	X	X	X	X	X
	北京头条	12.93	X	17.47	3.65	X	26.53	X	90.95
	听听 FM	59.21	X	X	73.71	X	X	96.03	X
天津 （N＝2）	津云	22.16	0.83	1.40	X	X	X	49.58	X
	津滨海	X	47.70	X	45.30	34.65	X	X	X
河北 （N＝9）	河北日报	X	34.12	11.77	X	29.42	21.04	X	X
	长城 24 小时	X	X	1.29	40.55	X	81.10	X	X
	冀时	35.62	6.84	X	X	48.08	X	X	X
	即听 FM	43.90	X	X	44.85	X	X	96.98	X
	无线石家庄	20.27	6.84	5.13	X	11.80	24.68	X	90.60
	张家口手机台	X	54.72	X	X	49.58	74.65	X	X
	Hi 廊坊	12.93	34.22	X	X	34.65	26.53	X	X
	智慧保定	2.46	8.81	12.46	X	X	X	X	90.95
	掌握保定	X	8.81	X	45.30	34.65	X	X	X

注：表中"X"代表 R 值≤0 时媒体在特定维度不具有相对优势。

在新闻形态方面，如表 4－5 所示，京津冀本地级媒体在短视频、直播、互动功能等新内容形态上存在大量空白生态位。而在短视频领域具有相对优势的新闻客户端是 Hi 廊坊、津滨海等，在音频直播和连线互动方面具有相对优势的新闻客户端是北京的听听 FM 和河北的即听 FM，这些客户端有可能成长为京津冀传媒生态中特定新闻形态领域的"领头羊"。

表 4－5　14 个京津冀本地级媒体所建新闻客户端的新闻形态相对优势 R 值

属地	新闻客户端	文字	图片	音频	短视频	直播	互动功能	其他
北京 （N＝3）	健康时报	48.49	2.64	X	X	X	X	78.17
	北京头条	46.93	X	X	36.60	X	X	X
	听听 FM	X	X	X	X	99.54	99.07	X
天津 （N＝2）	津云	44.27	X	X	X	X	X	85.11
	津滨海	X	X	47.60	66.88	X	X	X

续表

属地	新闻客户端	文字	图片	音频	短视频	直播	互动功能	其他
河北 (N=9)	河北日报	X	7.27	50.17	X	X	X	X
	长城24小时	X	8.50	49.64	X	X	X	X
	冀时	X	8.08	47.68	X	X	X	X
	即听FM	X	X	X	X	99.27	99.60	X
	无线石家庄	X	X	43.57	40.83	X	X	X
	张家口手机台	1.33	27.93	X	65.51	X	X	87.28
	Hi廊坊	33.76	X	X	86.29	X	X	X
	智慧保定	21.57	45.64	X	X	X	X	X
	掌握保定	X	12.20	53.86	X	X	X	X

注：表中"X"代表 R 值≤0 时媒体在特定维度不具有相对优势。

三 京津冀传媒渠道生态的基本结构

（一）京津冀融媒体账号的渠道类型及宽度特征

本书对京津冀传媒渠道生态位进行测算，主要是选取三地知名传媒集团在第三方平台上开设的 22 个融媒体账号，分别取得其账号粉丝量按 4 个渠道（微博账号、抖音号、头条号、企鹅号）分布的比例结构数据，及其账号点赞量按 3 个渠道（抖音号、头条号、企鹅号）分布的比例结构数据，据此测算和分析京津冀媒体在不同渠道上的用户连接效率与互动效果。在衡量不同渠道的用户连接效果时，将 22 个京津冀融媒体账号的用户粉丝数加总，所得到来自微博账号、抖音号、头条号、企鹅号 4 个渠道的订阅量比重分别为 46.66%、35.43%、16.07%、1.84%，可见微博与抖音是京津冀传媒渠道生态中最能吸纳用户注意力的两大中心渠道。在衡量不同渠道的用户互动效果时，由于微博平台的计算机制不同无法取得点赞数而将其剔除，剩下的 3 个渠道都以账号总点赞数作为互动效果的度量，所取得来自抖音号、头条号、企鹅号 3 个渠道的互动量占比分别为 95.43%、4.56%、0.01%，可见抖音是京津冀传媒渠道生态中最能引发用户互动的中心渠道。图 4-11 展现了京津冀融媒体账号订阅量、互动量的渠道分布结构。大部分京津冀融媒体账号都至少能在 2 个第三方平台上获

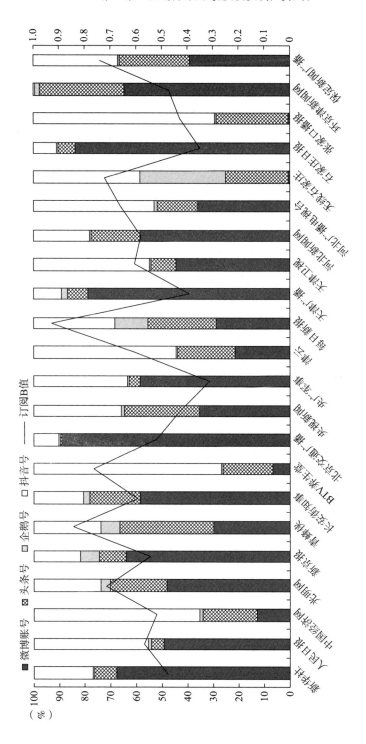

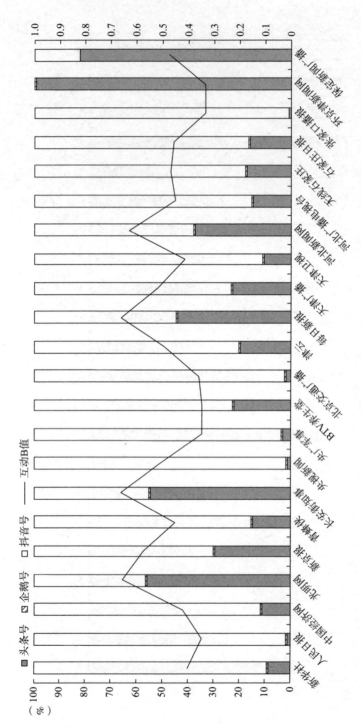

图 4 - 11 京津冀融媒体账号订阅量和互动量的渠道分布结构

得用户的订阅与互动，因此 22 个融媒体账号中分别有 19 个账号、16 个账号的订阅 B 值、互动 B 值在 0.4 以上，渠道生态位宽度较高说明京津冀三地媒体的渠道拓展程度较高。

（二）京津冀融媒体账号的渠道资源利用模式

为了分辨京津冀媒体在渠道资源利用模式上的相似性，本书进一步计算 22 个融媒体账号在账号订阅维度上两两比较所产生的 231 个渠道生态位重叠度 O 值，选取 O 值小于 0.1 的 83 对高度重叠媒体绘制渠道生态位重叠网络图，结果如图 4 - 12 所示。

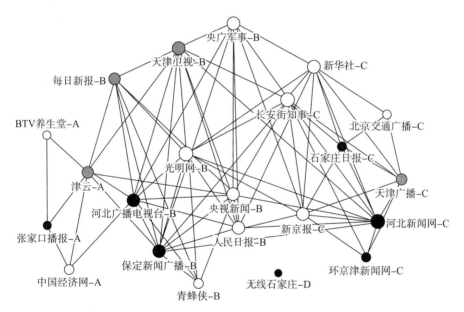

图 4 - 12 京津冀融媒体账号分渠道用户订阅量的高度重叠网络

对比图 4 - 11 的融媒体账号订阅量分布结构可以看出，图 4 - 12 中的 22 个融媒体账号分别形成了四类渠道资源利用模式：左边 A 区域 4 个融媒体账号的抖音号订阅量占比均高于 55%，头条号订阅量占比高于 20%，说明这 4 个账号形成了以抖音号为主、以头条号为辅的渠道资源利用模式；右边 C 区域 8 个融媒体账号的微博账号订阅量占比均高于 55%，说明这 8 个账号形成了以微博账号为主的渠道资源利用模式；中间 B 区域 9 个融媒体账号的抖音号与微博账号订阅量占比相当，如天津卫视、人民日报的微博账号和抖音号订阅量占比分别为 44.31% 和 45.45%、49.20% 和 44.36%，说明这 9 个账号形成了以微博账号与抖音号为两大主要渠道的渠道资源利用模式。此外，与其他融媒体账号都不同的是，图中离散点 D 无线石家庄账号的头条号、企鹅号、抖音号订阅量占比为 24.65%、33.89%、41.32%，它形成了较为均衡地利用三大渠道的资源利用模式。

尽管京津冀融媒体账号在渠道融合方面取得了一定效果，形成了四种各具特色的渠道资源利用模式，但同类媒体之间在争夺网络渠道资源方面不存在竞争关系，这是因为互联网内容平台的出现消解了渠道资源的稀缺性而使得渠道资源维度上的重叠度无意义。与过去广播受到频谱数量限制、电视受到频道数量限制不同，互联网内容平台可容纳的账号数量趋于无限，其所提供的渠道近似于一种无排他性、无竞争性的公共资源，融媒体账号之间实际上不存在"抢注"账号的渠道争夺关系，因此账号订阅维度的重叠度 O 值仅能反映融媒体账号订阅量主要来自哪些渠道，而不能反映其在抢夺渠道方面的竞争关系。

基于此，本书不再计算渠道维度的竞争优势 S 值，而是将融媒体在微博账号、抖音号、企鹅号、头条号 4 个平台的粉丝数进行加总来表征其在新媒体渠道的实际用户规模，并将 22 个账号的实际用户规模相互比较后以其高低排序来表征融媒体在第三方平台上的竞争优劣势地位。如表 4-6 所示，22 个京津冀融媒体账号中有 3 个账号（央视新闻、人民日报、新华社）粉丝总数过亿，有 7 个账号粉丝总数过千万。这 10 个账号中除了河北广播电视台之外的 9 个账号都来自北京，说明北京在头部融媒体账号数量上多于天津和河北，进一步将融媒体账号的用户规模按地域取平均值得到北京 11 个、河北 7 个、天津 4 个账号的平均用户规模分别为 8220.86 万、286.95 万、272.59 万，可见北京融媒体账号在新渠道上的整体竞争优势强于河北和天津。

表 4-6　融媒体账号在 4 个平台的粉丝总数与其所属传媒组织用户潜力的关系

京津冀融媒体账号	渠道资源利用模式	渠道宽度	实际用户规模（万）	所属传媒组织	潜在用户规模相对数
央视新闻	B	0.76	28528.40	中央电视台	3.15
人民日报	B	0.57	24798.40	人民日报	2.90

京津冀 融媒体账号	渠道资源 利用模式	渠道 宽度	实际用户 规模（万）	所属 传媒组织	潜在用户 规模相对数
BTV 养生堂	A	0.43	2095.25	北京电视台	1.00
新华社	C	0.48	14728.30	新华社	0.76
天津卫视	B	0.61	485.20	天津海河传媒中心	0.72
津云	A	0.61	374.85		
天津广播	C	0.39	145.20		
每日新报	B	0.93	85.10		
新京报	C	0.55	6789.20	新京报	0.58
光明网	B	0.72	3864.80	光明日报	0.34
青蜂侠	B	0.84	855.60	中国青年报	0.21
长安街知事	C	0.59	2569.60	北京日报	0.19
中国经济网	A	0.52	3368.70	经济日报	0.17
河北广播电视台	B	0.66	1203.20	河北广播电视台	0.14
河北新闻网	C	0.58	453.50	河北日报	0.06
石家庄日报	C	0.35	22.71	石家庄日报社	0.02
央广军事	B	0.52	2482.70	中央人民广播电台	0.02
无线石家庄	D	0.72	271.77	石家庄广播电视台	0.02
北京交通广播	C	0.31	348.47	北京人民广播电台	0.01
保定新闻广播	B	0.74	15.54	保定广播电视台	0.01
张家口播报	A	0.43	24.95	张家口广播电视台	0.00
环京津新闻网	C	0.47	16.98	廊坊广播电视台	0.00

注：潜在用户规模相对数是从百度指数网站取得的以北京电视台潜在用户规模为1时其他媒体相对于北京电视台的相对数；天津海河传媒中心的用户规模由天津日报、今晚报、中老年时报、每日新报、天津电视台、天津人民广播电台、北方网、天津网、今晚网9家媒体加总得到；渠道资源利用模式中，A代表以抖音号为主、以微博账号为辅的模式，B代表以微博与抖音为两大主要渠道的模式，C代表以微博账号为主的模式，D代表以头条号、企鹅号、抖音号为主的模式。

那么，究竟是哪些因素在影响融媒体账号的实际用户规模？进一步观察22个融媒体账号在账号订阅维度的生态位宽度B值以及生态位重叠度O值所标示的四种渠道资源利用模式，发现它们与账号粉丝数之间没有太大关系，但是头部融媒体账号的实际用户规模与其所属传媒组织的潜在用户规模有一定相似性。这说明在融媒体建设中追求渠道上的"全"、账号上的"多"其实不一定能换取更多的用户注意力资源。尽管微博、抖音、今日头条、腾讯新闻等头部内容平台已经将全国用户汇聚到同一个市场上，在客观上拔高了融媒体账号的获客上限，但实际上一个账号能获取何种数量以及种类的用户资源仍然与其所属传媒组织的用户潜力及其背后的用户地域、年龄、性别分布存在密切关系。由此可见，即使是在互联网将用户同构到统一空间的形势下，传媒用户生态中的全国级、区域级、本地级媒体站位仍然没有发生本质改变，在所处用户生态层级中结合自身资源优势获取潜在用户资源仍然是融媒体账号运营的关键。

（三）京津冀融媒体账号进行渠道定位的方向性预测

如今，新闻聚合平台、短视频平台蓬勃发展，许多体制内媒体在进行融媒体建设时，更多地以"求多"的方式展开，各渠道都发布同样的内容。然而，对京津冀传媒渠道生态位的测算结果显示，一个融媒体账号的实际用户规模与其渠道资源利用模式是宽是窄没有太大关系，而与该传媒组织的潜在用户规模关系密切，这说明融媒体没有必要一味追求渠道数量和传播范围的广泛性以及进行千篇一律的全渠道内容投放，而是应当将重点放在根据自身的内容与用户生态位"量体裁衣"，结合平台的内容形态、用户特征选择适合自己的渠道精准发力，提高潜在用户转化为实际用户的转化效率。为了进一步了解媒体的渠道定位与其用户转化效率之间的关系，计算账号订阅维度的相对优势 R 值，结果如表 4-7 所示。

表 4-7　京津冀融媒体账号在账号订阅维度的相对优势 R 值

传媒种群	传媒组织	融媒体账号	微博号	头条号	企鹅号	抖音号
报纸（N = 10）	新华社	新华社	35.78	X	X	X
	人民日报	人民日报	5.29	X	X	22.12
	经济日报	中国经济网	X	26.35	X	54.21
	光明日报	光明网	2.92	29.64	62.89	X
	新京报	新京报	30.54	X	89.15	X
	中国青年报	青蜂侠	X	68.19	88.62	X
	北京日报	长安街知事	22.34	19.48	20.61	X
	天津海河传媒中心	每日新报	X	47.75	96.18	X

续表

传媒种群	传媒组织	融媒体账号	微博号	头条号	企鹅号	抖音号
报纸（N = 10）	河北日报	河北新闻网	22.48	15.25	X	X
	石家庄日报	石家庄日报	52.53	X	X	X
广电（N = 11）	中央电视台	央视新闻	X	54.41	X	X
	中央人民广播电台	央广军事	22.33	X	X	3.17
	北京电视台	BTV 养生堂	X	21.62	X	62.30
	北京人民广播电台	北京交通广播	56.84	X	X	X
	天津人民广播电台	天津广播	47.79	X	23.77	X
	天津电视台	天津卫视	X	X	X	24.41
	河北广播电视台	河北广播电视台	X	X	X	28.34
	石家庄广播电视台	无线石家庄	X	40.35	99.41	15.28
	张家口广播电视台	张家口播报	X	52.65	X	60.09
	廊坊广播电视台	环京津新闻网	31.67	61.61	19.44	X
	保定广播电视台	保定新闻广播	X	51.26	X	X
新媒体（N = 1）	天津海河传媒中心	津云	X	36.17	X	42.29

注：表中"X"代表 R 值≤0 时媒体在特定维度不具有相对优势。

在 10 个报纸媒体开设的融媒体账号中，有 8 个账号分别在微博账号、头条号、企鹅号三个渠道上呈现相对优势，而在抖音号上无优势；在 11 个广电媒体开设的融媒体账号中，有 4 个账号在抖音号上的优势最为显著。总的来看，报纸融媒体账号在以图文表达方式为主的聚合类新闻平台与博客式社交媒体上的用户转化效率较高，广电融媒体账号在以短视频为主要表达方式的抖音平台上的用户转化效率较高，这说明传统媒体在进行渠道定位时，应当考虑到自身内容与用户资源优势，精准选择在内容形态、目标用户群体特征等方面与自身契合的新媒体平台开设账号将能获得最优的用户转化效率。

在账号互动维度，由于所有京津冀融媒体账号来自抖音的互动量占比高达 95.43%，说明是抖音平台的特殊性而非单个媒体的特性决定了其互动量远高于其他平台，继续在多个融媒体之间进行账号互动量及其比例结构的比较意义不大，因此不再计算账号互动维度的相对优势 R 值，而将研究重点放在观察单个融媒体账号在抖音平台上的订阅量与互动量之间的区别。如图 4-13 所示，多数情况下一个融媒体账号的订阅量与其互动量呈正相关关系，但也存在北京交通广播、天津广播、石家庄日报等订阅量较少的账号取得了较好的用户互动效果。在内容运营方面，这 3 个融媒体抖音号均在短视频封面上以醒目动态标题文字搭配动图给予用户震撼感、激发用户互动欲，从而极大地提升了用户互动量。

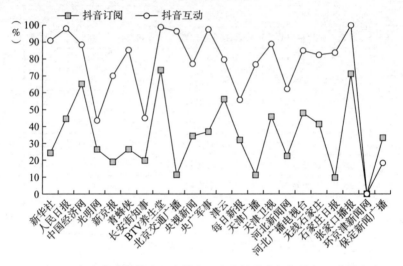

图 4-13 京津冀融媒体账号在抖音平台上的用户订阅量与互动量占比

四 京津冀传媒技术生态的基本结构

（一）京津冀传媒公司的技术类型及宽度特征

本书取得京津冀知名传媒集团所属 15 家传媒母公司及旗下子公司所拥有的全部专利数量、IPC 分类号，并将每一个 IPC 分类号下的专利数量从大到小排列后选取前 10 个头部 IPC 分类的专利数量及其比例结构组成数据集进行传媒技术生态位的测算。

表 4-8 京津冀 15 家传媒公司所拥有前 10 类专利的比例结构

技术类别	技术名称	技术应用领域	京津冀 15 家传媒公司 10 类专利的比例结构	
H04N21	视频分发	5G 视频传输方法、电视点播方法	33.08%	33.08%

技术类别	技术名称	技术应用领域	京津冀15家传媒公司10类专利的比例结构	
H04N5	视频制播	拍摄处理方法、制播控制系统	18.16%	33.08%
H04N7	视频编码	视频编码方法、4K节目制作方法	5.22%	
G06F16	大数据分析与算法推荐	数据挖掘方法、信息推送方法	9.95%	21.89%
G06F17		数据可视化方法、舆情分析方法	6.97%	
G06F3	数据接口	用户接口程序、页面加载装置	4.98%	
H04L29	终端通信	消息分享方法、设备互联方法	8.71%	12.69%
H04L12	数据交换	数据交换方法、界面交互方法	3.98%	
E04H3	专用建筑	升降舞台组成单元、舞台结构	5.22%	5.22%
H04W4	无线通信	机顶盒无线通信、智能控制方法	3.73%	3.73%

如表4-8所示，编码"H04N"表示图像通信技术，其下属的3类头部技术合计占比33.08%；编码"G06F"表示数据处理技术，其下属的3类头部技术合计占比21.89%；编码"H04L"表示数字信息传输技术，其下属的2类头部技术合计占比12.69%；E04H3和H04W4分别代表专用建筑和无线通信技术，它们分别仅占5.22%、3.73%。从10类技术中每类技术的占比来看，视频分发技术、视频制播技术占比最高，成为京津冀传媒技术生态的中心生态位。

图4-14展现了15家京津冀传媒公司专利量按IPC分类的比例结构。其中人民日报社和网易2家传媒公司的技术B值分别为0.49和0.47，其余13家传媒公司的技术B值均在0.4以下，尤其是有5家传媒公司在技术维度的集中度、垂直性最强：4家北京传媒公司（北京电视台、北京人民广播电台、光明日报社、优酷）分别在对终端通信技术、视频分发技术、视频制播技术、大数据分析与算法推荐技术的研发上呈现高度垂直，还有天津的1家传媒公司（天津通信广播）在对数据接口技术的研发上呈现高度垂直。总的来看，京津冀知名传媒公司的技术生态位宽度较低，区域内多数媒体形成了专精于特定领域的技术攻关路线。

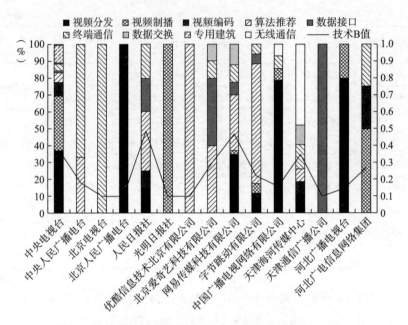

图 4 - 14 京津冀传媒公司专利量按 IPC 分类的比例结构

注：图中算法推荐技术占比为两类专利技术 G06F16、G06F17 的合并占比。

（二）京津冀传媒公司的研发路线及生态结构特征

1. 京津冀传媒公司的重叠网络和研发路线

与无门槛、易获得、无竞争性、无排他性的互联网渠道资源不同，技术资源的获取需要耗费大量人力物力，并且只有进行较长时间周期的开发才能投入应用。因此，技术研发路线相似的媒体会为了获取稀缺的技术资源而产生竞争，这造成了媒体在技术维度上的生态位重叠。为了观察京津冀传媒技术生态的重叠情况，计算出 15 家京津冀传媒公司两两比较所产生的 105 对技术生态位重叠度 O 值，选取 O 值小于 0.3 的 15 对高度重叠媒体绘制重叠网络图，结果如图 4 - 15 所示。

将图 4 - 15 中的京津冀媒体技术生态位重叠情况和图 4 - 14 中的技术比例分布结构相结合，可以看出 15 家传媒公司主要形成了四种技术研发路线。图中 A 区域的 2 家传媒公司形成了以 H04N5 视频制播技术为主要方向的研发路线：光明日报社和河北广电信息网络的视频制播技术占比均在 50% 以上。B 区域的 5 家传媒公司形成了以 H04N21 视频分发技术为主要方向的技术研发路线：视频分发技术在北京人民广播电台、河北广播电视台、中国广播电视网络公司的占比均超过70%，在中央电视台和网易的占比分别为37%和34.83%，中央电视台还兼顾H04N5视频制播技术（32.5%）的研发，网易还兼顾G06F16大数据分析与算法推荐技术（32.58%）的研发。C区域的2家传媒公司形成了兼顾H04L29终端通信技术和G06F17算法推荐技术的研发路线：中央人民广播电台和人民日报社的两类技术占比分别为66.67%、33.33%和20%、35%，人民日报社同时进行G06F3数据接口技术（20%）的研发。D区域的3家传媒公司形成了以G06F16大数据分析与算法推荐技术为主要方向的研发路线：优酷、字节跳动、爱奇艺的G06F16技术占比分别为100%、71.59%、40%，爱奇艺还兼顾G06F3数据接口技术（40%）的研发。

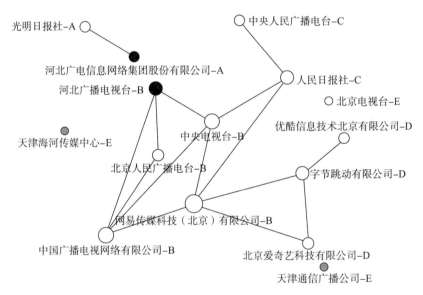

图4－15 京津冀头部传媒公司技术生态位高度重叠网络

此外，E区域有3家公司并未与其他任何公司在技术维度上产生高度重叠而离散于技术竞争网络之外，它们分别形成了独有的技术研发路线：天津海河传媒中心形成了以H04W4无线通信技术（48.15%）为主要方向的研发路线；北京电视台、天津通信广播分别形成了以H04L29终端通信技术（100%）和G06F3数据接口技术（100%）为主要方向的研发路线。

2. 京津冀传媒技术生态的"资源－层级－空间"结构

（1）京津冀传媒技术生态的资源分布结构

从传媒技术生态的资源分布结构来看，京津冀三地媒体的技术生态位重叠度不高，说明传媒技术资源竞争不激烈。将 15 家京津冀传媒公司在技术维度的生态位重叠情况与内容维度、用户维度相比较发现，它们在技术生态位上的重叠度最低。在传媒用户资源的全国与京津冀分布维度，38 家媒体成对比较产生的 703 对媒体中 O 值低于 0.1 水平的媒体对数占比分别为 45.38%、30.44%；在内容区域与主题相交叉的维度，26 个新闻客户端成对比较产生的 325 对媒体中 O 值低于 0.1 水平的媒体对数占比为 18.15%；在渠道维度，22 家传媒公司成对比较产生的 231 对媒体中 O 值低于 0.1 水平的媒体对数占比为 35.93%；在技术维度，15 家传媒公司成对比较产生的 105 对媒体中 O 值低于 0.1 水平的媒体对数占比为 12.38%。京津冀媒体在技术生态位上的重叠程度小于其他维度，主要原因在于 15 家传媒公司大都形成了专精某一类技术的研发路线，且它们在重叠的技术领域呈现明显的地域差别：在北京，11 家头部传媒公司主要重叠于视频分发、终端通信和算法推荐技术；在天津，2 家头部传媒公司天津海河传媒中心、天津通信广播公司分别聚焦于无线通信、数据接口技术，而不与其他公司产生高度重叠；在河北的 2 家头部传媒公司中，河北广电信息网络集团仅与 1 家北京的传媒公司光明日报社在视频制播技术上存在高度重叠，河北广播电视台与中央电视台等 3 家北京的传媒公司在视频分发技术上存在高度重叠。总的来看，京津冀三地媒体分别形成了以算法类、通信类和视频制播技术为主要研发方向并且适当兼顾其他技术的研发模式，三地之间形成了技术差异性和互补性较强的资源分布格局。基于此，京津冀三地媒体之间积极开展跨地域的技术交流合作既有利于传媒组织补足技术短板、提升综合实力，也能够推动区域协同创新，形成优势互补、和谐共生的京津冀传媒技术生态。

（2）京津冀传媒技术生态的空间和层级结构

从传媒技术生态的空间和层级结构来看，北京媒体的技术竞争优势最强，处在较高的技术层级上，由此拉开了和津冀媒体之间的传媒技术发展距离，京津冀三地的传媒技术发展水平存在明显的地域空间差异。如表 4－9

所示，在天眼查网站上查询注册资本量在 5000 万元及以上的大型传媒公司及其所拥有的专利数量，发现北京的传媒专利技术数量以及技术垄断程度相较于津冀两地更高：在北京，20 家大型传媒公司拥有 1516 项专利；在河北，60 家大型传媒公司拥有 106 项专利；在天津，54 家大型传媒公司拥有 16 项专利。

表 4 – 9　京津冀三地的传媒技术规模与头部传媒公司竞争优势比较

属地	大型传媒公司及其专利数量	京津冀 15 家拥有专利量最多的头部传媒公司	技术竞争优势 S 值
北京（N = 11）	20 家大型传媒公司 1516 项专利	中央电视台	5.277
		网易传媒科技有限公司	2.581
		人民日报社	1.000
		字节跳动有限公司	0.191
		北京爱奇艺科技有限公司	0.073
		中国广播电视网络有限公司	0.049
		北京人民广播电台	0.011
		中央人民广播电台	0.010
		北京电视台	0.010
		优酷信息技术北京有限公司	0.004
		光明日报社	0.0001
河北（N = 2）	60 家大型传媒公司 106 项专利	河北广电信息网络集团	0.015
		河北广播电视台	0.012
天津（N = 2）	54 家大型传媒公司 16 项专利	天津海河传媒中心	0.459
		天津通信广播公司	0.001

从三地所拥有的头部传媒公司数量及其竞争优势上看，北京也显著优于津冀两地：京津冀 15 家拥有专利量最多的头部传媒公司中有 11 家位于北京，其中中央电视台（5.277）、网易（2.581）、人民日报社（1）的技术竞争优势在京津冀头部传媒公司中居于前三，字节跳动（0.191）居第五位；在 2 家位于天津的传媒公司中，天津海河传媒中心以 0.459 的竞争优势在京津冀头部传媒公司中居第四位，而天津通信广播公司在数据接口技术上的竞争优势仅为 0.001，处于较低水平；2 家位于河北的传媒公司河

北广电信息网络集团和河北广播电视台在视频制播和分发技术领域的竞争优势分别为 0.015、0.012，在京津冀头部传媒公司中处于中间水平。综合来看，北京无论是在专利技术总量还是在头部媒体技术竞争优势上都优于津冀两地，津冀两地传媒技术实力差别不大，今后北京加强向津冀两地的传媒技术输出有利于解决京津冀传媒技术发展的不平衡问题。

（三）京津冀传媒公司进行技术合作的方向性预测

京津冀媒体在生态位重叠度 O 值上的表现主要是头部传媒公司两两之间重叠程度低、京津冀三地主要重叠于不同的传媒技术领域，说明不同媒体之间的技术互补性高。进一步计算京津冀 15 家传媒公司在 10 类技术上的相对优势 R 值可以了解它们的技术长板和短板分别是什么，彼此之间究竟在哪些技术领域上互补，从而为京津冀传媒公司的跨地域技术交流合作提供建议。

如表 4-10 所示，大部分京津冀传媒公司都只在 1~3 个技术领域具有相对优势且技术重叠不多，这使得它们之间形成了错位竞争的格局。就京津冀传媒公司的跨地域技术合作来看，多家媒体之间呈现跨地域的技术互补性。例如，在大数据分析与算法推荐技术领域，北京的字节跳动等 6 家传媒公司可以通过技术输出填补津冀两地的技术空白；在数据接口领域，北京的人民日报社等 4 家传媒公司可以面向河北进行技术输出；在视频分发、制播和编码领域，北京的中央电视台等 6 家传媒公司可以面向天津进行技术输出。尽管北京凭借其强大的传媒技术实力能够成为三地中主要的技术输出地，但河北广电网络集团、天津海河传媒中心分别在视频编码、无线通信领域呈现较高的相对优势，它们也能在特定领域为北京媒体输送技术资源。在跨技术领域的合作之外，京津冀媒体仍然有机会进行同领域内的技术交流。京津冀头部传媒公司两两之间的技术生态位重叠较少，说明它们的竞争不激烈、技术垄断情况尚不严重，相近技术领域的传媒公司有机会建成跨地域的技术联合研发中心，三地媒体形成共同研发、成果共享的利益共同体是推进区域协同创新的重要一步。

表 4－10 京津冀传媒公司的相对优势 R 值

属地	传媒公司	H04N21 视频分发	H04N5 视频制播	H04N7 视频编码	G06F16 大数据分析与算法推荐	G06F17 大数据分析与算法推荐	G06F3 数据接口	H04L29 终端通信	H04L12 数据交换	E04H3 专用建筑	H04W4 无线通信
北京（N＝12）	中央电视台	11.14	52.42	40.21	X	X	X	X	X	60.32	X
	中央人民广播电台	X	X	X	X	91.63	X	96.65	X	X	X
	北京电视台	X	X	X	X	X	X	98.50	X	X	X
	北京人民广播电台	80.27	X	X	X	X	X	X	X	X	X
	中国广播电视网络	69.88	X	X	X	X	X	X	X	X	57.12
	人民日报社	X	X	57.12	X	89.77	88.35	68.14	X	X	X
	光明日报社	X	93.62	X	X	X	X	X	X	X	X
	网易传媒科技北京	5.14	X	X	67.22	35.65	42.84	14.86	81.21	X	X
	字节跳动有限公司	X	X	X	95.38	X	16.60	X	X	X	X
	优酷信息技术北京	X	X	X	98.04	X	X	X	X	X	X
	北京爱奇艺	X	X	X	88.35	X	96.95	13.76	72.65	X	X
河北（N＝2）	河北广播电视台	70.79	9.63	X	X	X	X	X	X	X	X
	河北广电网络集团	X	76.69	91.63	X	X	X	78.37	X	X	X
天津（N＝2）	天津海河传媒	X	X	33.57	X	X	X	48.66	77.26	X	98.81
	天津通信广播	X	X	X	X	X	99.51	X	X	X	X

注：表中"X"代表 R 值≤0 时媒体在特定维度不具有相对优势。

第三节　成渝传媒生态结构的测算与分析

一　成渝传媒用户生态的基本结构

（一）6家媒体在用户生态的全国层级上竞争与共存

图4-16展现了25家成渝媒体的全国用户分布比例结构。采用该比例结构数据计算出每家媒体的用户生态位宽度B值，据此可以将25家媒体划分为B值较高的"全国组"和B值较低的"西南组"。在全国组内，总部或西南总部位于成都的四川电视台、每日经济新闻、爱奇艺、快手以及位于重庆的重庆电视台、腾讯视频、腾讯新闻、人人视频共8家媒体的西南用户占其全国用户的比重均低于50%且B值位于较高的0.59~0.76，说明它们能够在全国统一的大市场上吸引不同地域用户的注意力。在西南组内，余下的9家成都媒体以及8家重庆媒体共17家媒体的西南用户占其全国用户的比重均在50%以上且B值位于较低的0.14~0.26，说明它们是立足于西南用户市场的区域性媒体。

综上，成渝媒体全国用户生态位宽度的测算结果与京津冀测算结果相近，都表明了区域传媒用户生态是一个从低到高、从地区到全国的层级结构。为了进一步呈现不同媒体在区域传媒用户生态层级结构中的位置以及竞争优劣势地位，将25家成渝媒体进行两两比较并选取全国用户重叠度O值小于0.01的74对高重叠媒体，同时逐一计算25家媒体的全国用户竞争优势S值，使用Gephi绘图软件统一呈现这两个指标，绘制成渝媒体高度重叠网络图。如图4-17所示，图中节点的颜色分别代表两地媒体：成都媒体为灰色，重庆媒体为空白；节点的数字标签代表竞争优势S值，它是将四川电视台竞争优势记为1取得的相对数，S值越高则竞争优势越强。图中一家媒体连线较多说明其所具有的资源利用模式和本区域内较多的其他媒体高度相似，或者说它所面临的竞争对手较多，此时该媒体节点会更大。

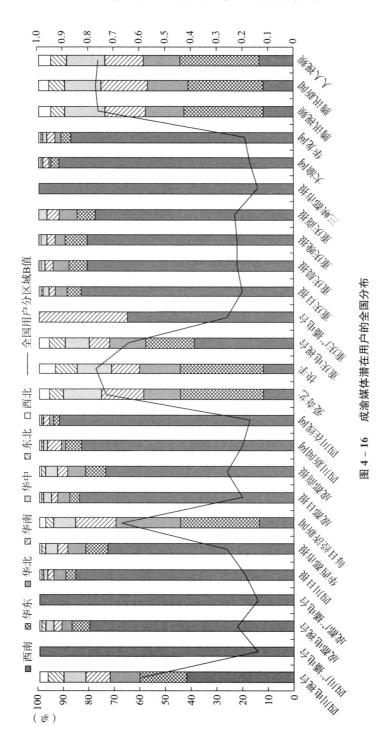

图 4 - 16 成渝媒体潜在用户的全国分布

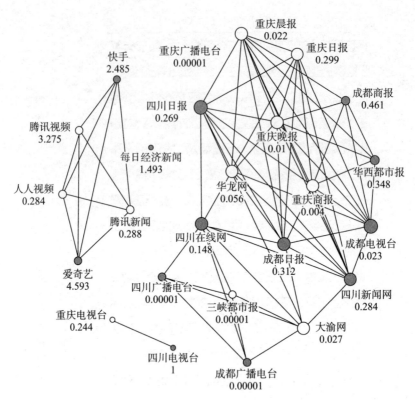

图 4 - 17　成渝媒体在全国用户生态中的高度重叠网络

在图的左半边，快手、爱奇艺、腾讯视频、腾讯新闻、人人视频结成了一个竞争网络，这 5 家媒体都是总部或西部总部位于成渝两地的网络新媒体，且它们的西南用户占其全国用户的比重均低于 50%，这意味着它们能够广泛吸引全国各地用户的注意力。因此，这一个竞争网络实际上是成渝媒体在全国用户市场上竞争状况的缩影，它反映了传媒用户生态的层级结构中最高一级——全国级生态的基本状况。图中还有 1 家全国级媒体离散于竞争网络之外：每日经济新闻是中国三大综合性财经日报之一，其核心用户为经济政策制定者、大中型企业管理层、金融证券人士、经济管理人士、经济研究人士及相关专业投资者，垂直于财经新闻用户的特殊用户资源利用模式使得该全国级媒体与其他媒体之间不存在高度生态位重叠。

在图的右半边，17 家西南用户占比在 50% 以上的媒体结成了 1 个高度重叠的竞争网络，它的特点是成渝两地媒体错落分布于竞争网络中。右半边竞争网络中媒体的竞争优势至少比左半边的全国级媒体竞争网络低一个量级，并且它们与全国级媒体竞争网络之间没有任何高重叠度连线，说明较高生态层级上的全国媒体用户市场与较低生态层级上的西南媒体用户市场实际上是两个相对独立的竞争场域，跨层级的用户资源争夺并不激烈而资源竞争的主要压力来自同一生态层级、同一市场范围内的其他竞争对手。

此外，图 4 - 17 的正下方还有一个相对独立的竞争网络，展现了四川电视台与重庆电视台之间的竞争关系。对照成渝媒体潜在用户的全国分布图来看，四川电视台与重庆电视台的西南地区用户占其全国用户的比例分别为 41%、38%。而在图 4 - 17 的左半边所呈现的全国级媒体竞争网络中，爱奇艺、腾讯视频等 5 家媒体的西南地区用户占其全国用户的比例均在 15% 以下，图 4 - 17 的右半边所呈现的竞争网络中则有 17 家媒体的西南地区用户占比在 50% 以上。三方比较之下，可以看出四川电视台与重庆电视台在用户比例结构上虽然是以西南地区为主要用户来源地，但也能够吸引到一小部分其他地区的用户。这种兼顾区域内外的独特用户资源利用模式使得这 2 家媒体既不能算是真正意义上广泛吸引全国各地用户的全国性媒体，同时也表现出了相对独立于本区域内其他媒体竞争网络之外的特性。在这种情况下，需要比对下一阶段的测算结果来综合判断四川电视台和重庆电视台在成渝传媒用户生态中所处的位置。

（二）19 家媒体在用户生态的本地层级上竞争与共存

由于覆盖成渝两地的大范围市场——西南地区市场仅仅被作为全国市场的七个地区分类之一来考虑，在全国宏观视角下难以观测到成渝双城经济圈内部的传媒用户分布结构。为了解决这一问题，本书进一步使用 25 家媒体来自成都、重庆两地的潜在用户占成渝潜在用户总规模的比例结构数据，进行媒体的成渝用户生态位重叠度 O 值测算，并选取 O 值小于 0.01 的 85 对媒体绘制重叠网络图，结果如图 4 - 18 所示。

图 4 - 18 中灰色节点代表成都媒体，空白节点代表重庆媒体，节点大小代表重叠程度。在图的正下方，5 家全国级媒体结成 1 个高度重叠的竞争网络，其中在成渝市场上最具竞争优势的媒体为爱奇艺，S 值为 4.282。此外，在图中还有 1 家全国级媒体每日经济新闻离散于竞争网络之外，垂直于财经新闻用户的特殊用户资源利用模式使得该媒体在成渝用户市场上

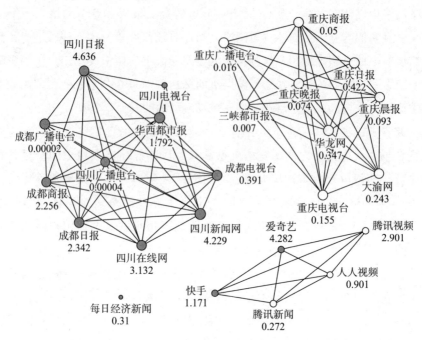

图4-18 成渝媒体在本区域用户生态中的高度重叠网络

避开了和其他媒体之间的用户资源争夺。

在图的正上方，10家成都媒体和9家重庆媒体分别结成了两个边界清晰的竞争网络，网络中的每一家媒体都只与其他本地媒体存在生态位的高度重叠。四川本地市场上最具优势的媒体是四川日报，竞争优势S值为4.636；重庆本地市场上最具优势的媒体是重庆日报，S值为0.422。值得注意的是，四川电视台和重庆电视台分别与其他本地媒体存在高度生态位重叠而成为本地竞争网络内的重要节点，说明此2家媒体虽然能够吸引一部分来自全国其他地区的用户，但其核心用户群体仍然是本地用户，因此它们实际上在成渝本地用户生态中占有一定的生态位而可以被认为是本地级媒体。

总的来看，对成渝25家媒体的全国用户分七大地区来源结构和区域用户分双城来源结构进行生态位测算，结果显示成渝双城媒体分别以传媒用户生态的全国层级和本地层级为主要竞争场域：有6家媒体在用户生态的全国层级上竞争与共存，其中5家媒体在种群分布上属于新媒体种群；有19家媒体在用户生态的本地层级上竞争与共存，且这些媒体在种群分布上都属于传统媒体和融媒体种群。从竞争场域的层级关系看，无论是对全国各地用户资源的争夺，还是对本地、本区域用户资源的争夺，6家全国级媒体和19家本地级媒体之间均未表现出跨层级、跨地域的高度生态位重叠，这说明一家媒体的主要竞争对手是来自同一层级的其他媒体，"分层而居，同层互搏"的媒体竞争关系使得成渝传媒用户生态的全国层级和本地层级之间呈现清晰的界限。从竞争场域的空间范围看，无论是全国级媒体还是本地级媒体，在针对成渝双城用户资源展开争夺时都没有展现出跨地域的高度生态位重叠关系，这进一步说明成渝双城的传媒用户资源竞争以本地为界而尚未形成连通双城的区域级竞争网络，双城之间用户资源的流动、共享和利用程度不高。

（三）本地媒体向用户生态区域层级移动的方向性预测

目前，成渝双城经济圈尚未形成统一的传媒市场，传媒用户生态的区域层级上存在大量空白生态位亟待开发，率先向外地市场扩张的本地级媒体有望避开本地的强势竞争对手、开发外地市场上的空白生态位而成长为区域级媒体。那么，究竟哪些本地级媒体有机会对外扩张并整合成渝双城用户资源？为了解答这个问题，本书对19家成渝本地级媒体的用户生态位相对优势R值进行计算，以此确定一家媒体在双城用户市场上的优劣势地位，R值取值区间为 [-100，100]。

表4-11　19家成渝本地级媒体在双城用户市场的相对优势R值

属地	传媒组织	成都用户市场	重庆用户市场
成都 （N=10）	四川电视台	36.86	-86.70
	四川广播电台	45.19	-99.87
	成都电视台	43.80	-99.05
	成都广播电台	45.19	-99.87
	四川日报	42.22	-97.30
	华西都市报	42.26	-97.37
	成都日报	44.34	-99.45
	成都商报	43.64	-98.91
	四川新闻网	40.54	-94.65
	四川在线网	43.63	-98.90

属地	传媒组织	成都用户市场	重庆用户市场
重庆 （N=9）	重庆电视台	-97.96	70.31
	重庆广播电台	-99.95	72.92
	重庆日报	-99.35	71.71
	重庆晨报	-99.53	71.97
	重庆晚报	-99.15	71.46
	重庆商报	-98.89	71.17
	三峡都市报	-99.95	72.92
	大渝网	-99.69	72.25
	华龙网	-99.60	72.09

表4-11展现了19家成渝本地级媒体的相对优势R值。两地媒体在本地的R值均为正数，且成都媒体在重庆用户市场、重庆媒体在成都用户市场的R值均接近-100，这说明成渝本地媒体对本地用户的吸引力显著高于外地市场，但是那些R值绝对值接近于0的媒体仍然有变劣势为优势的可能性。从表中可以看出，成都的四川电视台在重庆（-86.7）、四川新闻网在重庆（-94.65）的R值绝对值相对于其他本地媒体来说更接近0，说明此2家成都媒体可以选择向重庆用户市场扩张；重庆的重庆电视台在成都（-97.96）、重庆商报在成都（-98.89）的R值绝对值相对于其他本地媒体来说更接近于0，说明此2家重庆媒体可以选择向成都用户市场扩张。这4家媒体有望整合成渝双城用户资源而成长为区域级媒体。

一家媒体在对外扩张时只有尽量避免与当地强势竞争对手在其优势领域展开资源争夺才有可能获得成功，对市场上的空白生态位进行填补可以达到避强的目的。为了洞察三地用户市场上有待开发的空白生态位，本书计算了19家成渝本地媒体在用户性别维度和年龄维度上的生态位相对优势R值，结果如表4-12所示。从年龄维度上看，成渝双城媒体更倾向于吸引本地青年用户的注意力；从性别维度上看，成渝双城媒体主要表现出对本地男性用户的吸引力。

表 4 - 12 19 家成渝本地媒体的用户年龄与性别维度相对优势 R 值

属地	传媒组织	年龄 R 值					性别 R 值	
		≤19	20 - 29	30 - 39	40 - 49	≥50	女	男
成都 （N = 10）	四川电视台	38.44	X	X	X	27.39	X	7.27
	四川广播电台	X	13.41	34.66	X	X	X	11.58
	成都电视台	32.54	20.16	X	X	3.32	X	0.13
	成都广播电台	57.45	X	X	41.99	X	X	8.46
	四川日报	28.33	25.00	X	X	X	27.26	X
	华西都市报	69.41	6.85	X	X	26.84	26.96	X
	成都日报	X	29.04	2.50	X	X	25.12	X
	成都商报	X	0.22	X	7.93	X	24.00	X
	四川新闻网	X	X	X	20.23	60.88	X	13.28
	四川在线网	X	X	X	49.78	46.58	X	10.87
重庆 （N = 9）	重庆电视台	33.99	0.50	X	2.54	50.71	X	5.90
	重庆广播电台	22.73	X	12.45	X	23.35	X	9.79
	重庆日报	0.08	30.18	5.73	X	X	24.27	X
	重庆晨报	X	0.50	9.36	X	X	18.19	X
	重庆晚报	23.81	X	14.15	43.81	X	X	0.84
	重庆商报	X	17.34	26.34	X	X	35.27	X
	三峡都市报	1.79	4.76	X	30.03	X	X	16.66
	大渝网	X	X	32.88	X	X	X	11.41
	华龙网	4.58	X	X	6.52	14.17	X	1.24

注：表中"X"代表 R 值≤0 时媒体在特定维度不具有相对优势。

为了避开强势媒体的竞争压力，进军外地市场的媒体应当定位于当地的空白生态位。从表 4 - 12 中可以看出，成都的成都广播电台和华西都市报分别有机会获取成渝市场上的 19 岁及以下男性和女性用户注意力资源；重庆日报和成都日报有机会获取成渝市场上的 20～29 岁女性用户注意力资源，成都电视台有机会获取该年龄段的男性用户注意力资源；成都的四川广播电台和重庆的大渝网有机会获取成渝市场上的 30～39 岁男性用户注意力资源，重庆的重庆商报有机会获取该年龄段的女性用户注意力资源；成都的四川在线网有机会获取成渝市场上的 40～49 岁男性用户注意力资源，而该年龄段的女性用户注意力资源较少被占据；成都的四川新闻网和重庆的重庆电视台有机会获取成渝市场上的 50 岁及以上男性用户注意力资源，而该年龄段的女性用户注意力资源较少被占据。综上，无论是在本地市场还是在外地市场上，任意一家媒体都可以通过定位于 40 岁及以上的中老年女性用户群体来填补成渝双城传媒市场的空白。垂直定位于用户区位、年龄、性别等维度空白生态位的媒体竞争压力小而发展潜力大，将有机会在走向统一的成渝区域传媒用户市场上率先完成用户资源的跨地域整合。

二 成渝传媒内容生态的基本结构

（一）成渝新闻客户端的报道类型及宽度特征

本书对成渝传媒内容生态位进行测算，主要是选取两地知名传媒集团建设的 22 个新闻客户端，在同一时间收集每个新闻客户端首页上的前 50 条新闻按照内容编码规则整理成数据集，对其进行新闻区域、新闻主题、新闻形态 3 个维度的传媒内容生态位测算。

新闻区域维度将每条新闻报道划分为 4 个类别（本地新闻、区域新闻、全国新闻、国际新闻），新闻区域 B 值衡量媒体在报道各地新闻范围上的多样性。如图 4 - 19 所示，一方面，成都的神鸟知讯以及重庆的重庆手机台 2 个客户端的 B 值高于 0.6，成都的熊猫听听、川观新闻、成都日报锦观、首屏新闻以及重庆的重庆日报、上游新闻、新重庆、看巴南、腾讯新闻 9 个客户端的 B 值高于 0.5，以上 11 个客户端对不同区域类别新闻的报道呈现出多样化、泛用性特征，它们在新闻区域维度上表现为生态位较宽。另一方面，成都的熊猫视频和重庆的重庆渝中主要报道本地新闻，成都的每日经济新闻和重庆的重庆头条主要报道全国新闻，以上 4 个客户端的 B 值均小于 0.4 而呈现聚焦某一区域类别新闻的集中化报道倾向，它们在新闻区域维度上表现为生态位较窄。此外，还有 7 个客户端 B 值为 0.4~0.5，生态位宽度居中。

新闻主题维度将每条新闻报道划分为社会新闻、党政新闻等 8 个主题类别，新闻主题 B 值反映了新闻客户端在报道内容主题类型上的多样性。如图 4 - 20 所示，西南总部位于重庆的腾讯新闻客户端 B 值高达 0.77，成都的四川观察、熊猫听听、神鸟知讯、封面新闻、成都日报锦观、首屏新闻以及重庆的上游新闻、新重庆、重庆头条 9 个客户端的 B 值均高于 0.5，

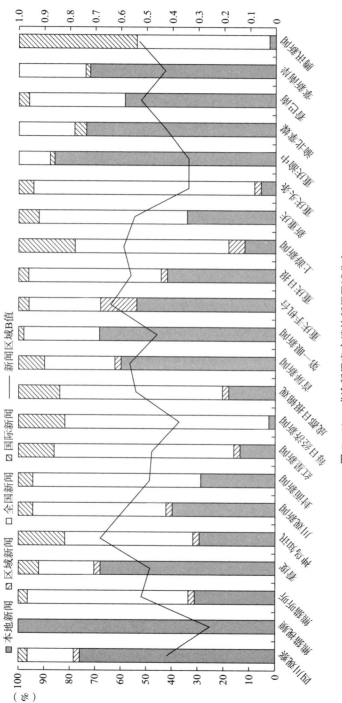

图 4 - 19 成渝新闻客户端的新闻区域分布

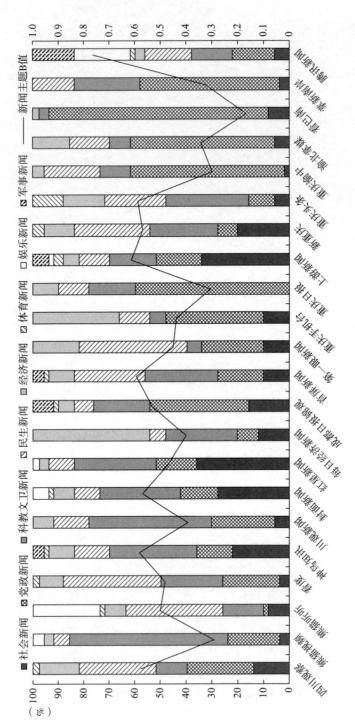

图 4-20　成渝新闻客户端的新闻主题分布

以上 10 个客户端能够较为多样地报道党政新闻、科教文卫新闻等多种主题的新闻，它们在新闻主题维度上表现为生态位较宽。此外，有 8 个客户端的 B 值小于 0.4，包括成都的熊猫视频和川观新闻主要报道科教文卫新闻，每日经济新闻主要报道经济新闻；重庆的重庆日报、重庆渝中、渝北掌媒、看巴南、掌新南岸 5 个客户端均以报道党政新闻为主，它们呈现出集中化报道倾向而在新闻主题维度上表现为生态位较窄。此外，还有 4 个客户端 B 值为 0.4~0.5，生态位宽度居中。

　　新闻形态维度将每条新闻划分为 7 个类别，包括文字、图片、音频、短视频、直播、互动功能、其他类别。如图 4-21 所示，成都的看度、川观新闻、红星新闻 3 个客户端以及重庆的重庆日报客户端 B 值均在 0.6 以上，成都的四川观察、神鸟知讯、封面新闻、每日经济新闻 4 个客户端以及重庆的第一眼新闻、重庆手机台、上游新闻、新重庆、看巴南、腾讯新闻 6 个客户端的 B 值均在 0.5 以上，此 14 个客户端能够广泛提供文字、图片、音频等多种形态的新闻产品而在新闻形态维度上表现为生态位较宽。新闻形态 B 值在 0.4 以下的 3 个客户端分别是成都的熊猫视频、首屏新闻和重庆的重庆头条，其中熊猫视频以短视频新闻形态为主，首屏新闻以文字新闻形态为主，重庆头条以图文新闻形态为主，此 3 个客户端的新闻表达方式较为单一而在新闻形态维度上表现为生态位较窄。此外，还有 5 个客户端的新闻形态 B 值为 0.4~0.5，生态位宽度居中。相较于京津冀代表性媒体客户端的新闻形态 B 值均低于 0.4 的数据表达来看，成渝媒体的新闻内容表达方式较为多样。

　　整体上看，成渝双城 22 家新闻客户端在新闻区域、新闻主题、新闻形态三个维度上的生态位宽度有高有低，说明成渝媒体在对新闻内容资源的使用上兼具泛用性和集中性特征，新闻内容生态丰富多样。同时，成渝双城新闻内容生态都呈现出综合类新闻客户端和垂直类新闻客户端错落分布的格局，且归属于不同类型的客户端数量相近，说明双城媒体的内容资源丰富程度相近、内容资源利用水平相当。较为相似的传媒内容生态结构和新闻资源利用模式既是成渝传媒经济发展相对均衡的缩影，也为双城媒体提供了平等对话的前提。未来，成渝媒体之间展开跨地域内容资源共享合作的难度小且可行性高。

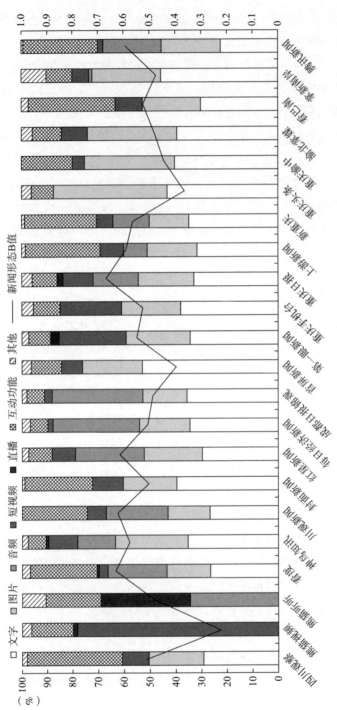

图 4-21 成渝新闻客户端的新闻形态分布

（二）成渝新闻客户端的报道模式及生态结构特征

多个新闻客户端在内容资源利用模式上的趋同性，造成它们之间的生态位重叠，决定了它们在传媒内容生态中所处的位置以及竞争关系。基于此，本书进一步计算 22 个成渝新闻客户端两两比较所产生的 231 个内容生态位重叠度 O 值，并选取新闻区域与主题维度上 O 值均小于 0.1 的 29 对高度重叠媒体绘制新闻内容生态位重叠网络图。

1. 成渝新闻客户端的重叠网络和报道模式

图 4–22 展现了成渝新闻客户端在新闻区域和主题维度的高度重叠网络图，图中灰色节点代表成都客户端，空白节点代表重庆客户端，节点大小代表重叠程度。结合图 4–19 和图 4–20 展示的新闻区域和主题分布，可以看出新闻资源利用模式相近的客户端存在高度重叠，由此可以划分出 A、B、C 三个高度重叠网络及游离在重叠网络外的三个散点 D，它们分别代表了不同的新闻资源利用模式。

（1）聚焦重庆本地党政和民生新闻的报道模式

在图的右边 A 网络，重庆 4 个新闻客户端重庆渝中、掌新南岸、渝北掌媒和重庆手机台的内容重叠度较高：在新闻区域维度上，它们形成了以重庆本地新闻为主而兼顾少量全国新闻的报道模式；在新闻主题维度上，它们形成了以党政新闻和民生新闻为主的报道模式，两种主题的新闻合计占比达到 50% 以上，其中掌新南岸还兼顾少量科教文卫新闻，重庆手机台还兼顾少量经济新闻。总的来看，A 网络的 4 个新闻客户端都具有"近地性"特征，形成了聚焦重庆本地党政和民生新闻的报道模式。

（2）聚焦成都本地党政和民生新闻的报道模式

图中 B 网络包括成都的 3 个客户端看度、首屏新闻、四川观察和重庆的 1 个客户端第一眼新闻，它们呈现出较高的内容重叠度：在新闻区域维度上，此 4 个客户端形成了以本地新闻为主兼顾少量全国新闻的报道模式；在新闻主题维度上，它们形成了以党政新闻和民生新闻为主的报道模式，两种主题的新闻合计占比达到 40% 以上，其中首屏新闻和看度还兼顾少量科教文卫新闻。值得注意的是，第一眼新闻作为一个重庆客户端所报道的重庆本地新闻与高度重叠网络内的其他 3 个成都客户端所报道的成都本地新闻实际上不属于同一新闻区域而不存在竞争关系，且它与其他重庆客户端均不

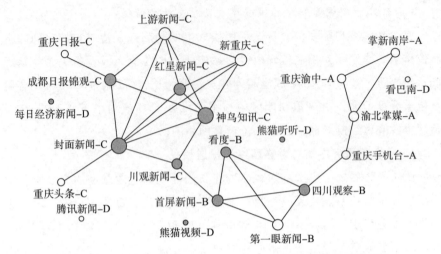

图 4 - 22　成渝新闻客户端在新闻区域和主题维度的高度重叠网络

存在高度重叠关系，这说明该客户端凭借独特的新闻资源利用模式而占据了
一个竞争强度较小的生态位。实际上，第一眼新闻所报道的民生新闻占比
42%，为所有客户端中最高，这种高度聚焦重庆本地民生新闻的报道模式使
该客户端有机会避开强势竞争对手而在垂直赛道获得更好的生存机会。

　　（3）遍览全国各地多种新闻的报道模式

　　图中 C 网络包括成都的 5 个客户端成都日报锦观、红星新闻、封面新
闻、神鸟知讯、川观新闻以及重庆的 4 个客户端上游新闻、新重庆、重庆
日报和重庆头条，它们呈现出较高的内容重叠度：在新闻区域维度上，此
9 个客户端都是以全国新闻为主的客户端；在新闻主题维度上，它们形成
了以党政新闻、民生新闻、科教文卫新闻和社会新闻为主的报道模式，四
种主题的新闻占比合计达到 70% 以上，其中川观新闻、新重庆和重庆日报
还兼顾少量经济新闻，重庆头条兼顾经济新闻和体育新闻。总的来看，C
网络的 9 个客户端在新闻区域维度上都具有"全国性"特征，在新闻主题
维度上能够兼顾社会新闻、党政新闻、民生新闻、科教文卫新闻、经济新
闻等不同类别的新闻主题而呈现出"综合性"特征，形成了广泛报道全国
各地多种新闻的多样化新闻资源利用模式。

　　（4）垂直于某一类新闻区域和主题的报道模式

　　图中 D 表示不属于任何一个高度重叠网络的散点，包括 3 个成都客户端

熊猫听听、熊猫视频、每日经济新闻以及 2 个重庆客户端看巴南和腾讯新闻，它们分别垂直于不同的新闻区域和主题而在成渝传媒生态中占据了竞争压力较小的边缘生态位。作为一个音频客户端，熊猫听听充分发挥音频节目的伴随式收听和连线互动优势，不仅在上下班高峰时段为用户提供有关交通拥堵的信息，也结合民生需求发布房产租买、财产管理、育儿持家、旅游出行等轻资讯，还为用户提供时下流行的音乐和娱乐话题，因此该客户端呈现出垂直于音频类民生与娱乐新闻的报道模式。此外，熊猫视频聚焦本地科教文卫新闻，每日经济新闻聚焦全国经济新闻，看巴南聚焦重庆本地党政新闻，腾讯新闻聚焦全国和国际娱乐及军事新闻。总的来看，垂直于某一类新闻区域和主题的特殊新闻资源利用模式使得此 5 个新闻客户端在各自的特色领域积累了丰富的新闻资源而不与其他客户端产生高度重叠。

2. 成渝新闻内容生态的"资源—层级—空间"结构

（1）成渝新闻内容生态的资源分布结构

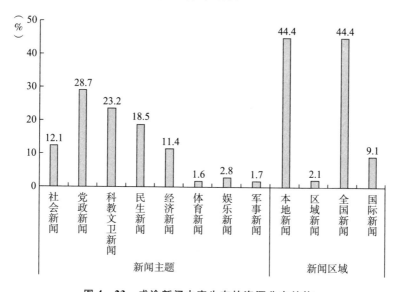

图 4 – 23　成渝新闻内容生态的资源分布结构

如图 4 – 23 所示，观察不同区域和主题新闻报道在成渝新闻内容生态中所占的比例，可以看出成渝新闻内容资源的分布结构呈现出"中心—边缘"格局：从新闻主题维度来看，成渝新闻内容生态呈现出以党政新闻、科教文卫新闻、民生新闻为中心生态位而以娱乐新闻、军事新闻和体育新闻为边缘生态位的格局；从新闻区域维度来看，成渝新闻内容生态呈现出以本地新闻和全国新闻为中心生态位而以国际新闻和区域新闻为边缘生态位的格局。成渝内容生态与京津冀内容生态在资源分布结构上大体一致。

从成渝新闻客户端的生态位重叠度计算结果来看，资源丰富的中心生态位上总是存在为数众多的综合性媒体参与激烈的资源竞争，如封面新闻、红星新闻等9个成渝客户端形成了遍览全国各地多种新闻的报道模式，它们的内容资源利用模式较为相似从而产生了较高的生态位重叠度，相互之间存在激烈的竞争关系；而那些垂直于某一类新闻区域和主题的客户端却可以避开激烈的竞争而在边缘生态位上存活下来。例如，每日经济新闻所报道的经济新闻占比在所有客户端中最高（46%）且全国新闻占比达80%，这种垂直于全国经济新闻的独特报道模式使之不与其他任何客户端产生高度生态位重叠而取得了差异化的竞争优势。总之，众多综合性新闻客户端占据中心生态位而少数垂直类新闻客户端占据边缘生态位的"中心—边缘"格局构成了成渝新闻内容生态的基本资源分布结构。

（2）成渝新闻内容生态的空间与层级结构

从传媒内容生态的空间与层级结构来看，分别计算11个成都客户端与11个重庆客户端在新闻区域维度上所报道的各类新闻占报道总量的比例，可以看出两地媒体在内容生态层级结构中所处的位置相近而不存在明显的地域空间差异：一方面，成渝两地新闻客户端所报道的本地新闻和全国新闻的比例较为接近，分别为42.55%和46.55%、46.18%和42.18%，说明成渝两地媒体的新闻报道模式相似且主要重叠于本地新闻层级和全国新闻层级；另一方面，成渝两地客户端所报道的区域新闻和国际新闻的比例分别为1.45%和9.45%、2.91%和8.73%，可见成渝两地媒体较少报道区域新闻和国际新闻，重庆媒体在报道区域新闻上的积极性略高于成都媒体。

总的来看，成渝媒体在新闻区域和主题维度上竞相追逐本地与全国新闻、党政及科教文卫新闻等中心生态位上的头部内容资源从而形成了较为单一的报道模式和高度重叠的竞争网络，特别是成渝两地新闻客户端主要重叠于本地和全国新闻层级导致区域新闻和国际新闻层级上存在大量的空白生态位，从长远来看不利于开发边缘内容资源和培育内容生态多样性。值得注意的是，现阶段区域新闻报道比重较低的状况反映出成渝双城尚未形成跨地域的信息数据互联互通纽带，区域内的信息孤岛大量存在会导致信息不对称问题从而制约区域经济的一体化发展。因此，提升区域新闻的报道比重对于优化成渝传媒内容生态以及推动区域经济发展均有重要意义。

（三）本地新闻客户端整合区域新闻内容资源的方向性预测

优化成渝传媒内容生态的关键一步是有序引导不同媒体依据自身资源异质性形成各具特色的资源利用模式，特别是要减少中心生态位上的重叠而加强对边缘生态位上内容资源的开发利用，由此才能推动成渝媒体的新闻内容生态位从重叠走向分离。当前，成渝双城的 22 个客户端形成了主要重叠于全国与本地新闻的内容生态位格局，区域层级上存在大量空白生态位，区域新闻是一种亟待开发的边缘内容资源。而结合内容资源与用户资源两个维度来看，成渝双城 22 个新闻客户端中的腾讯新闻和每日经济新闻不仅在内容上倾向于报道全国新闻，而且在其所属媒体机构的用户生态层级上处在全国级，它们在全国市场上竞争而不太可能将报道小范围的区域新闻和获取小范围的成渝用户作为主要的发展方向，因此在开发区域新闻资源时应当考虑由那些在内容与用户资源维度上居于本地层级的媒体来填补区域层级上的内容空白生态位。

为了洞察余下 20 个成渝本地级客户端在开发区域新闻内容资源方面的成长潜力，需要进一步计算它们在新闻区域维度上的生态位相对优势 R 值。如表 4 - 13 所示，重庆的重庆手机台、上游新闻、渝北掌媒 3 个新闻客户端在报道区域新闻上具有优势。同时，对比用户和内容生态位 R 值测算结果发现，重庆广播电视台及旗下重庆手机台客户端不仅具备整合成渝双城用户资源的潜力，也在报道区域新闻方面呈现出相对优势，说明该媒体最有希望占据区域内容与用户生态位，未来可能会成长为区域级媒体并承担成渝双城经济圈的信息枢纽职能。

表 4 - 13　20 个成渝本地级媒体所建新闻客户端的新闻区域相对优势 R 值

属地	传媒组织	新闻客户端	本地新闻	区域新闻	全国新闻	国际新闻
成都 （N = 10）	四川电视台 四川广播电台	四川观察	41.95	X	X	X
		熊猫视频	61.79	X	X	X
		熊猫听听	X	X	36.68	X

属地	传媒组织	新闻客户端	本地新闻	区域新闻	全国新闻	国际新闻
成都 （N=10）	成都电视台 成都广播电台	看度	32.38	X	X	16.11
		神鸟知讯	X	X	16.80	75.02
	四川日报	川观新闻	X	X	20.58	X
	封面传媒	封面新闻	X	X	41.96	X
	成都商报	红星新闻	X	X	46.69	61.82
	成都日报	成都日报锦观	X	X	39.39	69.40
	四川新闻网	首屏新闻	20.77	X	X	36.76
重庆 （N=10）	重庆电视台 重庆广播电台	第一眼新闻	32.38	X	X	X
		重庆手机台	10.50	94.29	X	X
	重庆日报	重庆日报	X	X	20.58	X
	重庆晨报	上游新闻	X	72.41	33.81	82.56
	华龙网	新重庆	X	X	30.77	16.11
	重庆青年报	重庆头条	X	X	61.19	X
	重庆市渝中区 融媒体中心	重庆渝中	51.59	X	X	X
	重庆市渝北区 融媒体中心	渝北掌媒	39.73	47.06	X	X
	重庆市巴南区 融媒体中心	看巴南	17.50	X	X	X
	重庆市南岸区 融媒体中心	掌新南岸	37.40	X	X	X

注：表中"X"代表 R 值≤0 时媒体在特定维度不具有相对优势。

在整合区域传媒内容资源时，本地媒体结合其在新闻主题与形态的不同类型上所具有的优势来优先整合特定内容资源，能够推动生态位走向分离，形成功能互补的区域内容生态结构。如表 4－14 所示，成都的熊猫视频和川观新闻客户端在科教文卫新闻领域优势突出，而重庆本地级媒体在此领域居于劣势，二者可以进一步整合成渝双城的科教文卫新闻资源；同理，重庆的看巴南、重庆渝中、重庆日报等客户端可以整合成渝党政新闻资源，重庆手机台、第一眼新闻客户端可以整合成渝经济新闻资源，这些媒体有可能成长为成渝传媒生态中特定新闻主题领域的"领头羊"。此外，成渝双城在体育、娱乐、军事新闻等边缘生态位上均存在大量空白生态位，

表 4－14　20 个成渝本地地级媒体所建新闻客户端的新闻主题相对优势 R 值

属地	传媒组织	新闻客户端	社会	党政	科教文卫	民生	经济	体育	娱乐	军事
成都（N＝10）	四川电视台	四川观察	12.08	X	X	42.31	43.82	16.11	X	X
	四川广播电台	熊猫视频	X	X	75.25	X	X	X	60.00	X
	四川广播电台	熊猫听听	X	X	X	59.66	X	16.11	98.82	X
	成都电视台	看度	X	X	2.96	59.66	X	16.11	X	X
	成都广播电台	神鸟知讯	51.78	X	36.09	X	X	16.11	X	85.94
	四川日报	川观新闻	X	X	61.86	X	X	X	X	X
	封面传媒	封面新闻	67.21	X	30.70	X	X	16.11	X	X
	成都商报	红星新闻	78.79	X	30.70	X	X	X	X	96.29
	成都日报	成都日报锦观	24.95	21.95	X	X	X	16.11	X	X
	四川新闻网	首屏新闻	X	X	18.17	36.49	X	16.11	X	85.94
重庆（N＝10）	重庆电视台	第一眼新闻	X	X	X	65.73	52.83	X	X	X
	重庆广播电台	重庆手机台	X	21.95	X	X	84.08	X	X	X
	重庆日报	重庆日报	X	59.15	X	X	X	X	X	X
	重庆晨报	上游新闻	76.52	X	X	X	X	69.40	X	93.50
	华龙网	新重庆	44.47	X	10.92	42.31	18.03	69.40	X	X
	重庆青年报	重庆头条	X	X	30.70	22.45	43.82	96.07	X	X
	渝中区融媒体中心	重庆渝中	X	59.15	X	14.04	X	X	X	X
	渝北区融媒体中心	渝北掌媒	X	54.48	X	X	32.43	X	X	X
	巴南区融媒体中心	看巴南	X	77.79	X	X	X	X	X	X
	南岸区融媒体中心	掌新南岸	X	51.87	10.92	X	X	X	X	X

注：表中"X"代表 R 值≤0 时媒体在特定维度不具有相对优势。

定位于双城市场空白的媒体有望从竞争中突围。

在新闻形态方面，如表 4 - 15 所示，成渝本地级媒体均以图文新闻形态为主，在短视频领域最具优势的是成都的熊猫视频和重庆的第一眼新闻；在互动功能领域最具优势的是成都的四川观察和重庆的看巴南；在广播实时直播领域最具优势的是成都的熊猫听听，而在视频实时直播领域最具优势的是重庆的第一眼新闻。此 5 家客户端有可能成长为成渝传媒生态中特定新闻形态领域的"领头羊"。

三　成渝传媒渠道生态的基本结构

（一）成渝融媒体账号的渠道类型及宽度特征

本书对成渝传媒渠道生态位进行测算，主要选取三地知名传媒集团在第三方平台上开设的 14 个融媒体账号，分别取得其账号粉丝量按 4 个渠道（微博账号、抖音号、头条号、企鹅号）分布的比例结构数据，及其账号点赞量按 3 个渠道（抖音号、头条号、企鹅号）分布的比例结构数据，据此测算和分析成渝媒体在不同渠道上的用户连接效率与互动效果。从用户连接效率来看，将 14 个成渝融媒体账号的用户订阅量加总，所得到来自微博账号、抖音号、头条号、企鹅号 4 个渠道的订阅量比重分别为 46.72%、43.37%、7.34%、2.57%，可见微博与抖音是成渝传媒渠道生态中最能吸引用户注意力的两大中心渠道；在衡量不同渠道的用户互动效果时，由于微博平台的计算机制不同无法取得点赞数而将其剔除，剩下的 3 个渠道都以账号总点赞数作为互动效果的度量，所取得来自抖音号、头条号、企鹅号 3 个渠道的互动量占比分别为 96.81%、3.14%、0.05%，可见抖音是成渝传媒渠道生态中最能引发用户互动的中心渠道。图 4 - 24 展现了成渝融媒体账号订阅量、互动量的渠道分布结构。大部分成渝媒体至少能在 2 个第三方平台上获得用户的订阅与互动，因此 14 个成渝融媒体账号中分别有 10 个账号的订阅 B 值和 9 个账号的互动 B 值在 0.4 以上，较高的渠道生态位宽度说明成渝媒体的渠道拓展取得一定进展，这一结论与京津冀案例的测算结果保持一致。

（二）成渝融媒体账号的渠道资源利用模式

为了分辨成渝媒体在渠道资源利用模式上的相似性，本书进一步计算

表4-15 20个成渝本地级媒体所建新闻客户端的新闻形态相对优势R值

属地	传媒组织	新闻客户端	文字	图片	音频	短视频	互动功能	直播	其他
成都（N=10）	四川电视台	四川观察	X	X	X	X	58.44	X	X
	四川广播电台	熊猫视频	X	X	X	96.59	X	X	19.14
		熊猫听听	X	X	78.52	X	12.08	99.09	83.06
	成都电视台	看度	X	X	58.09	X	31.15	X	6.27
	成都广播电台	神鸟知讯	10.16	25.83	22.29	10.90	X	X	X
	四川日报	川观新闻	X	X	60.41	X	28.12	X	X
	封面传媒	封面新闻	20.52	X	X	12.23	32.34	X	X
	成都商报	红星新闻	X	4.33	67.61	X	X	X	X
	成都日报	成都日报锦观	10.16	X	79.84	X	X	X	X
	四川新闻网	首屏新闻	45.88	10.55	X	X	X	X	19.14
重庆（N=10）	重庆电视台	第一眼新闻	6.53	17.31	X	72.44	X	30.51	X
	重庆广播电台	重庆手机台	16.94	8.77	X	68.71	X	X	39.43
	重庆日报	重庆日报	3.34	X	39.65	10.38	X	X	31.78
	重庆晨报	上游新闻	X	X	X	X	41.04	X	X
	华龙网	新重庆	8.28	X	19.71	X	38.69	X	X
	重庆青年报	重庆头条	29.16	62.73	X	X	X	X	24.03
	渝中区融媒体中心	重庆渝中	22.57	44.61	X	X	4.78	X	X
	渝北区融媒体中心	渝北掌媒	20.52	43.95	X	X	X	X	27.36
	巴南区融媒体中心	看巴南	X	4.13	X	2.93	52.95	X	X
	南岸区融媒体中心	掌新南岸	33.13	21.24	X	X	X	X	84.20

注：表中"X"代表R值≤0时媒体在特定维度不具有相对优势。

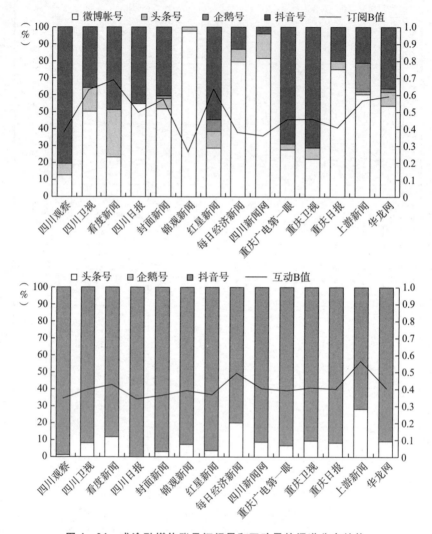

图 4 - 24 成渝融媒体账号订阅量和互动量的渠道分布结构

14 个融媒体账号在账号订阅维度上两两比较所产生的 91 个渠道生态位重叠度 O 值，选取 O 值小于 0.1 的 33 对高度重叠媒体绘制渠道生态位重叠网络图，结果如图 4 - 25 所示。图中灰色节点代表成都融媒体账号，空白节点代表重庆融媒体账号，节点大小代表重叠程度。

对比图 4 - 24 所展示的融媒体账号订阅量分布结构，可以看出渠道资源利用模式相近的客户端存在高度重叠，由此可以划分出 A、B、C 三个高

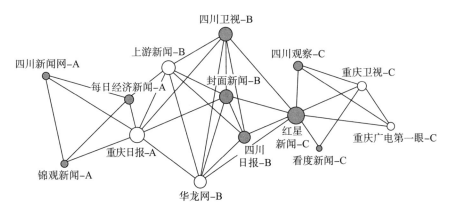

图 4 - 25　成渝融媒体账号分渠道用户订阅量的高度重叠网络

度重叠网络，它们分别代表不同的渠道资源利用模式。在图的左边，A 网络中 4 个融媒体账号的微博订阅量占比均在 70% 以上，它们形成了以微博为主的渠道资源利用模式；在图的中间，B 网络中 5 个融媒体账号的微博订阅量占比在 50% 以上且抖音订阅量占比在 20% 以上，它们形成了以微博为主、以抖音为辅的渠道资源利用模式；在图的右边，C 网络中 5 个融媒体账号的抖音订阅量占比均高于 45%，它们形成了以抖音为主的渠道资源利用模式。尽管成渝融媒体账号在渠道融合方面取得了一定效果，但是处在同一重叠网络中的媒体仅存在渠道资源利用模式上的相似性而不存在针对渠道资源的竞争性，这是因为互联网内容平台可容纳的账号数量趋于无限，网络渠道近似于一种无排他性、无竞争性的公共资源。因此，账号订阅维度的重叠度 O 值仅能反映融媒体账号订阅量主要来自哪些渠道，而不能反映其在抢夺渠道方面的竞争关系。

基于此，本书不再计算成渝融媒体账号在渠道维度上的竞争优势 S 值，而是将 14 个账号的实际用户规模相互比较后以其高低排序来表征融媒体在第三方平台上的竞争优劣势地位。如表 4 - 16 所示，14 个融媒体账号中有 7 个账号粉丝总数过千万，其中包括成都的封面新闻、四川观察、每日经济新闻、红星新闻、四川日报、看度新闻 6 个账号和重庆的上游新闻 1 个账号。而从两地融媒体账号的平均竞争优势来看，成都 9 个账号、重庆 5 个账号的平均用户规模分别为 3134.95 万、722.27 万，可见成都融媒体账号的整体竞争优势强于重庆。

表 4 - 16   成渝融媒体账号在 4 个平台的粉丝总数

成渝融媒体账号	所属传媒集团	渠道资源利用模式	渠道宽度	实际用户规模(万)
封面新闻	四川日报	B	0.57	6103.30
四川观察	四川广电	C	0.38	6026.70
每日经济新闻	成都传媒	A	0.38	6003.70
红星新闻	成都传媒	C	0.64	5183.30
四川日报	四川日报	B	0.50	2289.90
上游新闻	重庆日报	B	0.57	1429.70
看度新闻	成都广电	C	0.69	1208.80
重庆日报	重庆日报	A	0.41	802.80
四川卫视	四川广电	B	0.63	740.17
华龙网	重庆日报	B	0.59	640.60
重庆广电第一眼	重庆广电	C	0.46	520.50
锦观新闻	成都传媒	A	0.26	450.67
重庆卫视	重庆广电	C	0.46	217.77
四川新闻网	四川新闻网传媒	A	0.36	208.00

进一步观察 14 个融媒体账号在账号订阅维度的生态位宽度 B 值以及生态位重叠度 O 值所展现的四种渠道资源利用模式，发现它们与账号粉丝数之间没有太大关系，这说明在融媒体建设中一味追求渠道上的"全"、账号上的"多"其实不一定能换取更多的用户注意力资源。事实上，建立从内容到用户之间的强有力链接是融媒体账号运营的关键，传媒组织应当采取精细化的渠道瞄准策略，通过精准入驻目标用户群体所依附的平台和渠道来连接潜在用户，并在以用户需求为导向的内容与渠道运营实践中着力提高从潜在用户到实际用户的转化效率。

（三）成渝融媒体账号进行渠道定位的方向性预测

对京津冀和成渝传媒渠道生态位的测算结果显示，一个融媒体账号的实际用户规模与其渠道资源利用模式是宽是窄没有太大关系，账号运营的关键在于实现内容、渠道与用户之间的精准匹配与链接。为了进一步了解融媒体的渠道定位与其用户转化效率之间的关系，计算账号订阅维度的相对优势 R 值，结果如表 4 - 17 所示。

表 4 - 17　成渝融媒体账号在账号订阅维度的相对优势 R 值

传媒种群	传媒组织	融媒体账号	微博账号	头条号	企鹅号	抖音号
广电 （N = 5）	四川电视台 四川广播电台	四川观察	X	X	X	54.24
		四川卫视	7.55	58.87	X	X
	成都电视台 成都广播电台	看度新闻	X	87.24	X	9.77
	重庆电视台 重庆广播电台	重庆广电第一眼	X	X	X	42.60
		重庆卫视	X	X	X	44.61
报纸 （N = 6）	四川日报	四川日报	16.45	X	X	2.93
	成都日报	锦观新闻	62.92	X	X	X
	成都商报	红星新闻	X	29.16	75.98	21.25
	每日经济新闻	每日经济新闻	49.16	X	X	X
	重庆日报	重庆日报	44.88	X	X	X
	重庆晨报	上游新闻	26.00	X	95.42	X
网络 （N = 3）	封面传媒	封面新闻	11.35	X	X	X
	华龙网	华龙网	14.40	12.54	X	X
	四川新闻网	四川新闻网	51.13	58.46	X	X

注 1：表中"X"代表 R 值≤0 时媒体在特定维度不具有相对优势。

在 5 家广电媒体开设的融媒体账号中，四川观察、重庆卫视、重庆广电第一眼 3 个账号在抖音平台上的优势显著；在 6 家报纸媒体开设的融媒体账号中，锦观新闻、每日经济新闻等 4 个账号在微博平台上优势显著，红星新闻和上游新闻 2 个账号在企鹅号平台上优势显著，而它们在抖音平台上的优势均不明显；3 家网络新闻媒体账号在微博和今日头条平台上呈现出不同程度的相对优势而在企鹅号和抖音平台上无优势。总的来看，报纸融媒体账号和网络新闻媒体账号在以图文表达方式为主的聚合类新闻平台与博客式社交媒体上的用户转化效率较高，广电媒体在以短视频为表达方式的抖音平台上的用户转化效率较高，且该结论与京津冀传媒渠道生态位测量结果保持一致。这说明传统媒体在进行渠道定位时，应当考虑到自身内容与用户资源优势，精准选择在内容形态、目标用户群体特征等方面与自身契合的新媒体平台开设账号从而提升其用户转化效率。

在账号互动维度，由于 14 个成渝融媒体账号来自抖音的互动量占比高达 96.81%，说明是抖音平台的特殊性而非单个媒体的特性决定了其互动量远高于其他平台，继续在多个融媒体之间进行账号互动量及其比例结构的比较意义不大，因此不再计算账号互动维度的相对优势 R 值，而将重点放在观察单个融媒体账号在抖音平台上的订阅量与互动量之间的区别。如图 4 – 26 所示，多数情况下一个融媒体账号的订阅量与其互动量呈正相关关系，但也存在锦观新闻、每日经济新闻、四川新闻网、重庆日报等订阅量较少的账号取得了较好的用户互动效果。在内容运营方面，锦观新闻、四川新闻网、重庆日报抖音号均在短视频封面上以醒目动态标题文字搭配动图给予用户震撼感、激发用户互动欲，从而极大地提升了用户互动量；每日经济新闻抖音号还采用 AI 直播形式 365 天 24 小时不间断直播最新的全球财经资讯，也在直播间内收获了较好的互动效果。

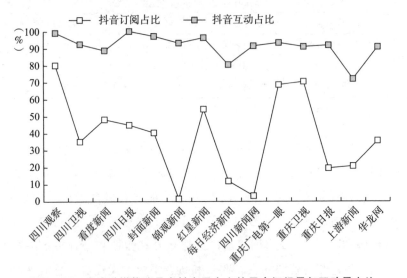

图 4 – 26　成渝融媒体账号在抖音平台上的用户订阅量与互动量占比

四　成渝传媒技术生态的基本结构

（一）成渝传媒公司的技术类型及宽度特征

本书对成渝传媒技术生态位进行测算，主要是在天眼查网站上取得成渝知名媒体所属 8 家传媒集团母公司及旗下子公司所拥有的全部专利数量、

IPC 国际专利分类号，将每一个 IPC 分类号下的专利数量从大到小排列后，以前 10 个头部 IPC 分类的专利数量及其比例结构为数据集进行传媒技术生态位的测算。表 4 - 18 展现了 10 类专利技术的主要含义、应用领域及每种专利技术在 10 种专利总量中的占比。编码"G06Q"表示组织管理技术，其下属的 3 类头部技术合计占比 30.72%；编码"G06F"表示数据处理技术，其下属的 3 类头部技术合计占比 28.76%；编码"H04L"表示终端通信技术，其下属的 2 类头部技术合计占比 21.57%；G06K9 和 H04N21 分别表示数据识别和视频分发技术，占比各为 13.73%、5.23%。从 10 类技术中每类技术的占比来看，占比较高的组织管理技术（30.72%）、数据处理技术（28.76%）和终端通信技术（21.57%）是成渝传媒技术生态的中心生态位。

表 4 - 18　成渝 8 家传媒公司所拥有前 10 类专利的比例结构

技术类别	技术名称	技术应用领域	成渝 8 家传媒公司 10 类专利的比例结构	
G06Q10	行政管理	企业规划方法、项目管理系统	13.73%	30.72%
G06Q30	商业管理	宏观供需测算、广告资源分配	11.11%	
G06Q50	评价管理	融合评价系统、综合评估方法	5.88%	
G06F16	算法推荐	数据挖掘方法、信息推送方法	19.61%	28.76%
G06F9	程序控制	显示控制方法、信息展示方法	5.88%	
G06F3	数据接口	用户接口程序、页面加载装置	3.27%	
H04L29	终端通信	消息分享方法、设备互联方法	13.07%	21.57%
H04L12	数据交换	数据交换方法、界面交互方法	8.50%	
G06K9	数据识别	图形识别方法、语义分析方法	13.73%	13.73%
H04N21	视频分发	5G 视频传输方法、电视点播方法	5.23%	5.23%

从成渝双城传媒公司的技术攻关模式来看，专利技术维度的生态位宽度 B 值反映了一家传媒公司是广泛研发多种传媒技术还是专精于某一领域的技术攻关。如图 4 - 27 所示，在 8 家传媒公司中，仅有成都传媒集团和创意信息技术股份有限公司能够较为广泛地研发多种技术而分别取得 0.65、0.49 的技术 B 值，其余 6 家传媒公司特定维度的技术占比均超过 40% 而导致其 B 值低于 0.4：成都广播电视台和四川日报报业集团在对算

法推荐技术的研发上呈现出较高的垂直性，四川广播电视台、重庆日报报业集团和博拉网络股份有限公司分别在视频分发、终端通信、商业管理技术的研发上呈现出较高的垂直性，而重庆广播电视集团集中主要精力研发行政管理和数据交换技术。总体来看，成渝双城知名传媒公司的技术生态位宽度较低，说明区域内多数传媒公司形成了专精于特定领域的技术攻关路线。

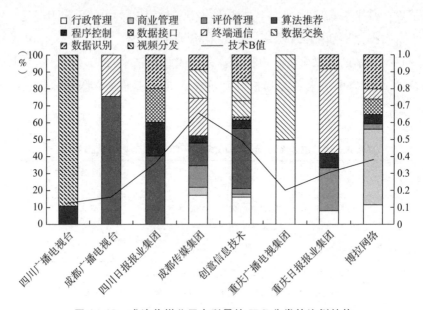

图 4 - 27　成渝传媒公司专利量按 IPC 分类的比例结构

（二）成渝传媒公司的研发路线及生态结构特征

1. 成渝传媒公司的重叠网络和研发路线

技术研发路线上具有相似性的媒体会为了获取稀缺的技术资源而产生竞争，这造成了传媒技术生态位的重叠。为了观察成渝传媒技术生态的重叠情况，本书计算出 11 家成渝传媒公司两两比较所产生的 28 对技术生态位重叠度 O 值，选取 O 值小于 0.3 的 8 对高度重叠媒体绘制重叠网络图，结果如图 4 - 28 所示。图中灰色节点代表成都公司，空白节点代表重庆公司，节点大小代表重叠程度。

将图 4 - 28 中的成渝媒体技术生态位重叠情况和图 4 - 27 中的技术比例分布结构相结合，可以看出 8 家传媒公司主要形成了三种技术研发路线。

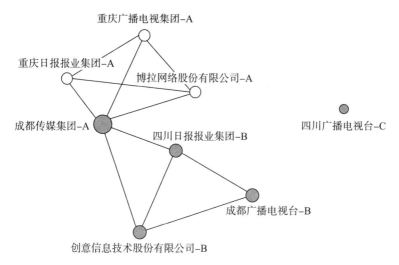

图 4 - 28　成渝头部传媒公司技术生态位高度重叠网络

其一，图中 A 区域 4 家传媒公司的管理类技术在本公司技术规模中的占比均在 30% 以上，说明它们在管理技术研发方面存在一定的生态位重叠。同时，这 4 家公司在其他技术领域各有所长：重庆广播电视集团兼顾数据交换技术（50%）的研发；重庆日报报业集团兼顾终端通信技术（50%）的研发；博拉网络股份有限公司兼顾数据识别技术（20.59%）的研发；成都传媒集团则广泛涉足终端通信（21.74%）、数据交换（17.39%）、算法推荐（13.04%）等多个技术领域。可以说，A 区域 4 家传媒公司形成了兼顾管理类技术和 1~3 种其他技术的研发路线。

　其二，图中 B 区域 3 家传媒公司的算法推荐技术在本公司技术规模中的占比均在 30% 以上，说明它们在算法推荐技术研发方面存在一定的生态位重叠。同时，四川日报报业集团还兼顾程序控制、数据接口、数据识别（各占 20%）技术的研发；成都广播电视台还兼顾终端通信（25%）技术的研发；创意信息技术股份有限公司还兼顾行政管理和数据识别（各占16.13%）技术的研发。可以说，B 区域 3 家传媒公司形成了兼顾算法推荐技术和 1~3 种其他技术的研发路线。

　其三，图中 C 区域的一家传媒公司四川广播电视台离散于生态位高度重叠网络之外，这是因为四川广播电视台形成了专攻视频分发（88.89%）技术的独特研发路线，这种垂直化的技术特性使其在技术竞争中占据了竞争压力较小的边缘生态位。与之相反的是，成都传媒集团较为宽泛地涉足了多个技术领域而在中心生态位上面临着多个竞争对手的挑战。

2. 成渝传媒技术生态的"资源—层级—空间"结构

（1）成渝传媒技术生态的资源分布结构

从传媒技术生态的资源分布结构来看，区别于用户与内容资源维度上竞争激烈且"中心—边缘"格局明显的局面，成渝双城传媒公司的技术生态位重叠度不高说明媒体相互之间的技术资源竞争不激烈。将8家成渝媒体母公司及旗下多个媒体品牌在技术维度的生态位重叠情况与内容维度、用户维度相比较发现，它们在技术生态位上的重叠度最低。在传媒用户资源的全国分布和成渝分布维度，25家媒体成对比较产生的300对媒体中O值低于0.1水平的媒体对数占比分别为28.33%、9.67%；在内容区域与主题相较交叉的维度，22个新闻客户端成对比较产生的231对媒体中O值低于0.1水平的媒体对数占比为12.55%；在渠道维度，14个融媒体账号成对比较产生的91对媒体中O值低于0.1水平的媒体对数占比为36.26%；在技术维度，8家媒体母公司成对比较产生的28对媒体中O值低于0.1水平的媒体对数占比仅为3.57%。

成渝媒体在技术生态位上的重叠程度小于用户、内容与渠道维度，主要原因在于8家传媒公司大多形成了专精于少数技术领域的研发路线，它们在相互重叠的技术领域也存在着明显的地域差别：在重庆，3家头部传媒公司主要重叠于企业管理类技术，并且在终端通信、数据识别和交换技术等方面各有所长；在成都，5家头部传媒公司中有4家公司主要重叠于算法推荐技术，并且兼顾数据接口等技术的研发，还有1家公司四川广播电视台聚焦视频分发技术的研发。总的来看，成渝双城媒体分别形成了以算法推荐技术和管理类技术为主要研发方向并且适当兼顾其他技术的研发模式，说明双城的传媒技术互补性较强，这一结论与京津冀传媒技术生态位测算结果保持一致。技术互补是助推成渝传媒技术资源流动的积极因素，有利于双城媒体基于各自独有的异质性技术资源展开跨地域、跨领域的技术交流合作。

（2）成渝传媒技术生态的空间与层级结构

从传媒技术生态的空间与层级结构来看，成渝双城媒体在技术生态层

级结构中所处的位置相近，两地传媒技术发展水平相对均
衡而未表现出明显的地域空间差异。由于成渝头部传媒公司数量较少且彼此的技术生态位重叠程度较低，不满足技术竞争优势 S 值的计算条件，本书采用技术规模指标来替代性地表征成渝传媒公司之间的竞争优劣势情况。将四川广播电视台的技术规模记为 1 而计算出其他传媒公司相较于它的技术规模相对数，结果如表 4 - 19 所示：成渝双城头部传媒公司的技术规模排名各有高低且两地技术规模相对数均值分别为 1.87 和 1.84，总体上看两地传媒技术水平差距较小，有利于技术资源的双向流动和共同开发。

表 4 - 19　成渝双城头部传媒公司的技术竞争优势

属地	传媒公司	排名	技术规模相对数
成都（N = 5）	创意信息技术股份有限公司	1	4.83
	成都传媒集团	3	2.54
	四川广播电视台	5	1
	四川日报报业集团	6	0.56
	成都广播电视台	8	0.44
成都头部传媒公司技术规模相对数均值			1.87
重庆（N = 3）	博拉网络股份有限公司	2	3.75
	重庆日报报业集团	4	1.33
	重庆广播电视集团	7	0.45
重庆头部传媒公司技术规模相对数均值			1.84

（三）成渝传媒公司进行技术合作的方向性预测

传媒技术生态位重叠度和竞争优势测量结果显示，成渝媒体的技术资源竞争不激烈，双城传媒技术发展水平相近且技术资源互补性强，这在一定程度上能够反映双城媒体进行跨地域技术交流合作的意愿。在此基础上，仍然要追问一个问题：成渝头部传媒公司应该如何优化自己的技术研发路线来减少竞争压力和挖掘合作潜力呢？对该问题的回答需要进一步计算成渝 8 家传媒公司在 10 类技术上的相对优势 R 值，据此可以了解不同公司之间究竟在哪些技术领域存在替代性和互补性，为成渝头部传媒公司有针对性地优化调整技术研发路线从而确立技术长板和达成技术合作提供建议。

如表 4 - 20 所示，虽然成渝传媒公司在所关注的技术领域存在一定重

表4-20 8家成渝头部传媒公司的相对优势R值

属地	传媒公司	G06Q10 行政管理	G06Q30 商业管理	G06Q50 评价管理	G06F16 算法推荐	G06F9 程序控制	G06F3 数据接口	H04L29 终端通信	H04L12 数据交换	G06K9 数据识别	H04N21 视频分发
成都 (N=5)	四川广电电视台	X	X	X	X	56.22	X	X	X	X	99.31
	四川日报报业集团	X	X	X	61.25	84.08	94.80	X	X	35.96	X
	成都广播电视台	X	X	X	87.20	X	X	57.06	X	X	X
	成都传媒集团	23.24	X	66.20	X	X	X	46.89	61.46	X	X
	创意信息技术	16.00	X	X	53.22	X	X	X	27.68	16.00	X
重庆 (N=3)	重庆广播电视集团	85.98	X	X	X	X	X	X	94.39	X	X
	重庆日报报业集团	X	X	89.51	X	33.49	X	87.20	X	X	X
	博拉网络	X	88.07	X	X	X	75.87	X	X	38.46	X

注:表中"X"代表R值≤0时媒体在特定维度不具有相对优势。

叠，但是它们的相对优势 R 值最高值分布在不同的领域，重庆广播电视集团、博拉网络股份有限公司、重庆日报报业集团在行政管理（85.98）、商业管理（88.07）、评价管理（89.51）技术领域的 R 值最高，体现出重庆对外输出管理类技术的集群优势，此外终端通信、数据交换技术也是重庆头部传媒公司的重点研发方向；成都广播电视台、四川日报报业集团、创意信息技术股份有限公司在算法推荐技术领域的 R 值较高，体现出成都对外输出算法推荐类技术的集群优势，此外程序控制、数据接口技术也是成都头部传媒公司的重点研发方向。今后，成渝传媒公司分别在研发路线上向自身相对优势较高的技术领域聚焦能够避免同质化竞争，推动成渝双城传媒技术生态形成错位竞争、差异化发展的良好局面。基于成渝传媒技术资源的异质性和互补性，不同传媒公司之间可以展开广泛的技术合作，特别是重庆传媒公司的管理类技术和成都传媒公司的算法推荐技术双向输出能够推动成渝双城传媒技术资源的跨地域流动。

在跨地域、跨领域的技术合作之外，同领域内的技术交流也有重要意义。成渝头部传媒公司两两之间的技术生态位重叠较少，说明它们的竞争不激烈、技术垄断情况尚不严重，相近技术领域的传媒公司有机会建成跨地域的技术联合研发中心。依托共同研发、共享成果的技术共同体，成渝传媒公司既能够在已有技术领域集中攻破技术难点，也可以在商业管理、视频分发等存在较大空白生态位的技术领域展开研发工作，从而在较大程度上增强技术长板优势和补足技术短板空白，打造区域传媒协同创新的良好格局。

第五章 区域传媒生态结构中存在的问题

第一节 区域媒体竞争关系结构中存在的问题

本书第三章对区域传媒生态体系建构实践进展与不足的分析展现出区域媒体竞争关系结构有待优化与传媒合作机制有待完善的两大问题。第四章以京津冀和成渝传媒生态结构为典型案例进行了区域传媒生态结构的测算与分析，依据实证研究结果洞察区域传媒生态结构中存在的问题，可以发现媒体竞争关系结构在资源、层级、空间三个维度上表现为多维立体竞争格局。其中，资源结构中的边缘资源有待开发、层级结构中的区域级媒体有待建设、空间结构中的行政与市场壁垒有待破除是区域媒体竞争关系结构中存在的三个主要问题。

一 资源结构中的边缘传媒资源有待开发

从微观上看，"中心—边缘"格局是媒体基于多维资源利用模式的差异性或相似性而结成的生态位关系结构，多家在资源利用模式上表现出高度相似性的媒体存在生态位的高度重叠而在传媒生态的中心位置结成一个完整的竞争网络，少数差异化利用资源的媒体则游离于竞争网络之外从而在传媒生态的边缘位置上占据了竞争对手较少的位置。

当前，区域传媒生态中的媒体一拥而上、盲目追求某一类资源而形成了高度重叠于中心生态位的资源利用模式，却忽视了对边缘生态位上传媒资源的挖掘，造成中心生态位上的传媒资源竞争激烈而边缘生态位上传媒资源有待开发的现象。在这方面，京津冀和成渝传媒生态位测算呈现出相似的结果。就京津冀传媒生态而言，在用户资源维度上京冀和天津本地级媒体分别针对本地青年女性用户资源、本地男性中老年用户资源展开激烈竞争；在内容资源维度上，三地媒体均以新闻区域上的全国新闻和本地新闻、新闻主题上的社会新闻和党政新闻以及科教文卫新闻、新闻形态上的图文和音频形态为中心生态位展开激烈的竞争；在渠道资源维度上，三地媒体均以抖音和微博为开设融媒体账号的主要阵地。综合来看，京津冀传媒生态至少在用户、内容、渠道三个资源维度上表现出媒体竞争关系结构的中心度、重叠度较高的面貌，而边缘生态位上存在大量尚未被利用的资源亟待进一步开发。

对比京津冀传媒生态中媒体在渠道生态位上以及在技术生态位上形成的两种中心度存在显著差别的"中心—边缘"结构能够更为直观地看到区域传媒生态中媒体在不同维度资源整合上呈现出的不同效果：在技术资源维度，15 家传媒公司成对比较产生的 105 对媒体中没有出现 O 值低于 0.01 的情况，O 值低于 0.05 水平的媒体对数有且仅有 1 对，O 值低于 0.1 的媒体对数占比仅为 12.38%；可见京津冀媒体资源分配的"中心—边缘"结构在对技术资源的分配上表现为中心度、重叠度较低。

在渠道资源维度，22 个融媒体账号两两比较所产生的 231 个渠道生态位重叠度 O 值中 O 值小于 0.1 的 83 对高度重叠媒体占比高达 35.93%，这一中心度、重叠度相较于技术维度来说较高。此外，京津冀 22 个融媒体账号中有 19 个账号在各个渠道的账号订阅宽度 B 值大于 0.4，说明它们来自各个渠道的用户订阅量分布较为均衡，可见渠道整合之"全"。然而，对融媒体账号竞争优势的研究显示，渠道资源利用模式的多样性与融媒体账号的实际用户规模之间不存在明显的相关关系，这说明在媒体融合中一味追求渠道数量上的"相加"对提升渠道资源整合效果的意义不大。进一步研究显示，一家媒体所开设融媒体账号的实际用户规模与该媒体的潜在用户规模之间有一定联系，这说明渠道资源整合的关键不在于数量相加而在于提升将潜在用户转化为实际用户的转化率。融媒体只有跳出一味追求规模最大化的资源整合陷阱并且有针对性地选择与自身潜在用户、内容优势匹配度较高的平台入驻，才能在打通"用户—渠道—内容"生态链的基础上优化资源整合效果并提升自身竞争优势。

就中心度、重叠度较低的技术维度来看，京津冀15家头部传媒公司在技术上的互补性较强，如北京的字节跳动、人民日报社以及河北的广电通信网络集团、天津的海河传媒中心分别形成了专精算法推荐技术、视频分发和制播技术、视频编码技术和无线通信技术的垂直化技术研发路线，这意味着它们之间在技术维度上的资源互补能够在最大限度上激发媒体跨地域进行技术合作的意愿。2020年9月15日，全国首个跨区域的媒体融合发展创新中心——"中国（京津冀）广播电视媒体融合发展创新中心"正式成立，标志着京津冀媒体率先建立了技术联合共同体，而京津冀媒体选择传媒技术作为建立协同创新和利益互融共同体的突破口也侧面印证了本书在传媒生态位测算分析中得出的结论，即京津冀三地技术垄断性不高、互补性较好。可见，引导处于区域传媒生态"中心—边缘"格局中的媒体采取差异化资源利用模式从而加强对边缘生态位的开发应当是区域传媒生态结构优化调整的一个重要方向。

总的来看，京津冀和成渝传媒生态位测算结果表明媒体对资源的争夺形成了"中心—边缘"资源结构。区域内同一传媒生态层级上的主要媒体与其竞争对手之间在对中心生态位上传媒资源的争夺中产生了高度生态位重叠，这种同质化竞争一方面不符合媒体避开强势竞争对手获取更多生存资源的需要；另一方面也意味着在边缘生态位上的传媒资源没有得到充分的开发与利用。在未来，如何引导传媒生态中的媒体树立生态位运营观念并依据自身资源优势重新调整定位形成中心生态位上综合类媒体和边缘生态位上垂直类媒体适度竞争、错位发展的新局面，是区域传媒资源分配结构优化调整所必须要解决的关键问题。

二　层级结构中的区域级媒体有待建设

从区域传媒生态的媒体层级结构来看，区域级媒体数量较少、区域级信息枢纽尚未建成等问题阻碍了区域内各地的信息资源流动和共享，也不利于区域一体化进程中媒体发挥政策宣传和舆论导向作用。

对京津冀媒体用户生态位进行测量的结果显示，层级结构是区域传媒生态的一种内在结构，具体包括从本地级到区域级再到全国级的三个层级：多数位于北京的18家媒体在传媒用户生态的全国层级上竞争与共存，多数位于河北和天津的 20 家媒体在传媒用户生态的本地层级上竞争与共存。从媒体的高度生态位重叠网络来看，京津冀传媒用户生态的全国级与本地级是两个较少重叠、相对独立的竞争场域，处于较高层级上的全国级媒体在全国用户市场上竞争而不太会主动挤占较低层级上本地级媒体的用户资源，本地级媒体的主要竞争对手是来自本地同一层级的其他媒体，成渝传媒用户生态位测算也得到了较为一致的结论。相较于本地与全国层级上媒体数量众多、层级界限清晰的格局，同一城市群内不同属地媒体之间几乎不存在跨地域竞争关系说明区域层级上的统一传媒用户市场尚未成形。此外，区域新闻内容生态位测量结果显示，本地新闻与全国新闻是媒体报道的中心生态位，区域新闻作为边缘生态位在京津冀媒体的新闻资源总量中占比较低，仅为 19.2%；在成渝媒体的新闻资源总量中占比仅为 2.2%。且媒体相互之间在报道区域新闻方面不存在明显竞争关系，这就说明尚未有媒体承担起整合区域新闻资源的信息枢纽职能，传媒内容资源跨地域流动、共享和利用程度不高。

综合区域传媒用户与内容两个资源维度上的生态位测算结果来看，全国级和本地级媒体数量较多且在本层级内部重叠度高，区域级媒体数量较少且在本层级内部几乎没有产生重叠，这种区域级媒体中间塌陷而全国级与本地级媒体两头较宽的"沙漏形"区域媒体层级结构既不利于区域内各个地方传媒资源的流动与循环，也不利于一体化发展框架下的区域治理结构的健康化和系统化——只有各级媒体真正"内嵌"到区域的全域治理、政务服务、民生服务和产业循环之中，获得自己的"比较优势"，才能进一步重构主流媒体在现代传播体系中的引领地位。

当前，随着媒体融合的逐步深入，以及建设全媒体传播体系新课题的提出，弥合区域传媒生态、建设区域级信息枢纽的探索与实践正在小范围内展开尝试。比较典型的有上海人民广播电台自建的"长三角之声"、浙江日报集团推出的服务于长三角一体化发展的天目新闻客户端、江苏新华报业集团建设的江苏客户端等自建平台，以及北京广播电视台联手天津海河传媒中心和河北广播电视台共同打造的"京津冀之声"、重庆日报客户端和四川日报"川报观察"客户端共建的"第四极"频道等共建品牌。这些创新探索形成了区域传媒信息枢纽建设的自建与联运两种模式，具有一定的开拓意义。

但也应该看到，现阶段开展区域级信息枢纽建设的媒体数量较少且多是零星几家本地级媒体自主探索和小范围合作的结果。而且，区域级信息枢纽建设采用的自建与联运模式均是以布局传媒集团旗下的媒体子品牌为主要路线，虽然在媒体子品牌定位上体现了区域性目标，但在实际运营中可能会面临传媒集团固有定位和资源利用模式的制约以及合作范围较小的限制而不能很好地整合区域内容、用户等资源来实现媒体品牌的跨地域经营。在未来，如何优化调整区域级媒体的建设路径并建成具有强大资源链接能力的区域性生态级媒体平台，是区域传媒生态主体层级结构优化调整所必须要解决的关键问题。

三 空间结构中的传媒市场壁垒有待破除

从区域传媒生态的空间分布结构来看，传媒资源的空间分布不均是主要问题。区域内中心城市与周边城市的传媒资源总量差距显著、传媒资源跨地域配置效率低下、传媒要素流动性受阻，长期来看不利于区域传媒生态的融合发展。举例来说，本书对京津冀代表性媒体的生态位测算结果显示出区域内各地在传媒用户、技术等资源维度上的空间分布不均：区域内中心城市北京的经济发展状况较好且传媒资源丰富，呈现出大型传媒集团、中央级媒体、新媒体林立的生态格局。北京无论是在代表性媒体的潜在用户规模上，还是在融媒体账号的实际用户订阅量上以及头部媒体的技术竞争优势上都显著优于津冀两地，而津冀两地的传媒技术实力差别不大。由此可见，区域传媒资源的空间分布不均主要体现在中心城市与周边城市在传媒种群多样性、传媒资源总量与利用水平等方面存在显著差别，资源空间分布不均造成资源互补性差而导致传媒要素流动困难的问题在很大程度上制约着区域传媒经济的协同发展。相较于京津冀城市群，成渝双城媒体的内容与技术生态位测量结果显示成都与重庆之间的传媒资源禀赋相近且媒体发展程度差别不大，但用户生态位测量结果显示成渝媒体形成了泾渭分明的两个本地用户资源竞争网络而尚未在整个区域内结成跨地域的竞争关系，这说明成渝城市群尚未形成统一的区域用户市场，其背后的原因值得深究。

区域内各城市之间的传媒资源配置不均、传媒要素流动困难，涉及历史背景、行政体制、市场格局、经济差距等多方面原因。在计划经济时代，政府主导以行政规划的方式建立"中央级—省级—市级—县级"四级媒体事业并形成"条块分割、政事不分、管办合一、封闭运行"的运行状态，导致区域内各地传媒生态独立运行、传媒市场孤立发展，传媒资源难以实现跨地域流动、配置与共享。进入市场经济时代以来，我国传媒改革提出"政事分开、政企分开、管办分离"，在一定程度上实现了传媒规制主体与传媒产业主体的分离。当下，随着互联网平台以其强大的用户连接力塑造了全国统一的用户市场，少数综合实力强劲的传媒集团打破地域分割而开始在全国市场上竞争与共存，传媒生态的本地层级与全国层级相继成形且界限清晰，但区域统一的传媒市场仍未成形。

究其原因，主要在于长期行政分割导致本地传媒市场孤立发展进而造成传媒资源配置扭曲，以行政区划为限逐渐形成壁垒的本地传媒市场实际上不具备跨地域配置传媒资源的功能。诚然，在全国市场上借由互联网平台的连接力有少数媒体成长为全国级媒体，但是区域传媒用户生态的全国层级和本地层级界限清晰意味着本地级媒体的竞争对手主要在本地而不太可能与全国级媒体争夺全国用户市场上的资源，因此区域内的行政割据与市场壁垒虽然对全国级媒体跨区域获取用户资源的制约不大，但仍然在一定程度上阻碍着本地级媒体在区域内寻求资源配置最优的过程，也不利于区域传媒生态的融合发展。

综上所述，空间结构是区域传媒生态的一种内在结构。区域内传媒资源空间分布不均、传媒要素流动困难的问题实际上反映了区域内本地媒体长期以行政割据性垄断的方式把持着本地市场而使得传媒资源跨地域配置的功能出现扭曲。在未来，如何进一步打破行政分割和市场壁垒、推进区域传媒市场一体化进程，并发挥区域统一传媒市场在推动经济要素有序自由流动、资源高效配置方面的功能，是优化调整区域传媒生态空间结构所必须要解决的关键问题。

第二节　区域媒体合作关系结构中存在的问题

一　深度合作的利益共同体亟待完善

在建构区域传媒生态体系的实践中，区域媒体正在以联盟为主要载体探索合作机制。各个媒体成员单位通过签订战略合作协议而结成关系松散的互助联盟，虽然能够在一定程度上促进联盟内媒体成员基于资源互补关系共同开发生态链下游的用户资源，但联盟订约条款约束力不强、运行机制较为自由也会导致机会主义严重、成员单位仅挂名不履职、合作流于形式、联盟生命周期较短等诸多问题。

在优化区域媒体长效合作机制方面，一种正在成形、亟待完善的高效合作机制是打造资源通融、内容兼融、宣传互融、利益共融的"共同体"。社会学框架下的"共同体"概念，意味着一种基于共同情感、强烈认同、统一规范、一致利益基础之上的紧密且有机的联结。传媒共同体最大的价值就是具备强大的自组织能力，能够在基本没有外力强制的条件下，主要依靠内在的有机联结使媒体成员单位就传媒技术联合研发、传媒事件联合报道、传媒品牌联合运营等各类公共事务达成一致意见和一致行动。共同体的这一特征，恰恰契合在媒体深度融合时期打造全媒体传播体系、推进区域传媒生态融合的内在含义。区域传媒生态的融合发展，本质上就是要重构和再造区域内不同地域、不同类型、不同层级媒体之间的"联结"逻辑和模型，从高度依赖行政捏合演化为共同体式的自觉的有机联结，能够就区域内传媒生态主体在诸多方面的共同利益、共同责任、共同未来而最大化地达成一致规范和合作行动。故而，区域传媒共同体是建立区域媒体深度合作机制应有的载体。

当前，我国经济发达地区的区域传媒生态已经具备了构建区域传媒共同体的良好现实基础。譬如，京津冀三地媒体在资源互补、供需匹配的条件下开展"京津冀之声"等媒体品牌的联合运营实践是一种小范围的深度合作，京津冀媒体建立传媒技术联合研发中心的协同创新实践是区域传媒技术创新共同体的现实写照；虽然江浙沪、粤港澳、成渝等其他区域在建立传媒共同体方面暂时未有动作，但是在建构产业、科创、教研共同体等方面也已经拥有了江浙沪皖科技共同体、粤港澳大湾区国际科技创新中心、成渝双城经济圈教育协同发展研究中心、长株潭教研共同体等合作主体。2020 年 12 月 29 日，科技部公布的《长三角科技创新共同体建设发展规划》以加强长三角区域创新一体化为主线，强调协同开展人工智能等重点领域的关键核心技术攻关，进一步确立了技术创新共同体对全域所有产业集群的强大赋能作用。对于与智能技术融合最为密切的传媒领域来说，今后如何打造传媒技术创新共同体并进一步布局完善不同类型媒体之间的产业共同体是推动区域传媒高效合作机制趋于完善所必须思考的关键问题。

二　互利共生的传媒生态圈亟待布局

在当前的区域传媒生态体系建构实践中，无论是短期内大范围的活动式联合报道还是长期内小范围的媒体品牌联合运营，都因时间和范围的约束而不能算作真正意义上跨越时空限制的广泛"生态式"合作。处于生态链上同一环节的媒体难以开展广泛合作的原因一方面在于相互之间的资源互补性不足，另一方面则是因为缺乏一个强有力的资源供需匹配平台将域内一切传媒内容、技术、用户、广告等资源同构到统一的传媒生态圈中。

在引导区域媒体的生态合作方面，生态学的种群共生理论提供了一种互利共生与协同发展的解决方案，就是要通过加强组织互利合作关系、规划共生性产业集群、形成完整有序的产业生态链及生态网络等一系列策略，来构建一个自然演化、动态生长、自我调控的产业共生系统，在优化资源配置效率的基础上推动区域产业全面协调可持续发展。

当下，媒体融合步入深度融合阶段的首要目标是处理好不同地域、不同层级、不同类型媒体之间的关系，并建成资源集约、结构合理、差异发展、协同高效的全媒体传播体系——这与生态视角下构建产业共生系统的理念不谋而合。基于此，区域传媒生态圈也应当具有"产业生态系统"的特征，它可以模仿自然界生物种群的共生关系交互作用原理，在区域内各种媒体之间建立起一条完整的"内容生产－内容分发－内容消费"核心传媒生态链，并由内而外地通过信息联合、资本联合、渠道联合、技术联合等协作关系来构建同质资源共享与异质资源互补的区域媒体互利共生网络。最终，一个理想的区域传媒生态圈应当实现区域内各个传媒组织在信息流、人才流、技术流、资金流等方面的全面合作，能够取得资源共享、价值共创、互利共生、协同发展的范围经济效应。

综上，针对当前区域媒体合作关系结构中存在的合作范围小、合作时间短、深度合作难以开展等不足，可以通过构建互利共生的区域传媒生态圈来进一步推动活动式的区域媒体联合报道、小范围的区域媒体品牌联运等浅层合作模式向平台、流程、业务、体制等互通共融的深度合作模式转化。在未来，如何建构一个互利共生的区域传媒生态圈并形成"生态式"的区域媒体合作样态是推动区域媒体合作关系结构优化调整所必须解决的关键问题。

第六章 区域传媒生态结构的理想形态

互动，是传媒生态中最基本的关系，它在小的范围内表现为媒体之间的竞争与合作关系，包括微观层面上多个传媒组织的竞争与合作关系，以及中观层面上多个传媒种群的竞争与合作关系；在大的范围内还包括宏观层面上整个传媒生态群落与传媒生态环境中技术、制度、经济、文化、自然等宏观生态因子之间的互动关系。一个理想的区域传媒生态体系应当达成传媒组织、种群、群落、生境之间的良性互动，在传媒竞争过程中应当形成多个层级、多种类型传媒组织与种群之间的差异化资源利用模式从而最大限度地实现生态位分离，在传媒合作过程中应当建构起以平台型媒体为主导、以核心生态链为依托、多条生态链互联并与外部环境良好互动的传媒生态整体联动结构。

第一节 "资源—层级—空间"多维立体结构

一 传媒资源"内容＋用户＋N"垂直整合

从媒体的资源竞争关系来看，区域传媒生态在资源、层级和空间安排上形成多维立体结构。其中，区域传媒生态的资源结构从宏观上看是区域内传媒资源总量在多个传媒物种之间进行分配的资源分配结构，在微观上则表现为多家媒体在争夺资源的竞争过程中所形成的多种资源获取模式，即由多个资源维度上的生态位相聚合所结成的相对位置关系结构。

区域传媒生态结构中的每一个主体，不论是宏观层面的传媒群落、中观层面的传媒种群，还是微观层面的传媒集团与传媒组织，都要从外部环境中获取和消耗各种各样的传媒资源才能维持生存与发展。相应地，多种传媒资源按照一定比例被不同的传媒生态主体获取和利用，其流动与循环过程也呈现出资源分配结构上的多资源维度特征：在宏观资源维度上，可供整个传媒生态群落利用的传媒资源包括用户资源、广告资源、内容资源、渠道资源、技术资源等，多种宏观资源在流动的过程中相互转化，形成了宏观资源"维度间"动态交互的有机循环。

区域传媒生态的资源分配结构始终处在动态调整之中，呈现出在资源循环过程中不断远离均衡又回到均衡的动态平衡结构。区域传媒生态始终在资源用量与种群数量之间不断权衡：在生态扩张期，可供传媒种群利用的资源空间扩大能够在更大范围内实现资源流动与循环，就是说更多的用户与广告主供给时间和金钱资源将扩大市场上对传媒渠道与内容产品的需求，反过来又会刺激更多的传媒组织成立并增加相应产品的供给，其结果是越来越多的传媒组织从资源环境中吸纳资本、技术、人才等要素生产出有价值的产品并以其交换用户时间与金钱等资源，从而使其再购买生产要素扩大生产的资源循环周期越来越快、范围越来越大而最终超过了资源空间所能容纳的极限，此时一部分不能有效链接用户需求的传媒组织或种群最先在资源争夺中战败而被淘汰，传媒组织与种群数量的减少又相应缩减了对传媒资源的消耗和对传媒产品的供给，从而推动传媒生态回到传媒供给与需求平衡、传媒群落与资源环境关系和谐的均衡点上去。由此可见，区域传媒生态资源分配结构动态调整的主要原因在于不同传媒组织和种群对内容、用户、广告等多种资源的获取和利用能力有强有弱、有相似性也有差异性，而微观层面上媒体在资源利用能力与模式上的变化又推动着宏观的资源分配结构向能力较强的媒体倾斜，在此形势下居于弱势地位的媒体只能获取较少的资源，完全失去资源利用能力的媒体将被淘汰。

从微观层面上的传媒生态主体按一定比例获取多维资源的角度来看，一家媒体的传媒用户生态位、传媒广告生态位、传媒内容生态位、传媒渠道生态位、传媒技术生态位等多资源维度上的生态位相聚合共同确定了该媒体在区域传媒生态资源结构中的相对位置。传媒生态位理论的提出者迪米克从"使用与满足"理论出发解释了用户、内容、广告三个资源维度生态位之间的密切联系：在"满足的寻求"阶段，传媒用户向传媒内容寻求特定需求满足的过程，会受到媒体按照其自身属性能够在何时何地为用户提供多少数量以及种类内容产品的"满足机会"的限制；在"满足的获得"阶段，新闻资讯、影音娱乐等不同的传媒内容"领域"或主题能够满足用户不同侧面的心理需求，而获得满足的用户一方面会向媒体付出时间和金钱资源；另一方面也会形成需求满足评价并据此调整在"满足的寻求"阶段的媒体选择与使用行为，这就是传媒用户生态位与传媒内容生态位之间的链接关系。此外，迪米克认为传媒用户生态位对传媒广告生态位起单向决定作用，这是因为广告主所聘用的媒介研究公司总是会以消费者对特定媒体的时间花费为重要指标来评估该媒体是否值得投放广告，因此一种媒体的广告生态位总是依附于用户生态位而存在。

　　迪米克对于内容、用户、广告资源维度间关系的思考有一定的道理。根据资源循环规律，媒体必须建立与用户资源的链接才能将其进一步转化为广告资源以及资本、技术、人才等生产要素。而区域传媒生态中的生产型媒体和平台型媒体在内容和用户资源维度之间建构的"内容产品生产－内容产品发行－用户市场销售"核心生态链是传媒生态体系得以建立的基础，可见内容资源和用户资源是区域传媒生态结构中最重要的两种资源，随着核心生态链向外拓展并进一步将广告、技术、资本、渠道、人才、数据等其他与媒体生存相关的资源整合进传媒生态体系中，区域传媒生态在其整体资源结构上形成了"内容＋用户＋N"多维度传媒资源相聚合的特征。

　　对于单个媒体来说，建立在多个资源维度上特别是内容和用户资源维度上的核心资源链接关系即建构核心生态链，是提升资源获取和利用能力的有效手段。区域传媒生态中的每一家媒体都应当形成生态位经营思维，通过找到自身在特定资源维度上的长板优势并"扬长避短"地依据资源优势去逐一垂直化整合其他资源维度来形成强有力的资源链接并取得多维度生态位相聚合的竞争优势。此外，区域传媒生态的资源分配结构是多家媒体的相对位置关系在瞬息万变的资源竞争中耦合而成的动态平衡结构，因此媒体只有客观评估竞争对手的资源利用模式并与之形成一定差别才能互不重叠地获取资源。反之，那些在内容与用户资源利用模式上高度相似的媒体会形成资源竞争关系并造成生态位重叠。如图6－1所示，图左半边的三家媒体 A、B 和 C 是区域传媒生态中的 3 个主体，它们由内容、用户、渠道、技术等聚合形成了生态位的完整定义。图中，媒体 A 和媒体 B 的生态位存在部分重叠，且不与其他媒体发生重叠；媒体 C 的生态位不与媒体 A、媒体 B 重叠，也不与其他媒体重叠。最终在传媒生态中呈现的生态位重叠图景是，多数媒体两两之间存在生态位重叠并在传媒生态的中心生态位上结成一个完整的竞争网络，少数媒体凭借差异化的资源利用模式避开了激烈的资源竞争而在边缘生态位上存活下来。一般来说，区域传媒生态中的优势传媒种群会优先与那些资源贡献率较高的资源提供者建立链接关系，它们因此占据了传媒生态中资源较为丰富的中心生态位，而被驱逐出中心生态位的劣势种群不得不移动到资源较少的边缘生态位上存活下来，这就是区域传媒生态中资源分配结构的"中心—边缘"格局。

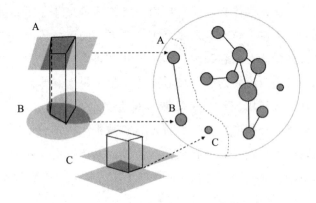

图 6－1　区域传媒生态资源结构的理论模型

以用户资源维度为例，传媒组织对用户资源的利用模式首先展现在传媒用户画像的样貌上，如该传媒组织的用户区域分布、年龄分布、性别分布、兴趣分布等呈现出或宽或窄的样貌，直接反映出传媒组织在用户市场上的基本定位是偏向"综合类媒体"还是"垂直类媒体"。数量较少但实力强劲的综合类媒体往往对用户资源的使用模式更具有多样性，它们占据着用户生态中的"中心生态位"；为数众多而实力偏弱的垂直类媒体则集中性地使用某一类用户资源，它们见缝插针地将自己镶嵌入用户生态中的空白地带，通过各自细分用户群体并形成差异化市场定位来进行"分众传播"，由此占据了用户生态中的"边缘生态位"。总之，"中心—边缘"结构广泛地存在于现实的媒体竞争中，无论是以爱优腾芒为头部平台的网络综合视频业态，还是以抖音、快手为第一梯队的短视频业态，抑或以今日头条、趣头条占据头部用户资源的网络新闻业态，都呈现出传媒资源分配集中度较高的特征，可见在区域传媒生态中对"中心—边缘"格局的优化调整不是要强行打破、完全变革它，而是要依靠传媒生态主体的自觉性去推动传媒资源分配结构逐渐回归到动态平衡状态。

了解多个资源维度上传媒组织的竞争关系网络有助于提出区域传媒生态结构优化调整的策略。在一个理想的结构中，每一家媒体都应当优化调整所有维度上的资源利用模式以使其趋于协调而垂直打通生态链，如今日头条将技术维度上的算法推荐技术资源、渠道资源维度上的互联网平台资源、内容维度上的新闻资讯资源和用户维度上的全国新闻用户资源聚合为一而取得了各个资源维度协同并进的"共演"效果；不同媒体在整合资源时默契地分工合作，分别按照自己的资源优势去垂直化地整合多个维度上具有同一性质的传媒资源，就能推动多资源维度上的生态位从重叠走向分离。

总的来说，在区域传媒生态的资源结构中，每家媒体若能在客观评估自身资源优势与劣势、竞争对手优势与劣势的情形下培育独有资源优势并构建多维资源协同的生态链，多家媒体之间就能形成差异化的资源利用模式、互不重叠的生态位置关系，共同推动传媒生态群落进入一个结构合理、功能耦合、资源互补、有机循环、动态平衡的和谐发展状态，最终实现整个传媒生态群落的效益最大化。

二 传媒生态位"本地—区域—全国"层级分离

区域传媒生态位的层级结构是"全国—区域—本地"三级媒体在同一层级内部竞争与共存的结构。在新旧媒体同台竞争、媒体融合实践如火如荼的大背景下，区域传媒生态格局发生的一个显著变化在于突破区域藩篱的全国传媒用户市场正在形成。回顾传媒领域多年以来的改革历程，无论是以都市报为代表的经营创新，还是整合优化资源的集团化战略，均是在区域分割的市场条件下进行的涉及多个因素的供给侧改革。而今，媒体融合是互联网时代传媒供给侧改革的重要方略，融媒体面对的是广袤无边界的互联网空间，地域隔阂被技术所消解使得新闻市场和舆论空间从区域走向全国甚至是全世界。值得注意的是，融媒体接入互联网虽然能够面向全国用户资源"流量池"来进行生产传播活动，但是从传媒市场上的供需关系来看，爱奇艺、微博、抖音、今日头条等头部互联网公司和新媒体均已成长为各自所在内容领域的佼佼者，在先头部队发育成熟之时后进的融媒体乃至新媒体实际上都面对着一片竞争激烈的市场红海，这是需求侧饱和给媒体融合实践和传媒供给侧改革带来的新挑战。

虽然在当前以互联网巨头为传媒市场寡头的垄断格局下头部新媒体占据着更多的用户注意力资源是毫无疑问的，但是"增强供给结构对需求变化的适应性和灵活性"原则仍然是传媒供给侧改革的指导性原则。在互联网时代，统一的全国市场所集聚的只是用户资源的数量而不会改变用户需求的多样性。从用户对传媒产品的个性化需求来看，本地传媒市场、区域传媒市场上仍然存在可挖掘的用户资源。例如，媒体应当通过及时报道新闻资讯帮助民众掌握周边环境信息并承担环境监测功能，而新闻产品具有人、事、地三要素统合为一的内容特征，传媒用户难以从环球时报、人民日报等聚焦于国际新闻、全国新闻的媒体获取有关其所生活的区域以及本地空间的新闻资讯，而集成"新闻＋政府＋服务"的县级融媒体却能较好地为用户提供本地新闻资讯以及政务与生活服务，各省区市互联的区域级媒体则能够为用户在一定区域空间范围内的活动与决策提供可供参考的信息。由此可见，本地级、区域级、全国级媒体分别能够满足用户在不同侧面上的信息与服务需求，这使得实力强劲的大型传媒集团与中小型传媒组织可以在传媒生态的不同层级上共存。由于每一层级融媒体所面对的改革任务和用户市场都是独特的，高层级上大型传媒集团面向全国用户市场进行经营创新的个案成功经验对于低层级上小型传媒组织在区域和本地用户市场的开拓来说可能是无效的，因此只有回归媒体融合的逻辑起点——国家治理体系与治理能力现代化来通盘考虑，在区域传媒生态层级结构中为不同层级媒体确立独特的发展坐标，才能建构起充分满足各类用户需求、立体化获取用户资源的新型主流媒体集群，使全国级、区域级、本地级媒体在"各司其职"的条件下成为全媒体传播体系的有机组成部分。

在区域传媒生态中，多家媒体在不同生态层级上找准位置、各司其职的理想结构应当呈现出"伞形"分布。如图 6-2 所示，在区域传媒生态的"伞形"媒体层级结构中，传媒资源丰富度从高层级市场向低层级市场递减，而媒体数量从高生态层级向低生态层级递增，不同层级的媒体在用户、内容等多个维度的资源利用模式上形成显著差别，从而以层级为界限形成本生态层级内部媒体之间结成数个竞争网络而不同层级媒体之间几乎不存在跨层级资源争夺的竞争与共存格局。最终，"本地级—区域级—全国级"三级媒体的传媒生态位相互分离，将有利于对本地、本区域、全国乃至全球的传媒资源进行高效率、立体化开发。

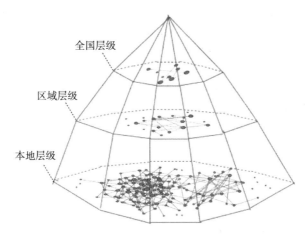

全国层级

区域层级

本地层级

图 6-2 区域传媒生态层级结构的理论模型

区域传媒生态的"伞形"主体层级结构在传媒竞争中客观存在并且在当前媒体融合实践中具备实现的可能。从国外传媒实践道路来看，詹姆斯·罗斯对美国报业进行考察后发现，美国报纸存在 4 个竞争层面，每个竞争层面充当下一竞争层面市场的一种庇护。其中，第一个竞争层面是由大规模的大城市日报组成，它们覆盖整个地区或州；第二个竞争层面是由位于大城市中心周围的卫星城市日报组成，卫星城市日报的新闻报道通常关注地方新闻而非大城市新闻；第三个竞争层面是由新闻报道范围非常窄的郊区日报组成；周刊和商品报的竞争构成了第四个层面的竞争。美国报业在四个竞争层面上建立的"伞形"竞争结构是实现媒体错位经营、传媒资源立体化开发的合理结构，尽管移动媒体的出现对于美国报业造成外部冲击而使得"伞形"结构中的报纸数量出现收缩，但新兴的互联网平台赖以崛起的空间结构走向究其本质仍然是分层分级、错位竞争的"伞形"结构道路①。

从国内传媒实践道路来看，我国主流媒体历来存在中央级、省级、市级、县级媒体的行政级别划分，而媒体融合步入深度融合阶段又提出了处理好不同层级、不同类型媒体关系并建立全媒体传播体系的目标，天然的行政层级划分加上明确的传媒改革目标使得"伞形"结构在区域传媒生态融合的过程中有了实现的基础。以上海媒体的融合实践为例，上海报业集团推出的澎湃新闻客户端以报道全国新闻为主而广泛获取全国各地用户的使用并收获了1.5亿下载量，它在传媒内容与用户生态中所处的位置是全国层级，来自同一层级的主要竞争对手有今日头条、趣头条等头部资讯平台；上海人民广播电台推出的"长三角之声"频率则以直播、现场、交互为关键词将视野投向长三角区域的发展、创新、文化、生活等内容，它专注于满足长三角民众对于本区域新闻资讯的需求而在传媒内容与用户生态的区域层级上占据位置，来自同一层级的主要竞争对手有聚焦长三角区域时政新闻的浙江天目新闻客户端等；此外，上海解放日报社推出聚焦上海本地新闻资讯的上观客户端，并邀请上海全部16个区级融媒体中心入驻"上观号"提供一手本地社区资讯，上观客户端凭借其"近地性"在传媒内容与用户生态的本地层级上占据位置，来自同一层级的竞争对手包括以报道上海本地突发、财经原创新闻为特色的新民客户端等。综合来看，区域传媒生态的本地层级、区域层级、全国层级上都存在以差异化产品服务于用户需求不同侧面的媒体，引导不同层级媒体的生态位从重叠走向分离是推动区域传媒生态和谐发展和合理布局现代传播体系的有效手段。

三 区域级媒体超越属地空间限制同台竞技

区域传媒生态的空间结构是一定区域范围内各地传媒生态相互作用的地理位置关系结构，一个理想的区域传媒生态空间结构应当呈现不同属地的区域级媒体在统合为一的区域传媒市场上竞争与共存的特征。如图6-3

---

① 朱春阳、曾培伦：《重回"伞形结构"：传统媒体新闻客户端创新的空间走向》，《湖南科技大学学报》（社会科学版）2019年第5期，第118~125页。

所示，以 A 地、B 地、C 地三个地理位置与历史文化相近的城市群为一个区域，则区域传媒生态的本地、区域、全国层级边界明显而使得不同层级媒体之间实现了生态位分离，其中三地的全国级媒体打破区域壁垒而在全国市场上与来自其他区域的媒体相竞争；三地的本地级媒体凭借"近地性"优势各自树立起立足本地的内容和用户定位，积极整合本地新闻资讯、政务、文旅、医疗、生活等多种资源并建成智慧城市中的"新闻＋政务＋服务"一体化平台；三地的区域级媒体在统合为一的区域传媒市场上开展跨地域的传媒生产与经营活动，通过跨地域的资源配置实现规模经济并建成服务于区域一体化发展的区域级信息枢纽和生态平台。

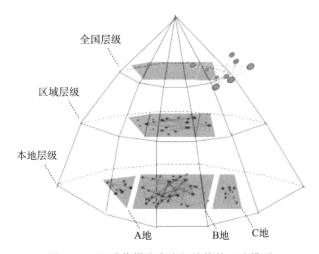

图 6 - 3　区域传媒生态空间结构的理论模型

从现实情况来看，区域传媒市场统一和区域传媒生态融合是时代发展的必然要求，区域中各地媒体广泛实现差异化定位、跨地域合作、协同发展将能够推动区域传媒生态在传媒资源配置最优条件下实现整体价值的提升。一方面，区域内各地历史文化同根同源、人缘地缘相亲，使得各地传媒文化发展空间彼此渗透、相互影响，如京津冀城市群深受"京派文化"影响、江浙沪城市群深受"海派文化"影响、成渝城市群深受"川派文化"影响等，区域内文化空间的统一使得传媒内容产品的内核与用户需求特征十分接近；另一方面，随着区域一体化进程的展开，区域内各地媒体积极开展跨地域合作、全方位联动和发展必将结成传媒资源跨地域流动配置的纽带，传媒竞争格局将被进一步重塑，在统一的区域传媒市场上不同属地媒体之间的关系也将从割裂走向融合。此外，县级媒体融合实践中也已经出现了长江云等省级媒体平台统一整合省域传媒资源的案例，且这一融合模式正在逐渐走向成熟，预示着以平台型媒体为主导构建区域传媒生态圈的实践将形成区域内各地媒体在统一平台上共享资源、共创价值、共建生态、合作共赢的生态图景，区域传媒生态融合的步伐不断加快。

区域传媒市场统一和区域传媒生态融合也面临着一定的阻碍。长期以来"条块分割"的地方行政管理模式，使得区域内部各地之间缺少有效的合作机制而追求各自发展，这一方面导致区域市场被人为分割，区域内同质化竞争严重；另一方面，各地政府都愿意争夺优质产业而限制各种要素的自由流动，资源只能在封闭的空间中分配，资源使用效率低下。此外，传媒产业的发展在很大程度上受到地区经济发展水平的制约，经济发达的地区要比经济欠发达地区拥有更多的优质传媒资源。区域内中心城市和边缘城市经济发展水平不平衡，传媒产业因此面临着不均衡的区域市场环境，这导致区域内各地传媒产业消费及整体发展实力差距比较大，人才、创意、资本等生产要素单向流动明显，这些都是阻碍区域传媒市场统一和区域传媒生态融合的反向环境因素。

第二节　"内环—中环—外环"整体联动结构

一　内环：媒体共建核心生态链

从传媒生态主体的分工合作关系来看，区域传媒生态的整体结构可以分为"内环—中环—外环"三个圈层，越靠外的圈层涵盖的资源总量越大、组织和种群数量越多，涉及的传媒生态关系也更为复杂。根据一个传媒种群在区域传媒生态整体结构中所处圈层位置的不同，可以将其划分为核心传媒种群和辅助传媒种群。在区域传媒生态整体结构的内环上，核心传媒种群通过构建多资源维度上的链接关系从而打通从内容产品制作到多渠道、多平台分发再到获取用户注意力资源和广告资源的核心生态链，其中处于生态链上同一环节、聚焦同一业务的传媒组织之间仍然存在资源竞争关系并形成"中心—边缘"生态位关系结构,而不同环节上的媒体之间则存在互利共生、供需匹配、资源互补的上下游分工合作关系。如图6-4所示,核心传媒种群按其所生产的内容形态及所依附的渠道特征不同可以划分为五类——网络媒体种群、报纸媒体种群、电视媒体种群、广播媒体种群以及融合了新旧媒体形态的融媒体种群,按其在传媒生态链中所处环节的不同也可以划分为生产型媒体种群和平台型媒体种群。

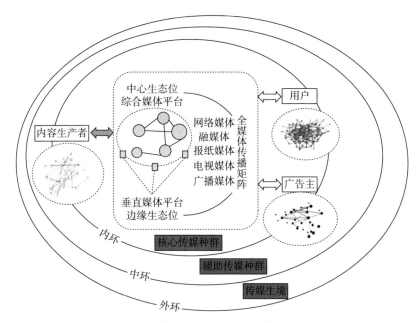

图6-4 区域传媒生态"内环"结构的理论模型

平台型媒体种群内部不同传媒组织之间的生态位关系呈现出"中心—边缘"结构:多家综合类媒体凭借其对头部用户的吸引力而占据了传媒资源较为丰富的中心生态位,它们之间的传媒资源竞争相对激烈;聚焦细分用户群体的垂直类媒体虽然难以连接多种类型的用户资源,但却能形成对某一类用户的强大吸引力而占据竞争对手较少的边缘生态位。

在传媒核心生态链中,平台型媒体种群处于中间环节而发挥着连接B端内容生产者和C端用户与广告主的关键作用,它所连接的对象也是具有"中心—边缘"结构的完整种群而不再是分散的、孤立的部分组织与用户节点,这恰恰是互联网时代全媒体传播图景的真实写照——去中心化的网络平台连接着数以亿万计的内容生产者和消费者，它们之间错综复杂的信息交换关系不是单向、线性的信息传递而是双向循环、网络化分布的信息流动与振荡。总的来看，生产型媒体和平台型媒体合作共建传媒核心生态链并在对用户与广告的资源竞争中逐步形成差异化定位，这是区域传媒生态结构内环的主要景观。

二 中环：辅助种群助推生态链延长

在区域传媒生态的中环存在诸多辅助型的传媒组织与种群，诸如宣传营销公司、发行公司、传媒咨询公司、广告公司、传媒技术公司、网络服务商、终端提供商等，辅助传媒种群为核心传媒种群提供中间产品与服务，它们之间存在多主体参与、环环相扣的分工合作关系，能够有效延长以制作和发行为中心环节的传媒核心生态链。

如图6-5所示，传媒咨询公司通过进行用户市场调查、传媒内容产品传播效果评估等为媒体的内容产品创新提供建议，其主要业务与生态链上游的内容制作环节相衔接并提升该环节附加值；宣传营销公司、发行公司

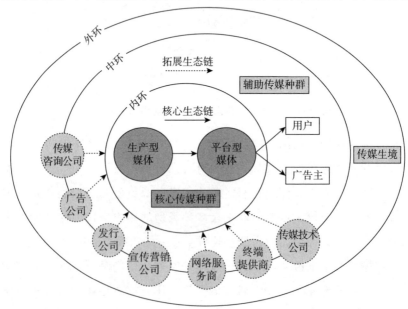

图6-5 区域传媒生态"中环"结构的理论模型

大多服务于影视剧的上线宣传与分发，在生态链中游提升了产品分发环节的附加值；网络服务商和终端提供商为媒体对接用户市场构筑基本的底层架构，媒体与智能电视、智能手机、车载智能、智能家居等终端提供商在用户联运方面开展合作能够有效提升生态链下游的用户连接效率；传媒技术公司与媒体达成合作并在优化算法推荐机制、构建大数据舆论监测平台、塑造智能化内容生产流程等方面实现对传媒生态链上所有环节的技术赋能。总的来看，区域传媒生态中的辅助传媒种群在承揽外包、提供咨询、营销策划等方面有助于核心传媒种群降低生产与运营成本、提升资源配置效率。辅助传媒种群应当合力共建高效、灵活的传媒服务生态体系，推动核心生态链环节的拓展并相应提升核心生态链上各环节的附加值。

三　外环：传媒"群落—生境"互动

在外环，由核心传媒种群和辅助传媒种群共同组成的传媒群落不断地与外界交换物质和能量，并在此过程中与群落生境中的宏观生态因子建立起相互依存的互动关系。如图6-6所示，群落生境中的技术环境、经济环境、政治环境、文化环境、社会环境、自然环境等多个宏观生态因子每时每刻都在与传媒群落进行互动。

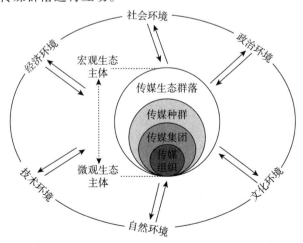

图6-6　区域传媒生态"外环"结构的理论模型

传媒群落与外部环境之间的互动关系及其动态变化决定着传媒生态的资源总量和整体价值在一段时间内是扩张还是衰减。例如，数字、信息和互联网技术的发展推动了新媒体的崛起，引发了传统媒体的衰落，导致传媒生态中的资源分配结构发生变化而形成了以新媒体为主导的"中心—边缘"结构，而当前传媒技术环境的主要变化在于5G、AI、云计算、大数据等智能技术快速升级迭代并应用于传媒领域催生了虚拟主播、数据新闻、机器人新闻等新业态，极大地提升了传媒生产力且拓宽了传媒生态的边界；又如，传媒政策环境在引导媒体发展和约束媒体行为等方面发挥作用，2020年传媒新政在推动媒体深度融合、"全国一网"整合、5G建设、智慧广电建设等方面发挥引导作用，同时也在管控直播营销广告、治理互联网络信息生态等方面完善了监管的系统性，良好的政策环境有利于传媒生态的健康可持续发展。总之，传媒群落是一个开放的耗散结构，它与传媒生态环境中诸多生态因子的互动为群落中各类传媒组织与种群创造了生存与发展的基本环境，群落中的传媒组织只有时刻与技术、政治、文化、经济等环境要素保持协同共演才能灵活机变地应对传媒生态的剧烈变革，并从中觅得发展的新机遇。

四　联环：依托平台构建生态圈

一个理想的区域传媒生态结构不仅要实现媒体的适度竞争，还应当在媒体合作过程中打造资源共享、价值共创、生态共建、合作共赢的传媒生态圈。在互联网时代，头部媒体平台所能够连接的信息流、数据流、人流、物流空前庞大而使其具备围绕核心生态链整合多方资源并进一步构建区域传媒生态圈的能力。

如图6-7所示，区域传媒生态结构内环中的平台型媒体首先通过实现生产型媒体和传媒用户的有效供需匹配来建构核心生态链，随着供需方数量的持续增长会有越来越多的辅助型媒体介入生产与传播过程中有针对性地提供配套服务，使从内环到中环的分工合作关系得以建立并推动核心生态链不断向外延伸。更进一步地，依托于核心生态链所聚合的海量供给方和需求方资源，平台型媒体可以通过商业联盟、收购兼并等方式聚合各种商业资源并布局多条生态链，包括吸引党政机关入驻平台并建立党政服务

生态链、吸引医疗机构入驻平台并建立医疗服务生态链、与电商平台达成
合作并建立主播带货生态链、与实体机构达成合作并建立线下活动生态链
等，最终媒体平台从单一的内容产品销售平台转型为集多种内容与服务于
一体的"入口级"生态平台，从而构建起资源共享、价值共创、生态共
建、合作共赢的区域传媒生态圈，实现传媒生态圈中多条生态链上每一个
环节的价值共生增长并进一步推动区域传媒生态在种群与群落、群落与生
境良性互动中实现资源总量与价值总和的持续性增长。

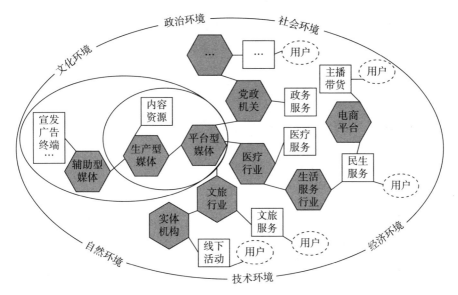

图 6 - 7 区域传媒生态"联环"结构的理论模型

综上所述，一个理想的区域传媒生态结构应当具有"三环联动"特
征：在内环上，核心传媒种群中的生产型媒体和平台型媒体分别处在"内
容制作—内容分发—用户与广告市场"核心生态链的不同环节上，处在同
一环节、具有相似业务的媒体相互争夺资源并形成"中心—边缘"生态位
关系结构，综合类媒体和垂直类媒体形成差异化资源利用模式从而在一定
程度上推动传媒生态位从重叠走向分离，在媒体适度竞争条件下区域传媒
生态的整体效益得到提升；在中环上，核心传媒种群与辅助传媒种群分工
合作推动传媒核心生态链不断向外延伸，平台型媒体所连接的内容生产者
和传媒用户数量也随着生态链的延伸而持续增长；在外环上，以平台型媒

体为核心的传媒群落进一步在与技术、政治、经济、文化、社会等多个环境要素的互动中逐步将政务资源、民生资源、电商资源等多种商业资源整合到一个以核心生态链为主、多条生态链互联互通的统一传媒生态圈中，实现区域传媒生态的整体价值提升。

第七章　区域传媒生态结构的优化策略

当前区域传媒生态结构中存在媒体竞争关系结构有待优化与媒体合作机制有待完善的两大问题。在区域媒体竞争关系方面存在资源结构中的边缘传媒资源有待开发、层级结构中的区域级媒体有待建设、空间结构中的传媒市场壁垒有待破除的三个问题；在媒体合作关系方面存在以自建与联运为主的区域级媒体建设路径难以突破资源壁垒而以平台为主导的区域传媒生态圈有待布局的问题，以及以联盟为载体的浅层合作机制较为普遍但以利益共同体为载体的深层合作机制有待确立的问题。第六章所建立的理论模型可以大致描摹出区域传媒生态结构的理想架构，本章进一步将现存问题与理想架构进行对比以阐述未来区域传媒生态结构的优化方向与策略。

第一节　政府层面的协同治理

针对区域传媒生态空间结构中存在的传媒资源空间分布不均、传媒要素流动困难的问题，应当打破行政分割和市场壁垒，将构建统一的区域传媒市场作为优化调整空间结构的主要方向，发挥区域传媒市场在推动经济要素有序自由流动、资源高效配置方面的功能，形成各地传媒资源优势互补、传媒生态融合发展的新格局。

推进区域传媒市场一体化进程首先应当提升区域内各地传媒资源的互补性和传媒产业的协同性，进而在开放自由的跨地域交易平台上将各地媒体之间的要素与产品供需关系进行精准匹配，方能结成传媒资源跨地域流动的纽带。由于传媒业在长期行政垄断下所形成的条块分割格局尚未完全破除，本地媒体发展仍然部分受到行政体制的制约，因此传媒产业的协同发展与传媒市场一体化进程的推进仍然需要政府承担区域协同发展方面的规划与服务职能。具体来说，区域内各地政府应当创新区域传媒产业协同发展的体制机制，共同建设水平式协同治理、嵌入式协同治理、智能化协同治理"三合一"的新型治理体系，在制度建设与规则衔接、项目合作与服务保障、技术牵引与数据共享等方面凝聚地方政府与政府之间、政府与多元社会主体之间协同治理的合力。

一　区域传媒生态的水平式协同治理

区域传媒生态的协同治理离不开各地传媒管理部门之间的通力合作。诚然，在条块分割的传媒行政格局下，相关部门以行政区划为界来划分传媒治理领域，能够提高本地行政效率和公共服务质量。但依附于辖地的专业化分工也使得政府部门陷入了"各扫门前雪"的碎片化困境。与之相反的是，传媒资源的自由流动呈现出复杂性、跨域性特征，一个全新的、开放的区域传媒生态要求区域内各个政府部门不能再囿于传统的分割式组织架构，而应该尝试一种新型政府治理模式——协同治理（Collaborative Governance），它是指政府为达成公共利益目标，进行政府内部的垂直或水平协作，抑或政府机构与外部的社会组织、公众间跨界合作的治理体系。其中，相邻地方政府为跨域事务开展横向层面的协同治理即为水平式协同治理，其治理思路是要摒弃地方本位主义下的恶性竞争关系，依托相邻地方政府部门间在权力、利益和资源上的依赖关系而形成平行政府间的合作网络，努力探索在非层级节制层次上以集体行动解决共同问题的路径。

在传媒资源的跨域协同治理中，地方政府部门部署区域传媒市场一体化规划、谋划区域传媒产业发展政策等，应当明确以城市群内最高一级政府部门之间的水平式协同治理为主线，以各城市传统上下级部门之间的纵向命令、执行和反馈链条为辅线。相邻地方政府围绕区域传媒要素配置、区域传媒市场融合、区域传媒产业发展等相关问题的解决建立横向和纵向的链接，使得区域传媒生态的治理主体由依靠单一的政府部门转变为跨部门合作，治理工具由行政强制转变为协商、激励、契约等非强制工具，治理机制由专业分工、层级控制转向依赖信任机制、互动机制、适应机制和整合机制。① 在这种新型治理体系中，平级政府、上下级政府之间不再是简单的行政隶属或相邻关系，而是逐渐形成共同谋划、联合部署、统一步伐的新型合作伙伴关系，其背后的治理结构也从金字塔官僚制转向网络化组织形态。正如戈德史密斯和艾格斯所言："在按照传统的自上而下的层级结构建立纵向的权力线的同时，还应根据新兴的各种网络建立横向的行动线，即网络化治理的新形态。"② 可见，"网络型政府"治理形态是开展传媒资源水平式协同治理的理想形态。

在"网络型政府"治理形态中，治理网络的多个"节点"即区域内各城市管理机构之间形成了自由沟通、实时互动、共同行动的协同治理模式。就区域传媒生态治理议题来说，各个治理节点应当在组织机构协同、管理规则协同与相关政策协同三方面发力，不仅要成立统一组织协同行动的领导小组来统筹区域传媒生态治理的全局事务，还应当在制定发展规划、出台传媒政策等方面做出切实的行动指示，建成有效推动区域传媒市场一体化发展与各地传媒产业特色化发展的综合治理体系。

（一）成立区域传媒产业协同发展领导小组

区域内各地政府协同治理传媒生态的有效行政手段是成立统筹全域传媒协同发展事务的领导机构——协同发展领导小组。该组织应当由各地传媒管理部门的行政领导担任组长，以群策群力、抱团发展、协作共赢、融合共生为区域传媒生态治理的主旨和理念。在机构设置和职能安排方面，协同发展领导小组应当合作制定传媒产业协同发展规划并总揽规划实施过程中重大事宜的决策和协调，同时可以下设多个办公室具体负责组织和推进相关重大事宜，包括构建区域传媒生态治理的常态化沟通平台、制定定向扶持区域级媒体发展的计划等。例如，2020 年 9 月 8 日中国（京津冀）广播电视传媒一体化发展创新中心正式成立并授牌，该创新中心由三个省市广电局联合组建，北京市广播电视局、天津市广播电视局、河北省广播电视局分别作为京津冀的代表共同签署《京津冀新视听战略合作协议》，

① 刘晓洋：《水平式协同治理：跨域性公共问题治理之道》，《学习与实践》2016 年第 11 期，第 64 ~ 72 页。

② 〔美〕戈德史密斯、艾格斯：《网络化治理：公共部门的新形态》，孙迎春译，北京大学出版社，2008。

该创新中心的成立体现了区域内各地政府联合组建领导机构来统一建设区域传媒技术生态体系的新思路，实体机构的确立能够在组织层面上保证区域传媒生态治理行动得到切实的执行。

（二）制定区域传媒市场一体化发展规划

区域内各地政府共同制定推进传媒市场一体化发展的规划能够为后续工作的展开廓清方向、订立目标。规划是政府推动工作的指南针，京津冀协同发展以及长江经济带发展等重大区域发展战略均是通过规划保障政策落地的。在联合编制区域传媒市场一体化发展总体规划、专项规划和年度计划时，区域内各地政府应当明确一体化发展的原则、目标、内容、保障措施等。在此基础上，由各专业部门负责编制报纸、广电、网络等传媒子产业发展的专项规划，把总体规划的内容和要求落实到具体领域。最后，依托总体规划和专项规划编制各地各类传媒领域推进市场一体化发展的年度计划，按年度有序推进相关工作。

从具体实践来看，一方面，区域市场一体化的规划较多受到各地市场监管局的关注，在实际编制过程中往往将其列入到"五年计划"清单中逐年推进建设。例如，上海市、江苏省、浙江省、安徽省市场监管局在 2021 年 12 月联合印发《长三角市场监管一体化发展"十四五"规划》（以下简称《规划》），《规划》从市场准入一体化水平、安全监管一体化水平、质量基础一体化水平、满意消费一体化水平、市场创新一体化水平 5 个方面出发设置了 18 项关键指标，并对指标实现提出明确要求。另一方面，各地传媒管理部门也积极开展推进传媒产业协同发展的工作，例如，上海广电局、江苏广电局、浙江广电局、安徽广电局于 2020 年 10 月在南京签署《长三角地区广播电视和网络视听一体化高质量发展战略合作框架协议》，该协议明确提出三省一市广电部门的战略合作目标、合作原则、合作内容和合作机制，包括在主题宣传、政务服务、精品生产、智慧广电等十个方面深化合作等。由此观之，区域内各地政府在区域市场和传媒产业领域的协同治理已初具成效，但市场监管部门和传媒管理部门之间的管理界限相互分离使得区域市场一体化规划和区域传媒产业发展规划在两个政策空间内孤立运行、各行其道，而没有形成很好的链接关系。未来，制定区域传媒市场一体化发展的整体规划应当突破单个部门的管理界限约束，特别是要在"网络型政府"的组织形态下达成各地广电部门、市场监管部门、网络信息监管部门等多个管理节点之间的跨界协作，方能在统一的政策空间中凝聚多部门协同治理区域传媒生态的合力。

（三）出台区域传媒产业协同发展政策

区域内各地政府颁布的传媒发展政策应当统一标准、相互衔接，政策的一致性有利于传媒资源的跨域流动。为了实现政策协同，有必要建设区域传媒生态治理的部门协作机制并进一步明确跨域协同治理的规范。地方政府要跨越现有行政区划的体制性障碍，就必须发展动态合作关系，形成与实际工作情况相适应的、灵活可变的行政契约、协议，有效整合利益分享机制和利益补偿机制。具体来说，应当通过制度建设实现合理分配，保障区域内各地传媒管理部门在跨域协同治理中的成本和收益保持合理比例，并在协商沟通、利益协调和社会支持机制等方面构建长效机制，从而不断完善政治激励和约束制度，提升各地传媒管理部门之间的合作积极性，并在集体行动中进一步凝聚政策合力。

建设跨域协同治理的良好体制机制是区域传媒协同发展政策制定的前提条件，而在实际的政策制定工作中，应当注重以差异化定位培育本地传媒产业的独有资源优势并增强区域内各地传媒资源的互补性。传媒资源互补是传媒市场走向统一、传媒生态融合共生的前提，推动完善区域传媒协同发展的政令、规划和指导性意见，应当更多地融入差异化定位与培育资源优势的战略思想。例如，北京市于 2019 年出台的《关于推动北京影视业繁荣发展的实施意见》提出要根据京津冀区域功能定位与各自影视业发展基础，进一步加强统筹、优化布局，形成定位准确、梯次发展、各具特色、优势互补、协同配套的京津冀影视业发展生态体系。类似的政策能够有效引导区域内各地传媒产业基于各自独有的资源优势开展内容、渠道、技术等多方面的合作，从而构建起一个错位经营、资源共享、价值共创的区域传媒生态体系。

二　区域传媒生态的嵌入式协同治理

区域传媒生态治理并非社会单一主体非此即彼的简单治理，而是在多维"嵌入性"影响下，多元主体互补协同的整合型治理。近年来，随着区域内各地传媒资源合作逐渐深化，政府、传媒组织、高校等多元主体之间的互动更加频繁，区域传媒生态呈现出从属地自治到同频共振、从有限被动合作到多维主动嵌入的发展趋势，多重资源嵌入性、多向关系嵌入性和多维利益嵌入性等"嵌入式协同"特征日益显现。作为一种阐释当下区域治理样态的新视角，嵌入式协同治理是区域传媒生态治理主体之间互动关系的体现，其核心意旨是某一个主体嵌入另一个主体或社会网络中以建立协同关系，通过资源共享互赖，促进合作主体共同发展。① 相较于水平式协同治理框架对政府部门之间"制度性集体行动"的关注，嵌入式协同治理框架更加重视政府与非政府行动者之间的密切互动，强调治理主体的兼容性、合作行动的动态性和合作关系的灵活性，其目的是构建一个激励多元治理主体在区域传媒生态治理过程中深入合作的行动机制和社会环境，进而在项目合作、服务保障等多方面推动区域传媒资源合作的深入开展。

社会各部门的合作本质上是资源置换。虽然总体上部门珍视自主权并力图避免合作，但如果一个特定部门的资源依赖于另一个部门，这个部门就会产生合作的意愿。② 由于不同部门和组织各自掌握了独有的异质性资源，为达成特定目的所进行的资源交换使得某些共同的规范逐渐被接受，最低限度的合作关系和合作机制得以建立起来并不断发展完善。由此观之，在嵌入式协同治理框架下，区域内各地政府应当重新定位其自身与社会组织、私人组织和公民个体的关系，以提供特定资源配置服务的"合作者"身份寻求多维度、多主体的互动和互相协调。政府自身的组织逻辑从控制导向转向合作导向，这种价值理念的转变传导到跨域协同治理实践中，形成了一种新型治理形态——"合作型政府"，它指的是政府致力于通过与非政府主体（社会组织、企业、公民等）合作，共同治理公共事务以实现公共利益的治理形态。③

---

① 嵆怡、刘克：《"嵌入式协同"：一个跨域卫生资源合作治理的解释性框架——基于成渝地区双城经济圈的案例研究》，《中国卫生政策研究》2021 年第 10 期，第 8~16 页。
② Ackroyd, S., Alexander, E. R., "How Organizations Act Together: Inter-organizational Coordination in Theory and Practice," *Administrative Science Quarterly*, 1998 (1): 217.
③ 谭英俊：《走向合作型政府：21 世纪政府治理的新趋势》，《中共天津市委党校学报》2015 年第 3 期，第 66~71 页。

在"合作型政府"治理形态中，政府治理价值由"主体中心主义、权利中心主义"转化为"客体中心主义、服务中心主义"，政府以协调、沟通、激励、服务手段取代命令、强制手段，能够承担起构建多主体合作网络的服务职能，并能有意识地引导各个治理主体依托核心优势而建立互信、配置资源、互通有无、彼此补足，形成互利共生的合作关系。就区域传媒生态治理议题来说，政府应当在培育传媒合作伙伴、促成传媒项目合作、优化传媒合作环境三方面发力，不仅要加强对传媒合作伙伴的培育和扶持，还应当积极牵头促成传媒企业之间的项目合作，并通过建设传媒合作平台、提供配套设施与服务等手段来优化营商环境，构建起多元主体协同治理区域传媒生态的整体性框架。

（一）政府主导制定区域传媒企业定向扶持计划

建设合作型政府的首要条件是培育合作伙伴，没有成熟的合作伙伴，政府就没有合作的对象，自然也就无从谈起合作治理的能力。在区域传媒生态治理过程中，各地传媒制作公司、传媒广告公司、传媒咨询服务商、传媒渠道商等传媒企业是区域传媒资源的实际利用者、区域传媒生态的实际建设者，它们的成长和发展离不开政府的培育。

政府开展对传媒企业的培育和扶持工作，应当考虑到区域传媒生态结构的典型特征和存在的问题，沿着问题解决的思路制定科学计划。在当前区域传媒生态结构中，边缘传媒资源亟待开发以及区域级媒体亟待建设的问题比较突出。市场力量的驱动以及传媒企业对短期利益的追求是一大诱因，那些能够提供刺激感受的娱乐性传媒产品受到用户的广泛欢迎，追逐流量的传媒企业纷纷参与到此类传媒资源的争夺中，而聚焦少数人特定信息需求的边缘传媒资源以及服务于区域一体化发展的公共传媒资源却极少得到开发利用。在此形势下，区域传媒生态结构呈现出明显的"中心—边缘"形态，头部传媒企业正在形成对中心传媒资源的垄断而在一定程度上削减了传媒物种及内容产品的多样性，长期来看不利于区域传媒生态的和谐发展。对此，政府应当发挥弥补市场缺陷的调节功能，通过出台激励政策、制定扶持计划等措施来加大对区域级媒体的培育力度，也要鼓励传媒企业定位于市场空白而强化对边缘传媒资源的开发利用。总之，政府加强对区域级媒体和缝隙型媒体的定向培育和扶持能够推动传媒生态位从重叠走向分离，有利于区域传媒生态的和谐发展。

（二）政府牵头促成区域传媒协同发展项目合作

区域内各地政府牵头发起区域传媒协同发展项目，能够推动各地企业之间的传媒资源合作，将技术、资金、人才、信息等要素通过重大项目来进行整合和共享。例如，在 2018 年的京津冀广电科技协同发展项目推进会上，北京市新闻出版广电局、天津市文化广播影视局、河北省新闻出版广电局共同达成京津冀协同发展广电科技资源共享项目合作，三地有线网络公司、电台、新媒体部门分别在冬奥会有线电视专网、京津冀 CDR 数字音频广播一体化覆盖、京津冀 IPTV 集成播控平台互联互通项目上取得突破并签署了合作协议。又如，2019 年广东广播电视台发起并联合粤港澳三地21 家广电机构组建成立粤港澳大湾区广电联盟，联盟的创建是大湾区媒体积极搭建沟通平台、创新协作机制、进行资源合作的一次积极探索。总之，各地政企联动共同举办区域传媒产业协同发展项目推进会、区域传媒产业联席会议、区域传媒产业项目与技术招商洽谈会、区域传媒产业高峰论坛等重大活动，积极开展传媒协同发展项目上的对话和合作，能够为传媒企业提供跨地域交流的机会，进一步推动区域内各地传媒资源的自由流动和优化配置。

（三）政府联手多元主体共建区域传媒生态体系

区域传媒生态虽然是以传媒企业为核心主体，但仍然需要高校、咨询机构、研究机构、金融机构、技术公司等其他主体提供人才、智力、技术、资金等多方面支持。因此，政府应当联合多元主体共建区域传媒生态体系，构建和完善包括区域传媒"产学研一体化"联盟、区域传媒技术创新示范产业园区、区域传媒融资与交易服务中心、区域传媒协同项目合作平台在内的一系列配套设施和服务保障体系，为区域内各地传媒企业的成长和发展保驾护航。在实际探索中，成渝两地媒体联手高端智库和技术公司共建联盟的尝试取得了一定进展。2020 年 8 月 26 日，由国研新经济研究院、联合国世界丝路论坛数字经济研究院、四川日报、重庆日报、封面新闻、上游新闻及成渝地区多家智库机构共同发起的成渝高质量发展智库联盟正式成立。该联盟依托国家智库高端势能和专家资源，面向政府和企业搭建研究咨询和整合传播平台，与人工智能、区块链、云计算、大数据等领域的创新公司、新型研发机构、行业协会等共建集产学研用于一体的智媒生态网络，在输出研究报告和新闻报道、建设成渝产业大数据平台等方面持续发力，以知识、技术和信息资源的互用共享驱动成渝双城协同发展。未来，随着区域内各地政府有意识地为跨域传媒业务、智媒融合、技术创新等合作提供平台和服务，区域传媒"产学研"一体化发展进程不断加速能够推动传媒产业链条向外延展，实现区域传媒资源总量与价值总和的持续性增长。

三　区域传媒生态的智能化协同治理

面对快速升级的传媒技术与层出不穷的传媒新业态，区域内各地政府必须转变传统治理模式，建立新型治理架构，全面推进区域传媒生态治理的智能化与数字化转型。譬如，人工智能技术与大数据资源的运用使得政府的治理手段更加灵活高效，"一网通办"在线服务平台、智能咨询服务窗口、舆情大数据监测平台等网络设施的建设，能够大大提升政府的跨域协同治理能力。这种利用技术工具将各类行政资源与公共服务整合为一体的新思路，在实践中不断得到应用并催生了"无缝隙政府"的新型治理形态。正如林登所言："无缝隙组织以一种整体的而不是各自为政的方式提供服务。"[①] "无缝隙政府"把社会各部门以及公众个体视为顾客，在追求为顾客提供个性化、精细化、特色化公共服务的过程中，依靠信息技术与智能技术来链接不同行政部门，化解官僚机构的非人性化、部门主义、低效率和无回应性等沉疴，并在促使行政组织运行技术化的过程中，提供整合式的运作方式。

随着区域内各地政府展开智能化协同治理的新实践，"无缝隙政府"的构想正在逐渐成为现实。"无缝隙政府"的建设需要打破条块分割的壁垒而达到部门之间的无缝衔接，但这并不是对政府现有职责配置和运作程序的全盘否定，而是诉诸于一种更加灵活的、动态的、智能化的解决方案——依托互联网、云计算、大数据、人工智能等技术工具进行适当的业务流程再造，通过行政组织的信息化和运作流程的技术化来提供一站式、完整性的

———————————

① 〔美〕林登：《无缝隙政府》，王大海等译，中国人民大学出版社，2002。

公共服务。就区域传媒生态治理议题来说，政府应当在建立数据管理架构、打造智能治理系统、构建智能协作平台三方面发力，努力建设数据与智能驱动的区域传媒生态治理体系。

（一）建立区域传媒数据管理架构

在"用数据说话、用数据决策、用数据管理、用数据创新"的政府治理新时代，数据资源的开发和利用是推进治理能力现代化的必然要求，也是区域传媒生态治理体系建设不可或缺的一环。以数据为资源、以信息为要素、以内容为产品的传媒产业具有高度数字化、信息化、精神化的特征，相应地，区域内各地传媒管理部门在获取、利用和共享传媒政务服务数据方面的需求也十分庞大。为了满足政府部门、传媒企业等多主体之间的数据共享需求，有必要建立一个统一的区域传媒数据管理架构，通过传媒数据的"一次汇聚、多方共享、协同应用、安全开放"，进一步带动区域传媒生态的协同治理。

区域传媒数据管理架构的建设，应当以推进传媒政务服务数据资源整合利用为目标，为区域内各地传媒管理部门提供稳定的、共享的传媒数据应用环境，形成一套涵盖"数据汇聚－数据处理－数据管理－数据应用"各个环节的完整的数据管理方法和流程。[①] 在数据汇聚环节，区域内各地传媒管理部门的政务服务数据、各地传媒企业的基础数据和社会数据等不同类型的数据汇聚到一起，通过数据采集、数据库同步、数据共享和数据报送等方式接入区域传媒数据资源池；在数据处理环节，通过数据提取、数据关联、数据对比、数据融合和数据标识等方式对资源池中的传媒数据进行处理；在数据管理环节，将数据存放在大规模的、共享性的存储架构中，进行传媒数据资源的统一管理和调配；在数据应用环节，面向区域内各地传媒管理部门和传媒企业，利用人工智能、区块链、互联网等技术打造传媒数据共享系统、舆情大数据监测系统、数字版权管理系统等数字服务设施，实现区域内各地传媒数据资源的自由流通和多方共享。总之，区域传媒数据管理架构以各地传媒管理部门共有的数据资源池为核心，通过

---

① 唐玉青：《大数据时代公共突发事件中政府的跨域协同治理》，《江汉论坛》2022 年第 5 期，第 60 ~ 65 页。

全闭环、跨地域、系统性的传媒数据采集、协同、应用等环节来推进传媒数据的实时共享，有助于提高区域内各地传媒管理部门的信息沟通效率、数据利用水平和整体协作能力。

（二）打造区域传媒智能治理系统

在区域传媒生态治理工作中，传媒数据的价值在于能够全方位、无死角、第一时间为传媒政务服务工作提供准确及时的"信息流"。虽然区域传媒数据管理架构的建立能够在一定程度上推动传媒数据的汇聚和共享，但是单纯的数据积累和沉淀只是增加了数据的库存而没有发挥数据的价值。传媒数据作为一种生产材料，必须和劳动者以及生产工具相结合，经由一定的生产流程才能够实现价值增值。从这个角度来看，区域内各地政府只有借助智能技术等高效率的生产工具来优化传媒政务服务流程，才能充分挖掘传媒数据的价值，从整体上、时效上全面提高区域传媒生态治理的效果与水平。

区域传媒生态治理流程优化的主要手段是打造区域传媒智能治理系统。该系统以大数据、云计算、人工智能、5G等关键技术为驱动，利用数据抓取、智能分析等手段对区域内各地传媒管理部门的预判、处理与反馈机制进行重构，建立一套囊括智能采集、智能联通、智能集成、智能决策、智能治理、智能反馈等多个环节的区域传媒智能治理流程。在智能采集和智能联通环节，人工智能参与到区域传媒数据资源池的建设和完善过程中，扮演着数据收集工和搬运工的角色。智能机器人首先对本区域内各地政府官方网站以及媒体网页、小程序、手机应用等多个渠道上发布的传媒内容、用户、政务服务等大数据进行实时跟踪与采集，再对收集到的数据进行智能筛选和分类处理，将其保存到区域内各地政府共有的数据资源池中，为后续区域传媒生态治理工作提供强大的数据支撑。在智能集成和智能决策环节，区域传媒智能治理系统集成包括数据智控、云端服务、信息传输、智能研判、动态跟踪、集成计算在内的一系列个性化智能小程序，既能为传媒管理部门提供有关本地传媒生态结构及其变化趋势的整体性智能分析报告，也能通过人机交互提供个性化的决策咨询服务，增强区域传媒治理决策的科学性、精准性和时效性。在智能治理和智能反馈阶段，融入主流价值观的智能算法能够适应各种治理场景与实务工作的需要，在智能监管、智能审核、智能评估、智能反馈等方面部分替代人工而进一步提高区域传媒生态治理的效率和效能。总之，区域传媒智能治理系统在对本区域原有的传媒数据管理架构及数据资源池进行智能化扩容和提速的同时，也能对传统的低效率的治理流程进行重构与升级，以智能化手段推动新时代区域传媒生态治理工作的提质增效。

（三）构建区域传媒智能协作平台

区域传媒生态治理体系的智能化转型必然要求各地传媒管理部门因地制宜地对管理模式和治理流程进行智能化升级，但是各地传媒智能治理系统的建设过程可能是独立的、分散的，这种单打独斗、各自为政的治理方式难以实现对区域传媒生态的全局把控和综合治理。事实上，区域传媒生态治理的主体不是单一的而是多元的，它既包括区域内各地政府及其下属的传媒管理部门，也包括各地传媒企业及相关科研机构、技术公司、行会组织、社会公众等。区域内各地政府之间的水平式协同治理以及政府与其他各类主体之间的嵌入式协同治理都是区域传媒生态治理体系的重要组成部分。

政府与政府、政府与多元主体之间的跨域协同治理亟须数字与智能技术的赋能。区域传媒生态治理体系的智能化转型应当把促进治理主体之间的全方位智能协同作为最终目标，其实践路径是构建一个联通各地传媒管理部门、传媒企业等多元主体的区域传媒智能协作平台，它应当具备三方面功能：其一，区域传媒智能协作平台是联通区域内各地传媒智能治理系统的一体化集成平台，平台智能算法通过对传媒大数据的分析可以筛选出涉及区域传媒生态体系建设和区域传媒经济发展的重要事项并向各地传媒管理部门发起合作倡议，各部门通过平台内置的在线会议和实时互动功能进行接洽和商讨，发布有关区域传媒生态治理的重大决策和执行方案；其二，区域传媒智能协作平台是面向全域传媒企业与社会公众提供一站式政务服务的"一网通办"智能服务平台，平台将区域内各地传媒管理部门的政务服务及新闻资讯整合为一体，为企业与个人用户提供"一键直达"各部门业务办理界面的便捷服务，智能引导界面、智能咨询窗口、智能填表工具等内置应用也能够提高用户的界面操作速度和使用体验；其三，区域传媒智能协作平台是多元治理主体之间互联互通的全局化部署、整体性协作平台，平台人工智能可以实时捕捉区域内各地传媒产业的资源供给与需求，将其整理成智能分析报告并面向各地政府、传媒企业、科研机构、技术公司等相关主体进行发布，智能算法推荐机制还能针对特定主体的独特需求而为其推送符合条件的合作伙伴信息，从而在一定程度上提升区域传媒资源配置的效率。总之，区域传媒智能协作平台的建立和完善，可以大幅度地提升政府跨域协同治理的智慧化水平，并逐渐形成区域内的部门协同、各级统筹、整体联动、一网办理的"智能互联＋传媒政务服务"治理模式，实现区域传媒生态治理体系从信息化到智能化、从分散到集成、从单打独斗到协同共享的转变。

第二节　媒体层面的共生发展

一　媒体共塑错位经营格局

（一）媒体依托独有资源优势进行生态位移动

针对区域传媒生态的主体层级结构中区域级媒体有待建设的问题，大力推动区域级媒体发展并引导"沙漏形"区域媒体层级结构向更加合理的"伞形"结构优化调整是极为必要的。在詹姆斯·罗斯提出的"伞形竞争结构"中，区域传媒生态内的传媒资源丰富度从高层级市场向低层级市场递减，而媒体数量从高生态层级向低生态层级递增，每一个层级上的传媒组织之间都能够形成错位竞争、功能耦合的竞合关系，实现媒体对不同层级上传媒资源的高效率、立体化开发[①]。推动"沙漏形"区域媒体层级结构向"伞形"结构转变，不仅在政策调控层面符合区域一体化战略要求，而且也符合媒体获取更多传媒资源的生存与发展需要，传媒用户与内容资源维度的区域层级上存在大量未被占据的空白生态位可供传媒组织获取资源。

针对区域传媒生态资源分配的"中心—边缘"结构中所存在的边缘生态位有待开发的问题，应当引导媒体树立差异化定位和错位经营的思维，

---

① 朱春阳、曾培伦：《重回"伞形结构"：传统媒体新闻客户端创新的空间走向》，《湖南科技大学学报》（社会科学版）2019 年第 5 期，第 118～125 页。

形成综合类媒体占据中心生态位以及垂直类媒体开发边缘生态位的多种传媒资源利用模式，增强区域传媒生态的多样性。垂直类媒体依据"人无我有，人有我优"的异质性资源优势定位于用户市场空白不仅能够在本地市场上占据竞争对手较少的有利位置，而且还能进一步填补外地市场上的空白生态位从而在对外扩张过程中进一步整合多地传媒资源，完成向区域级垂直类媒体的升级。

总之，优化调整区域传媒生态主体层级结构以及同一层级上"中心—边缘"资源分配结构的关键在于以媒体为核心主体形成区域传媒错位经营格局，特别是区域中的本地级媒体应当通过市场调查充分获取关于区域内各地市场上用户需求与媒体站位的信息，从中挖掘可供填补的空白生态位并将其与自身资源优势相匹配来实现传媒产品功能与传媒用户需求的有效链接，由此才能找到生态位移动的方向并在多家媒体错位移动的过程中各自完成传媒资源的垂直整合，进一步推动中间塌陷的"沙漏形"区域媒体层级结构向媒体错位竞争的"伞状"结构转变。

（二）媒体通过补位和创新策略开拓新生态位

区域传媒错位经营格局的形成有赖于媒体的差异化定位，而如何在动态变化的传媒生态环境中找准定位则考验着媒体的生态位经营能力。传媒生态位界定了一家媒体自身拥有或能够调动的资源及其在要素市场与用户市场中的位置，是媒体制定一切经营管理策略的核心依据。任何媒体的生态位经营都是在动态变化的传媒生态环境中进行的从短期到长期的拉锯战。

在短期内，传媒生态中的资源总量以及媒体自身的生产规模相对固定意味着媒体难以改变生产要素组合而应当将生态位经营的重点放在提升在现有市场、现有产品与业务领域的竞争优势上。具体来说，媒体应当对市场环境与自身优势进行正确的评估，包括对自身资源优势与劣势、竞争对手优势与劣势，以及传媒用户的消费需求与偏好形成客观的认识。例如，在京津冀传媒生态中，以中央广播电视总台、人民日报、新华社为代表的国家级媒体对全国各地的用户都具有吸引力，它们率先构建面向全国传媒用户的移动化、立体化传播矩阵，其目标是建成全国性的新型主流媒体集团；北京日报、北京青年报等本地级媒体的潜在用户资源集中于本地，它们可以凭借"近地性"资源优势搭建连接地方政府、医疗、居住、交通等资源的一体化信息交换平台，进而成长为未来智慧城市建设的信息枢纽和多元化服务提供商；长城网、河北电视台等综合性媒体以及中老年时报等垂直类媒体在跨地域整合京津冀用户与内容资源方面存在相对优势，它们可以从本地市场对外扩张并成长为联通京津冀三地传媒资源的区域级媒体。

　　在对自身异质性资源进行正确评估的基础上，传媒组织可以依据"扬长避短"的思路，形成延伸自身资源优势的独特商业模式，打造错位经营格局。以京津冀传媒生态为例，新京报形成了以内容版权经营为主的商业模式，通过将版权售卖给新浪、今日头条、腾讯新闻等多家门户网站和聚合平台，其版权收入占报社营业收入的比重达到20%以上，成为重要经营支柱；健康时报形成了"媒体＋专家＋企业＋受众"的四轮驱动运行模式，其线下健康教育活动平均每年举办两百余次，形成了健康中国论坛、健康产业投资峰会、国家基层医疗发展论坛等会议品牌，极大地提高了专业媒体的传播力和影响力；北京青年报则"向下生根"打造具有媒体属性的社区服务综合平台，通过打造社区报品牌、建立社区驿站、推出OK家移动互联网平台等举措为北京1500个社区提供综合服务，在融合转型方面进行了新尝试。综上所述，媒体在短期内进行生态位经营的重点在于将自身独有资源优势与目标用户群体需求相匹配并进一步开展内容产品、商业模式等方面的创新来延伸独有优势，从而形成媒体各司其职、差异化发展的区域媒体错位经营格局。

　　从长期来看，在生产要素可变的条件下媒体应将生态位经营重点放在开拓新市场蓝海上。具体来说，媒体应在资本运营、技术升级、人才引进等传媒生产要素上加大投入，并促进优化组合，把握传媒生态进化临界点上的入口与渠道扩张新机遇，将在新一轮科技革命与生态变革中形成的新动力、新结构、新机制、新业态嵌入自身发展模式中，并在新风口爆发的第一时间以市场先入者的姿态圈定用户份额，完成对市场蓝海新生态位的占领。开辟新市场蓝海的一个典型案例是短视频领域"独角兽"的崛起，抖音和快手作为市场先行者率先引领了短视频领域的创新，从而凭借独有的短视频平台定位在京津冀传媒生态中占据了一个鲜有竞争对手的全新生态位。近年来，一些主流媒体在新技术、新渠道、新业态、新商业模式拓展方面展开的创新和探索也有助于占据新生态位，如中央广播电视总台推出综合文化短视频平台"央视频"，打造国家级 5G 声音新媒体平台"云听"；新华智云自主研发国内首个媒体人工智能平台"媒体大脑"，向媒体机构提供大数据 + 人工智能的新闻生产、分发和监测能力；中广天择、无锡广电、钱江视频等广电 MCN 以"体制内 + 体制外"两套运作重构视频生产力，发力短视频电商和直播带货新模式。总体上看，媒体灵活运用多种生态位经营策略激活内容产品、传媒技术、商业模式等方面的创新能够有效填补红海市场上的空白生态位和挖掘蓝海市场上的新生态位，从而以切实有效的短期和长期生态位经营策略共同推动区域传媒生态在层级结构、资源结构等方面的优化调整。

二 媒体共建区域传媒生态圈

针对当前区域媒体合作关系结构中存在的合作范围小、合作时间短、深度合作难以开展等不足之处，可以通过构建互利共生的区域传媒生态圈来进一步推动活动式的区域媒体联合报道、小范围的区域媒体品牌联运等浅层合作向平台、流程、业务、体制等互通共融的深度合作模式转化。区域传媒生态圈的主要功能是将全域传媒资源乃至商业资源、政务资源、医疗资源、服务资源等以"媒体 +"的形式同构到统一的资源空间中并实现资源的自由流动、配置和共享，在资源整合的过程中应当同时注重单个媒体层面的资源整合效果最优和区域传媒生态整体层面的资源共享与互补效果最优。

(一) 以资源长板撬动多维资源协同打通生态链

从单个媒体的资源整合过程来看，区域传媒生态中存在大量的传统媒体和融媒体，一些融媒体为了尽快转型成功而以资源"堆砌"的方式在多个平台上开设账号并发布千篇一律的内容，这种盲目求全的做法不利于提高资源整合效率。况且从生态层面来看，多家融媒体一味追求资源规模和生产规模的扩大还会导致过度竞争、重复建设、产能过剩等问题。例如，融媒体生产流程再造的中央厨房模式使得内容的"一次采集、多种生成、多元传播"成为可能，这本来是提升内容生产效率的有效做法，但是在实际操作中存在大量的融媒体中心投入较多人力物力翻新办公楼以符合中央厨房的"空间架构"需要，却忽视了技术架构、流程架构、机制架构等方面的革新而最终使得中央厨房或是未能实现常态化运行，或是在运行中存在盲目追求内容规模而将千篇一律的内容分发到多个平台上的简单复制行为，其结果是前期建设汇聚了大量人力物力而又将聚拢的资源空置，后期内容运营过程中重数量而轻质量导致供需不匹配情况下的无效供给、信息过剩，在生态层面造成不良影响。总而言之，融媒体对多维度资源整合的效果欠佳、重复建设等现象导致了整体性的供需不均和资源浪费，这种过度竞争缺乏合作的传媒市场结构也不利于区域内各地传媒资源的流动和共享，阻滞了区域传媒生态建立供需有效匹配、资源共享互补格局的进路。

　　融媒体盲目追求资源整合的规模，原因在于没有形成传媒生态位经营的观念、对传媒生态位的本质概念认识不清，而误将生态位的宽度、资源利用模式的均衡性等同于生态位竞争优势的确立。传媒生态位是一个多资源维度概念且多个资源维度之间存在密切的联系，基于此，传媒资源整合是成功还是失败的关键不在于规模的大小，而是要看媒体能否将多维资源聚合成一条生态链。今日头条、趣头条作为在算法推荐技术上具有研发优势的媒体，凭借算法推荐机制垂直于用户个性化需求而形成了独特的、不与其他任何媒体产生高度重叠的内容资源利用模式，这是将技术资源优势转化为内容、用户资源优势而打通传媒生态链并实现良好资源整合效果的范例。综上，传媒生态位的多个资源维度之间存在密切联系，这说明某一资源维度上的突出优势在一定条件下可以转化为其他资源维度上的优势，据此媒体可以先找出自身的资源"长板"，再以此为参照进一步优化调整技术、内容、渠道、用户等多种资源利用模式使之形成协同，从而聚合多维资源共同打通"技术研发—内容生产—渠道分发—用户消费"生态链，实现资源整合效果最优。

　　开展传媒组织机构改革是在传媒组织层面上有效整合资源的主要手段。针对融媒体资源整合效率低、资源维度间协同性差的问题，在深化机构改革的基础上重新配置资源打通生态链是提升资源整合效率的可行之策。传媒组织机构改革应当分三步走：第一步，在战略层结合内部资源优势与外部用户需求制订组织机构改革的顶层设计方案，对照现实中传媒集团内各业务部门是否存在生态位高度重叠、内容同质化竞争、资源利用效率不高的现象，综合评定、多方求证之下做出裁撤或保留该业务部门的决策；第二步，在机构层灵活运用合并分立、关停并转等手段重塑组织架构，通过裁撤冗余部门来减少同类型业务部门的过度竞争与内耗，祛除"重数量轻质量、重开设轻建设"的通病；第三步也是最关键的一步，就是要在业务层以自身资源长板为依托合理规划布局全新的业务组合与产品组合，然后重新配置资本、人才、技术等要素组合并将其投入新产品的生产与运营中，实现传媒资源的有效利用与生态链的再造。

举例来说，2018 年天津市进行机构改革，将天津日报社、今晚报社、天津广播电视台职责整合并组建天津海河传媒中心，中心成立后主动关停了 10 个经营不善的子报子刊和 6 个电视频道、调整 2 个广播频率定位、合并 5 个新闻网站和 3 个新闻客户端等；在裁撤冗余业务部门的同时，天津海河传媒中心盘活空置资源而同步启动津云移动新媒体平台和津云中央厨房的建设，至今津云客户端在安卓市场上的下载量已破千万，津云中央厨房自主研发了多个媒体融合产品，现已拥有 60 余项技术专利和著作权，为天津市各区乃至全国 74 家合作伙伴的系统安全平稳运行提供重要的技术支持和保障。天津海河传媒中心成功整合资源的案例充分说明，融媒体应当开展以抓牢稀缺资源为目标、以业务板块设计为导向、以精简机构为关键抓手的组织机构重组改革，去除组织内部的生态位重叠并在优化业务板块的基础上凭借独有的优势资源垂直打通传媒生态链。

（二）以媒体平台为主导构建区域传媒生态圈

在区域传媒生态中存在诸多具有不同资源"长板"优势的媒体，它们的资源整合效果往往受到某一维度资源"短板"的制约而难以在短期内实现不同资源维度间的协同，这使得一家媒体单枪匹马打通生态链的难度倍增。无论是从单个媒体开展经营活动的角度来说，还是从推动区域传媒生态融合、建设全媒体传播体系的角度来说，打造资源共享、价值共创、合作共赢、互利共生的传媒生态圈都是求解媒体资源整合效率最优和传媒生态整体效益最优的必然选择。

具体来说，以区域性生态级媒体平台为主导构建区域传媒生态圈是在区域传媒生态层面实现资源共享的可行之策。当前，媒体融合实践中已经出现了长江云等区域级媒体平台统一整合省域传媒资源的案例，且这一融合模式正在逐渐走向成熟。例如，生态级媒体平台长江云在聚合省域内核心传媒资源方面实现了四大创新：一是大规模低成本快速定制移动客户端，发布省市县各级新闻和政务信息，聚合微博、微信等渠道，提供公共服务入口；二是实现全省"两微一端"内容生产的共享互通，形成湖北省新媒体内容的"云稿库"，打造湖北省信息生产和汇聚的"中央厨房"；三是打破信息孤岛，实现域内全平台实时信息安全管控；四是打破数据壁垒，依托云计算与大数据技术为全省市县媒体提供技术支撑。参考长江云的经验，以平台型媒体为主导构建区域传媒生态圈不仅能实现全域内容、技术、用户等资源的共享，还能建立多地媒体协同发展的联动机制。从平台型媒体主导区域传媒生态圈建设的着力点来看，应当着力实现平台、流程、业务、体制四个方面的"再造"。

1. 平台再造：建设区域传媒资源共享的生态级媒体平台

在平台建设的技术支撑方面，区域内各地政府及相关部门应当在制订协同发展规划时确立平台化发展战略，区域内各地标杆媒体应当承担起再造平台的联合建设主体责任并积极建设跨地域技术联合研发中心，利用云计算、大数据技术搭建集成全域新媒体产品生产汇聚平台、全域媒体融合云平台、全域新媒体管理平台功能于一体的生态级媒体融合技术平台。

区域性生态级媒体平台应覆盖全域，与区域内省市县级融媒体中心实现互联互通、信息共享、协同互动。在平台接入技术板块设计与配套解决方案制定方面，要打通后台接驳域内大小云，积极引导域内省、市、县级融媒体中心"上云"并提供标准化的配套服务方案，在凝聚区域宣传合力的同时借助后台大数据建立标准化的传媒生态位测算体系，通过实时提供生态位宽度、重叠度、竞争优势、相对优势等方面的指标测算结果为融媒体在市场功能上的补缺错位提供精准建议。此外，也要通过提供精细化、定制化、差异化的融媒体中心建设与运维解决方案，定位于区域传媒生态位空白而有计划性地培育一批填补空白生态位、优化区域传媒功能布局的融媒体中心，最终灵活运用技术合作、战略合作、统一规划等多种合作方式与技术手段逐步接入域内各融媒体中心并建成汇聚全域传媒资源且资源互补性、功能耦合性较好的平台型区域传媒生态圈。

2. 流程再造：打造区域内各地媒体共创价值的"中央厨房"

区域性生态级媒体平台应当将区域内各地新闻资讯、电视节目、政务数据信息、服务信息等内容素材汇聚到统一平台上，并在接入平台的所有媒体之间实现内容生产的联合策划、统一汇聚、个性制作、独立分发、多屏呈现，从而大幅度提高生产效率、降低制作成本、提升服务能力，有效支撑区域内不同地域、不同类型、不同级别媒体融合创新业务的快速发展，共同推进全媒体传播体系建设。

具体来说，在平台建设过程中应强化媒体服务职能，通过建设新闻通联系统、内容生产系统、指挥调度系统、算法推荐系统、融媒直播系统、舆情监测系统、数据分析系统、新闻服务系统以及人才培训、营销传播、环境搭建等模块，从而在智能生产、精准分发、运行维护、数据管理、整合营销等方面为区域内融媒体中心提供涵盖生态链上中下游各个环节的标准化配套服务，引导融媒体在融入区域传媒生态的同时借助内嵌在平台上的多种工具重塑生产运营流程，形成融媒体在海量媒资共享、智能辅助生产环境下各取所需、各尽所长、分工合作、共创价值的协同生产与传播新格局。

3. 业务再造：培育蓬勃生长的"传媒+"生态集群

在区域传媒生态圈的"外环"资源链接方面，区域性生态级媒体平台应确立"媒体+"发展路线，通过整合政务资源以及服务资源不断扩大传媒生态圈的内容与服务范围，打造将舆论引导与意识形态管理平台、政务信息公开与移动政务平台、社会治理和智慧民生服务平台等功能融为一体的"入口级"综合内容服务平台。

具体来说，平台应当以传媒生态内环的"制作–发行–消费"核心生态链为依托，向外延伸核心生态链并进一步联通传媒生态外环的电商、金融、医疗、生活、文旅等商业资源，实现多条"传媒+商业资源"生态链的互联互通。最终，建立兼容并包的传媒商业生态圈，推动传媒资源循环的加快，实现区域传媒生态的整体价值增值。

4. 体制再造：在区域内各地媒体之间建立协同化的联动机制

由平台型媒体主导建立的区域传媒生态圈应当具有合作共享的特质，生态圈中媒体之间的关系绝不是互相抢地盘的逐利之争，也不是"大鱼吃小鱼"的吞并之举，而是应当建立起共享品牌、共建平台的协同式联动机制，形成区域内各地媒体在统一平台上共享资源、共创价值、共建生态、合作共赢的生态图景。

具体来说，区域传媒协同式联动机制的确立应当优先建立常态化的信息协作机制，包括：在平台上开辟区域融媒体联席会议、融媒体新闻中心调度群等新闻信源互通有无的机制；在平台上建立可供所有融媒体记者随时发布现场连线等需求并得到响应的新闻采编力量共享机制；在平台上建立全域融媒体中心上传选题策划单、节目串联单的选题策划信息共享机制等。在此基础上围绕信息协作联动机制进一步建立融媒体运营协同机制、融媒体统购统销协同机制、融媒体生态位运营协商机制等各项配套机制，推动区域传媒协同式联动机制体系趋于完善。

三　媒体打造"技术＋"共同体

当前，区域媒体以联盟合作为基本模式探索区域传媒生态协同机制面临着联盟订约条款约束力不强、成员单位仅挂名不履职、合作流于形式等种种问题，进一步推动区域媒体深度合作需要打造一种高效合作机制——资源通融、内容兼融、宣传互融、利益共融的"共同体"。

近年来，在国家大力发展新产业、新技术、新基建的浪潮下，无处不在的科技化、智能化、数字化创新正在与各个生活和产业领域发生强大的融合效应，以大数据、人工智能、云计算、5G和物联网为代表的新兴传媒技术带给传媒行业无限的想象空间。特别是在智能技术浪潮席卷全国的今天，虚拟主播、机器人新闻、"5G＋4K＋AI"视频传播、VR/AR互动新闻等种种新业态的诞生和发展都肇始于智能技术快速升级迭代的新一代应用成果。此外，传媒生态位测量结果显示区域内不同媒体在技术资源维度上的生态位重叠程度远低于用户、内容和渠道维度，说明媒体之间的技术资源竞争不激烈，以技术合作为先导带动多种传媒资源维度上的协同是一种可行之策。综上，在区域传媒生态的共同体建设中只有优先强化传媒产业的技术驱动，才能进一步以技术创新为支点撬动智能云平台建设、智能内容产品生产、算法推送精准分发、打通后台联合运营等多方面的协同创新。

（一）以区域传媒技术共同体强化产业驱动力

在传媒技术共同体的建设上，找准媒体技术协同对接点是第一要务。以量子通信技术领域为例，长三角已形成创新链上不同节点的错位协同：

上海市组建量子科学研究中心，在新型量子材料与关键量子器件等前沿方面开展研究；南京大学在超导量子计算和模拟基础研究方面维持国内领先地位；浙江阿里巴巴达摩院完成第一个可控量子比特的研发工作；安徽全力支持中科大在量子通信领域领跑全球等。区域内不同地域媒体形成差异化定位、协同发展的传媒技术资源利用模式是区域传媒技术共同体得以建立的前提条件。

其次，区域媒体形成共同研发、成果共享的利益共同体需要体制机制的强大支撑。在技术共同体内部，各合作主体之间需要构建权责匹配、多层次立体化的合作机制。特别是在区域内各地传媒资源禀赋不均、传媒技术发展水平不平衡的情况下，边缘城市对中心城市传媒技术的需求较强而后者需求不足，依据合作方的需求与供给框架制定区域内各地媒体均能接受的合作机制是重中之重。应根据不同地域媒体技术生态位关系结构的实际情况，通过充分协商来制定一个包含合作双方权利、责任、收益、风险乃至退出方式在内的、权责匹配度较高的合作框架，并建立定期的高层沟通和协调机制，以推动解决传媒技术协同创新共同体在建设和发展过程中遇到的难题。

最后，在找准定位和建立体制之后，区域媒体之间可以进一步开展基于技术资源互补的跨地域、跨领域传媒技术研发合作，瞄准重点领域联合攻关打造重塑区域传媒生态链的技术整合系统。例如，上海的喜马拉雅科技、基分文化传播（趣头条）等传媒公司形成了专精于算法推荐技术领域的研发路线，而江浙两地的杭州日报集团、南京报业集团在终端通信技术领域具有优势，这些具有异质性技术资源的公司可以展开跨地域、跨领域的传媒技术交流合作，各展所长共同设计打通传媒生态链在生产、分发、渠道、终端等不同环节的一体化集成传媒技术系统，更好地发挥技术为媒体赋能的强大作用。

（二）以传媒技术为支撑构建区域传媒产业共同体

区域传媒技术创新共同体联合研发贯穿生态链上下游的传媒技术整合系统，能够为区域性生态级媒体平台建设提供强有力的技术支持。更进一步地，区域内代表性媒体基于技术共同体运行的良好基础有机会进一步商讨构建以平台为主导的区域传媒生态圈，并以传媒产业共同体为线下合作机制的载体、以区域性生态级平台为线上沟通机制的载体展开全方位的深度合作。具体来说，区域传媒产业共同体是利益共同体、责任共同体、命运共同体，它应当具有业务共生、生态共建、利益共享的理念，并且由多个贯穿传媒生态链各环节的小型共同体单位各司其职、通力合作来构成区域传媒产业共同体的组成部分。

例如，以区域传媒协同创新中心为实体的传媒技术共同体统一收集各媒体成员单位的技术需求并分辨其中的相似性和差异性而分别展开标准化的传媒技术框架设计和精细化、定制化的小型技术项目研发工作；以区域传媒投资集团为实体的传媒投资共同体广泛吸纳各媒体成员单位入股并吸收一部分社会资本共同成立公募基金，瞄准区域内传媒文化领域投资回报率较好的新业态、新风口展开资本运营获取投资收益，同时参投、孵化本区域具有发展潜力的中小型传媒企业、初创传媒企业，通过区域内传媒资本的跨地域流动与配置为区域传媒产业发展注入新活力；以区域传媒内容调度中心、传媒版权交易中心为实体的传媒内容版权共同体负责策划区域媒体联合报道的大型活动，同时也通过大数据观测各媒体成员单位的新闻转载、节目搜索趋势并促成媒体之间的内容版权交易，还可以实时监测区域传媒内容的同质化程度，适时发现亟待填补的内容空白并提示在此方面拥有资源优势的媒体成员单位及时把握时机策划内容专题，推动区域传媒内容生态趋于丰富多样；以区域传媒用户行为研究中心为实体的传媒用户研究共同体充分调查和敏锐洞察区域内细分用户群体的各类需求并观测各成员单位在区域传媒用户生态中占据的位置，据此研制周报、月报、季报、年报并为媒体成员单位的生态位经营决策提供有针对性的意见或建议等。

总之，随着未来的区域传媒合作机制从松散合作的联盟制度向深度合作的共同体转变，以传媒技术共同体为核心，由传媒资本共同体、传媒内容版权共同体、传媒用户研究共同体等内含在传媒生态圈内多条生态链上维系各类资源链接关系的小型共同体共同组成区域传媒生态共同体体系，将在区域传媒生态主体之间营造技术赋能、跨界合作的良好氛围，也必将推动一个以平台为主导的媒体错位经营、功能耦合、互利共生的区域传媒生态圈逐渐建立起来并持续优化布局。

第八章　研究总结与展望

第一节　主要研究结论

一　区域传媒生态体系建构实践的进展和不足

区域传媒生态体系的建构要求不同媒体通过协同合作、取长补短共塑区域内媒体互利共生的和谐生态格局。当前区域传媒生态体系建构实践取得了一些进展但也存在不足之处。主要进展在于三个方面：区域传媒生态中的媒体以联合报道为主要手段凝聚宣传合力，以自建与联运为两种主要方式建设区域级信息枢纽，同时以联盟合作为基本模式探索区域传媒协同机制，形成了区域传媒生态体系的基本面貌。

从媒体竞争的角度来看，传媒生态链上处于同一环节的媒体联手开发下游用户资源的效果会受到媒体之间资源利用模式趋同而资源异质性、互补性不足的影响，区域媒体之间对资源展开争夺的竞争关系结构有待进一步优化。从媒体合作的角度来看，媒体以自建与联运方式建设区域级新闻枢纽会受到传媒集团自身或成对媒体合作所固有的资源利用模式约束而难以突破资源边界进一步完成跨地域资源整合，从这个角度看区域信息枢纽的建设路径和合作模式有待进一步探索，可借鉴省级云技术平台统一整合域内传媒资源的经验来探索区域性生态级媒体平台的建设路径；区域媒体以联盟合作为基本模式探索协同机制可能会面临联盟订约条款约束力不强、成员单位仅挂名不履职、合作流于形式等种种问题，而京津冀媒体正在开展的传媒技术联合研发共同体建设提供了一种建设利益互融共同体的合作新思路。

总的来看，本书对区域传媒生态体系建构实践中的进展与不足进行分析，梳理出区域媒体竞争关系结构有待优化与媒体合作机制有待完善的两个不足之处。

二　区域传媒生态结构的现实面貌与理想形态

本书以京津冀和成渝传媒生态为例进行区域传媒生态结构测算与分析，根据生态位测算结果捕捉当前区域传媒生态结构的典型特征与存在的问题，并进一步建立理论模型来阐明一个理想的区域传媒生态结构应当呈现怎样的形态。

（一）区域传媒生态结构的现实面貌

在案例分析和实证研究阶段，对京津冀和成渝传媒生态结构进行"用户－内容－渠道－技术"四维生态位测算，结果显示，区域传媒生态在媒体竞争关系的资源、层级、空间结构上面临三个问题。

一是资源结构中的边缘传媒资源有待开发的问题。区域传媒生态中的媒体一拥而上、盲目追求某一类资源而形成了高度重叠于中心生态位的资源利用模式，却忽视了对边缘生态位上传媒资源的挖掘，造成中心生态位上传媒资源竞争激烈而边缘生态位上传媒资源有待开发的现象。在未来，如何引导传媒生态中的媒体树立生态位运营观念并依据自身资源优势重新优化调整定位而形成适度竞争、错位发展的新格局，是推动区域传媒资源分配结构优化调整必须要解决的关键问题。

二是层级结构中的区域级媒体有待建设的问题。现阶段，开展区域级信息枢纽建设的媒体数量较少且多是零星几家本地级媒体自主探索和小范围合作的结果。区域级媒体数量较少、区域级信息枢纽尚未建成等问题阻碍了区域内各地的信息资源流动和共享，也不利于区域一体化进程中媒体发挥政策宣传和舆论导向作用。在未来，如何优化调整区域级媒体的建设路径并建成具有强大资源链接能力的区域性生态级媒体平台，是推动区域传媒生态主体层级结构优化调整必须要解决的关键问题。

三是空间结构中的传媒市场壁垒有待破除的问题。区域内传媒资源空间分布不均、传媒要素流动困难的问题实际上反映了区域内本地媒体长期以行政割据性垄断的方式把持着本地市场而使得传媒资源跨地域配置的功能出现扭曲。在未来，如何进一步打破行政分割和市场壁垒、推进区域传媒市场一体化进程，并发挥区域统一传媒市场在推动经济要素有序自由流动、资源高效配置方面的功能，是推动区域传媒生态空间结构优化调整必须要解决的关键问题。

此外，区域传媒生态在媒体合作机制与合作关系结构上面临两方面问题：一是区域媒体以松散联盟为主的浅层合作机制长期来看限制了深度合作的开展。今后，如何打造传媒技术创新共同体并进一步布局完善不同类型媒体之间的产业共同体是推动区域传媒高效协同合作机制趋于完善必须要思考的关键问题。

二是短期内大范围的活动式联合报道、长期内小范围的媒体品牌联合运营，都囿于时间和范围的约束而不能算作真正意义上跨越时空限制的广泛"生态式"合作。今后，如何建构一个互利共生的区域传媒生态圈并形成"生态式"的区域媒体合作样态是推动区域媒体合作关系结构优化调整必须要解决的关键问题。

（二）区域传媒生态结构的理想形态

在充分了解现有区域传媒生态结构特征的基础上，为了指明未来结构优化的方向，本书设计了一个理想的区域传媒生态结构并进行图绘建模。

从传媒生态主体的资源竞争关系来看，一个理想的区域传媒生态结构应当呈现"资源－层级－空间"多维立体架构：在一个理想的资源结构中，每一家媒体都应当优化调整"用户＋内容＋N"维度上的资源利用模式以使其趋于协调而更好地服务于同一个经营目标，不同媒体分别按照自己的资源优势去垂直化地整合多个维度上具有同一性质的传媒资源，能够推动多资源维度上的生态位从重叠走向分离而实现区域传媒生态的整体效益最优；在一个理想的层级结构中，区域内多个媒体在不同生态层级上找准位置、各司其职的理想结构应当呈现"伞状"分布，本地级、区域级、全国级三个层级上的传媒资源丰富度从低层级市场向高层级市场递增，而媒体数量从低生态层级向高生态层级递减，不同层级的媒体之间在用户、内容等多个维度的资源利用模式上形成显著差别，使得"本地级—区域级—全国级"三级媒体的传媒生态位相互分离，能够对本地、本区域、全国乃至全球的传媒资源进行高效率、立体化开发；此外，一个理想的区域传媒生态空间结构应当呈现媒体跨地域进行资源配置并在同一个区域传媒市场上竞争与共存的特征，区域中各地媒体广泛实现差异化定位、跨地域合作、协同性发展能够推动区域传媒生态整体价值的提升。

从传媒生态主体的分工合作关系来看，一个理想的区域传媒生态结构应当呈现"内环—中环—外环"整体联动架构：在内环，生产型媒体、平台型媒体两大核心传媒种群共建"内容制作 - 内容分发 - 用户消费"核心生态链；在中环，辅助型传媒种群推动核心生态链向外拓展；在外环，传媒"群落 - 生境"互动共塑传媒生态价值空间。区域传媒生态的"三环联动"应当以具有强大资源链接能力的平台型媒体为主导，由内而外围绕核心生态链聚合多种商业资源并布局多条"媒体 +"生态链，构建起资源共享、价值共创、生态共建、合作共赢的区域传媒生态圈，并进一步推动区域传媒生态在种群与群落、群落与生境的良性互动中实现资源总量与价值总和的持续性增长。

三　区域传媒生态结构的优化策略

针对区域媒体竞争关系的"沙漏型"层级结构中存在的区域级媒体塌陷问题，以及资源分配结构中存在的同一层级媒体对边缘生态位资源开发不足的问题，应当以媒体为核心主体形成区域传媒错位经营格局并进一步建立"伞形"层级结构，此为优化调整的方向；在优化策略上需要引导媒体树立生态位经营思维，采用在短期向空白生态位移动、在长期向新生态位蓝海进军的生态位经营策略来开发区域传媒生态中区域层级和边缘生态位上尚未被利用的资源。

针对区域媒体竞争关系的空间结构中存在的资源空间分布不均、传媒要素流动困难的问题，应当将推进区域传媒市场一体化进程作为空间结构优化调整的主要方向；在优化策略上需要区域内各地政府创新区域传媒产业协同发展的体制机制，共同建设水平式协同治理、嵌入式协同治理、智能化协同治理"三合一"的新型治理体系。

针对区域传媒生态主体合作关系结构中存在的合作范围小、合作时间短、深度合作难以开展等问题，应当以构建互利共生的区域传媒生态圈为优化调整方向来进一步推动活动式的区域媒体联合报道、小范围的区域媒体品牌联运等浅层合作模式向平台、流程、业务、体制等互通共融的深度合作模式转化；在优化策略上需要"双管齐下"：一方面要引导媒体开展以抓牢稀缺资源为目标、以业务板块设计为导向、以精简机构为关键抓手的组织机构重组改革，以此来去除冗余部门和过剩产能并在多维传媒资源协同条件下进一步打通传媒生态链；另一方面要以平台型媒体为主导实现平台、流程、业务、体制四个方面的再造，构建不同媒体在统一平台上共享资源、共创价值、共建生态、合作共赢的区域传媒生态圈。

针对区域媒体以联盟为主要载体的浅层合作机制有待优化调整的问题，应当将打造以传媒利益共同体为主要载体的深度合作机制作为优化调整的主要方向；在优化策略上建议优先打造传媒技术共同体，包括在找准媒体技术协同对接点、瞄准重点领域联合攻关、构建权责匹配制度等方面发力，并进一步以技术创新为支点撬动多种传媒资源维度上的协同创新。

第二节　研究结果的理论贡献和实践价值

一　研究结果的理论贡献

本书在推进传媒生态理论创新、拓展传媒生态实证研究经验和改良传媒生态位研究方法体系三方面做出贡献。

其一，推进传媒生态理论创新。本书综合运用传播学视野下的传媒生态理论和传媒经济学、生态学视野下的传媒生态位理论展开研究，借鉴邵培仁等传播学者所提出的"传媒生态系统"理论以及迪米克等传媒经济学者对传媒生态位及其关系结构的论述，进一步从媒体之间的竞争与合作关系、媒体与宏观生态因子之间的互动关系角度出发，建立"区域传媒生态结构"理论模型并以此呈现一定区域范围内整个传媒群落与生态环境之间良好互动以及传媒群落内不同传媒种群及组织之间生态位适度重叠形成良性竞争与高效合作关系的理想型传媒生态布局，在一定程度上推动了传媒生态系统理论与传媒生态位理论的融合创新。

其二，拓展传媒生态实证研究经验。已有研究大多是将宏观层面上的传媒群落划分为广播、电视、报纸、网络四类传媒子产业种群来进行"种群间"的传媒生态位测算，在中观层面上形成了对四类传媒子产业之间生态位关系结构的认识。本书通过选取多家分属不同层级、不同地域、不同类型的代表性传媒组织样本来进行"组织间"的传媒生态位测算，能够在微观层面上形成对一定区域内代表性媒体之间生态位关系结构的认识，从而丰富了传媒生态位测算在微观层面的实证研究成果。

其三，改良传媒生态位研究方法体系。在对传媒生态位测算指标体系的拓展上，本书在迪米克传媒生态位测算三大指标（生态位宽度、生态位重叠度、生态位竞争优势）体系的基础上新增一个"生态位相对优势"指标而扩展为四大指标体系，前三大指标反映的是传媒组织在特定资源"维度上"和"维度间"的生态位，而生态位相对优势指标的引入补充了"维度内"的证据，"维度内＋维度上＋维度间"测量指标体系的建构，能够更好地解释媒体之间的生态位重叠发生在特定资源维度的哪一个细分资源类别上。在对传媒生态位测算的资源维度框架的拓展上，以往研究所涉及的传媒资源种类有用户资源、广告资源和内容资源。本书通过对代表性媒体进行"用户＋内容＋渠道＋技术"四个资源维度的生态位测量，完成在传媒生态位测算资源框架中新增技术与渠道两个资源维度的拓展。

二　研究结果的实践价值

本书研究结果对于推动媒体融合实践和区域传媒一体化发展均有意义。

在推动媒体融合实践方面，本书提出的区域传媒生态结构模型以及传媒生态结构优化策略从传媒竞争与合作的角度阐述了如何处理好不同地域、不同层级、不同类型媒体之间的关系，包括针对传媒生态位高度重叠问题应当引导媒体采用一系列生态位经营策略填补空白生态位和开拓新生态位、针对融媒体资源整合效果不佳以及融媒体孤岛普遍存在的问题应当重塑传媒生态链和构建传媒生态圈等，这些策略建议能够给予在当前媒体深度融合阶段打造全媒体传播体系的实践一些参考。

在推进区域传媒一体化发展方面，本书对京津冀和成渝传媒生态结构进行测算，从实际证据中发现区域传媒生态主体竞争关系结构中存在的空间结构中的传媒市场壁垒有待破除、层级结构中的区域级媒体有待建设、资源结构中的边缘传媒资源有待开发等问题并有针对性地提出区域传媒生态结构优化调整的策略，包括政府协同治理推进区域传媒市场统一、媒体优化定位形成区域传媒错位经营格局等；此外，在针对区域传媒生态主体合作关系结构中存在的联盟合作机制难以推进深度合作、联合运营媒体品牌难以突破资源壁垒等问题进行优化调整时，提出了媒体深度合作打造区域传媒技术共同体、媒体融合共建互利共生区域传媒生态圈等策略，在厘清区域传媒生态中存在的问题和提供解决方案两方面有助于推进区域传媒一体化发展。

第三节　研究局限与未来展望

一　研究局限

本书的研究局限主要在于以下三个方面。

其一，在建构区域传媒生态理论模型时，主要是以传媒生态位测算结果为依据对一个理想的区域传媒生态结构进行总结和提炼。理论模型的设想具有一定的主观性，且实证部分的传媒生态位测算仅提供了微观层面上传媒组织间生态位关系结构的证据。因此，本书对于宏观层面上传媒群落与宏观生态因子之间互动关系以及中观层面上不同类型传媒子产业种群之间竞合关系的解释力度不足。

其二，对区域传媒生态结构的测算与分析主要是选取了传媒资源较为丰富、传媒经济发展水平较高的京津冀城市群与成渝城市群为两大区域进行案例研究，研究结果勾勒出经济发达地区传媒生态结构的基本面貌，但是对于欠发达地区的传媒生态结构解释力度不足。

其三，传媒生态始终处在动态变化之中，媒体在传媒生态中的站位也相应发生着变化。无论是采用传媒生态位测算方法来捕捉传媒生态的变化趋势还是研究某一时点上的传媒生态结构特征，实证研究结果的解释效力都会随着时间的推移而降低，因此本书研究结论在短期内有效但不适用于解释长期传媒生态的变化。

二　未来展望

未来的研究可以在以下三个方面开展。

其一，未来的研究者可以深入开展宏观层面上传媒群落与传媒生境中诸多宏观生态因子之间互动关系的研究，以及中观层面上不同传媒子产业种群之间生态位关系结构的研究，据此进一步完善区域传媒生态理论模型，并可以对模型中的各个层次、关系进行实证研究，根据实证研究结果优化改良模型。

其二，未来的研究者在针对区域传媒生态结构进行测算和分析时可以选取更多案例拓宽研究视野，如对欠发达地区的传媒生态结构进行测算等，并可以扩大空间范围进行从区域到全国乃至全球的传媒生态研究，将能得到更具有普遍性的结论。

其三，未来的研究者可以在动态视角下对传媒生态位的移动轨迹进行历时性的理论与实证研究，据此可以总结出传媒生态变迁的规律以及预测未来传媒生态变化的方向，为媒体在动态变化的传媒生态环境中谋求生存与发展空间提供策略建议。

参考文献

一 中文文献

[1] 〔美〕阿兰·B. 阿尔巴兰主编《传媒经济与管理学导论》，崔保国、杭敏、徐佳等译，清华大学出版社，2020。

[2] 保罗·C. 亚当斯、安德烈·杨森、李淼、魏文秀：《传播地理学：跨越学科的桥梁》，《新闻记者》2019 年第 9 期，第 83～96 页。

[3] 卜彦芳、董紫薇：《调适与突破：新型主流传媒生态位经营新策略》，《青年记者》2019 年第 10 期，第 19～22 页。

[4] 曹竹青、陈朋：《地方媒体的"无界传播"与"有界生存"》，《青年记者》2021 年第 2 期，第 15～16 页。

[5] 陈昌凤、王宇琦：《新闻聚合语境下新闻生产、分发渠道与内容消费的变革》，《中国出版》2017 年第 12 期，第 3～7 页。

[6] 陈浩文：《"媒介生态"和"媒介环境"——对媒介生态学的一些思考》，《青年记者》2007 年第 5 期，第 77 页。

[7] 陈力丹、毛湛文：《媒介环境学在中国接受的过程和社会语境》，《现代传播（中国传媒大学学报）》2013 年第 10 期，第 35～40 页。

[8] 陈立敏：《新媒体生态及其对传统新闻业的三重影响》，《新闻知识》2018 年第 10 期，第 3～7 页。

[9] 陈瑞群：《传媒经济学研究的生态学范式：溯源、现状、前景与范例》，《传媒经济与管理研究》2019 年第 1 期，第 57～77 页。

[10] 陈燕：《媒介生态学的产生与流变》，《湖南工业大学学报》（社会科学版）2008 年第 4 期，第 117～120 页。

［11］崔保国：《媒介是条鱼——理解媒介生态学》，《中国传媒报告》
2003 年第 2 期。

［12］崔佐钧：《"四圈深融"做优融媒体生态——广西日报媒体深融路径
思考与实践》，《中国报业》2020 年第 15 期，第 22 ~ 25 页。

［13］〔美〕大卫·阿什德：《传播生态学：控制的文化范式》，邵志择译，
华夏出版社，2003。

［14］戴元初：《融媒体时代传媒跨界生态营造的核心突破——北京电视台
2015 春晚新媒体创新价值初探》，《现代传播》2015 年第 4 期，第
11 ~ 15 页。

［15］丁柏铨：《传媒生态环境的变化与文化建设面临的挑战》，《西南民族
大学学报》（人文社科版）2018 年第 1 期，第 151 ~ 156 页。

［16］窦锋昌：《地方性媒体的出路在哪里》，《青年记者》2020 年第 33
期，第 111 页。

［17］杜菡、田和旭：《地方主流媒体生态平台的四个维度》，《中国广播电
视学刊》2019 年第 12 期。

［18］杜向菊：《基于生态位理论分析 2006－2016 我国传媒业的广告资源
竞争》，《广告大观》（理论版）2018 年第 5 期，第 58 ~ 67 页。

［19］段莉：《从竞争合作到协同发展：粤港澳大湾区传媒发展进路探析》，
《暨南学报》（哲学社会科学版）2018 年第 9 期，第 118 ~ 132 页。

［20］樊昌志、申芳龄：《以错位竞争理念构想地市级电视媒介产业发展战
略》，《湖南城市学院学报》2003 年第 4 期，第 8 ~ 12 页。

［21］樊向宇、王泱：《传播新生态中的中国舆论场》，《媒体融合新观察》
2020 年第 4 期，第 21 ~ 24 页。

［22］樊拥军：《京津冀传媒集成经济协同发展的实践路径与成效检验》，
《河北经贸大学学报》（综合版）2019 年第 4 期，第 18 ~ 21 页。

［23］范以锦、刘芳儒：《传媒生态、媒体业态、媒介形态：中国传媒业改
革四十年》，《新闻记者》2018 年第 10 期，第 13 ~ 18 页。

［24］高长力、胡智锋：《需求与引领：传媒生态与监管服务之变——2014
年〈现代传播〉年度对话》，《现代传播（中国传媒大学学报)》2014
年第 1 期，第 1 ~ 10 页。

[25] 〔美〕戈德史密斯、艾格斯：《网络化治理：公共部门的新形态》，孙迎春译，北京大学出版社，2008。

[26] 郭全中：《"区块链＋"：重构传媒生态与未来格局》，《现代传播》2020年第2期，第1~6页。

[27] 何道宽：《媒介环境学辨析》，《国际新闻界》2007年第1期，第46~49页。

[28] 胡正荣、李荃：《走向智慧全媒体生态：媒体融合的历史沿革和未来展望》，《新闻与写作》2019年第5期，第5~11页。

[29] 胡正荣：《媒体的未来发展方向：建构一个全媒体的生态系统》，《中国广播》2016年第11期，第48~52页。

[30] 黄鑫楠、孙斌栋、张婷麟：《地理距离对互联网社会中网络信息传播的影响》，《地理学报》2020年第4期，第722~735页。

[31] 计春燕：《"互联网＋"时代传媒产业生态结构的变迁分析》，《电视指南》2018年第8期，第230页。

[32] 姜照君、顾江：《江苏省传媒业的广告资源竞争——基于生态位理论的实证分析》，《现代传播（中国传媒大学学报）》2014年第8期，第100~106页。

[33] 蒋晓丽、杨琴：《媒介生态与和谐准则》，《西南民族大学学报》（人文社科版）2005年第7期，第36~38页。

[34] 荆婵、石柱君、李婧：《京津冀传媒文化产业协同发展存在的问题及策略研究》，《西部广播电视》2016年第10期，第17~18页。

[35] 李继东：《构建多环状生态圈："十三五"期间媒体融合发展之道》，《声屏世界》2015年第11期，第11~12页。

[36] 李良荣、袁鸣徽：《中国新闻传媒业的新生态、新业态》，《新闻大学》2017年第3期，第1~7页，第146页。

[37] 李林容、李珮：《新媒体对传统媒体生态影响初探》，《中国出版》2015年第3期，第36~38页。

[38] 李庆春：《生态位视角下传媒企业竞争战略探究》，《新闻战线》2014年第5期，第144~145页。

[39] 李秀珠、彭玉贤、蔡佳如：《新传播科技对台湾新闻媒体之影响：从新

闻内容之区位谈起》，《新闻学研究》2002 年第 7 期，第 26~54 页。

[40] 李振基、陈小麟、郑海雷、连玉武：《生态学》，科学出版社，2002。

[41] 李祖阳：《浅析新媒体生态下新闻付费模式的困境》，《新闻研究导刊》2020 年第 16 期，第 200~201 页。

[42] 〔美〕林登：《无缝隙政府》，王大海等译，中国人民大学出版社，2002。

[43] 刘晓洋：《水平式协同治理：跨域性公共问题治理之道》，《学习与实践》2016 年第 11 期，第 64~72 页。

[44] 刘毅：《传媒生态环境及产业创新》，《重庆社会科学》2008 年第 3 期，第 64~68 页。

[45] 刘振声：《社交媒体依赖与媒介需求研究：以大学生微博依赖为例》，《新闻大学》2013 年第 1 期，第 124~134 页。

[46] 卢文浩：《中国传媒业的系统竞争研究：一个媒介生态学的视角》，中国经济出版社，2008。

[47] 马世骏主编《现代生态学透视》，科学出版社，1990。

[48] 彭兰：《未来传媒生态：消失的边界与重构的版图》，《现代传播》2017 年第 1 期，第 8~14 页，第 29 页。

[49] 强月新、孙志鹏：《媒介生态理念下新型主流媒体的内涵与建构路径》，《当代传播》2019 年第 6 期，第 10~22 页。

[50] 强月新、张明新：《我国主流媒体的传播力现状考察——基于对广东、湖北、贵州三省民众的问卷调查》，《新闻记者》2016 年第 5 期，第 16~26 页。

[51] 强月新、张明新：《中国传媒产业间的广告资源竞争：基于生态位理论的实证分析》，《新闻与传播研究》2009 年第 5 期，第 79~110 页。

[52] 商建辉、张志平：《京津冀传媒产业集群运作中政府协同路径研究》，《西部广播电视》2017 年第 4 期，第 42~43 页。

[53] 邵培仁：《论媒介生态的五大观念》，《新闻大学》2001 年第 4 期，第 20~45 页。

[54] 邵培仁：《论媒介生态系统的构成、规划与管理》，《浙江师范大学学报》（社会科学版）2008 年第 2 期，第 1~9 页。

[55] 邵培仁：《论中国媒介的地理集群与能量积聚》，《新闻大学》2006

年第 3 期，第 102～106 页。

[56] 邵培仁：《媒介地理学：行走和耕耘在媒介与地理之间》，《中华新闻报》2006 年 1 月 4 日，第 3 版。

[57] 邵培仁：媒介生态学研究的新视野——媒介作为绿色生态的研究》，《徐州师范大学学报》（哲学社会科学版）2008 年第 1 期，第 135～144 页。

[58] 邵培仁、潘祥辉：《论媒介地理学的发展历程与学科建构》，《徐州师范大学学报》2006 年第 1 期，第 131～136 页。

[59] 申启武：《媒介的生态位策略与广播频率的专业化设置》，《暨南学报》2006 年第 2 期，第 141～144 页。

[60] 申启武：《媒介竞争与生态位的选择：安徽交通广播运营策略分析》，《中国广播》2005 年第 5 期，第 30～33 页。

[61] 〔美〕施拉姆：《传播学概论》，何道宽译，人民大学出版社，2010。

[62] 宋春风、黄俪：《构建生态圈，推进县级融媒体中心建设》，《新闻战线》2019 年第 15 期，第 73～75 页。

[63] 宋秀葵：《地方、空间与生存：段义孚人文主义地理学生态文化思想研究》，中国社会科学出版社，2012。

[64] 孙英芳：《新媒体生态下的非物质文化遗产传播与文化再生产》，《新闻爱好者》2020 年第 8 期，第 78～80 页。

[65] 谭顺秋：《广佛同城背景下的媒体扩张与博弈》，《新闻战线》2011 年第 5 期。

[66] 谭天：《新媒体不是"媒体"——基于媒介组织形态的分析》，《新闻爱好者》2014 年第 6 期。

[67] 谭英俊：《走向合作型政府：21 世纪政府治理的新趋势》，《中共天津市委党校学报》2015 年第 3 期，第 66～71 页。

[68] 唐玉青：《大数据时代公共突发事件中政府的跨域协同治理》，《江汉论坛》2022 年第 5 期，第 60～65 页。

[69] 陶喜红、党李丹：《中国传媒产业生态结构的多重失衡》，《当代传播》2018 年第 4 期，第 71～74 页。

[70] 陶喜红：《中国传媒产业生态系统健康评价研究》，中国社会科学文

献出版社，2019。

[71] 王春枝：《寻找利基：报纸媒体与网络媒体的竞争关系研究》，外语教学与研究出版社，2012。

[72] 王定兴、贾方军、胡见勇：《多视域下的武汉城市圈传媒融合》，《湖北师范学院学报》（哲学社会科学版）2009 年第 5 期，第 104 ~ 106 页。

[73] 王瀚东、强月新：《教育部人文社科重点研究基地重大项目——"中部媒介生态与媒介发展研究"报告：中部媒介生态与媒介发展——理论视野、现状分析与个案研究（2007 年卷)》，《中国媒体发展研究报告》，武汉大学出版社，2007，第 284 ~ 307 页。

[74] 王晶：《重构媒体生态平衡探析》，《新闻战线》2016 年第 18 期，第 11 ~ 12 页。

[75] 王君超、张焱：《中央厨房的创新模式与传播生态重构》，《中国报业》2019 年第 15 期，第 25 ~ 28 页。

[76] 王四小：《新媒体冲击下传统媒体生态环境的表象和优化》，《编辑之友》2014 年第 2 期，第 69 ~ 71 页。

[77] 王天定、黎明：《区域影响力、地方认同与地方媒体重建》，《青年记者》2021 年第 1 期，第 18 ~ 20 页。

[78] 王炎龙：《传媒生态规律与电视生存逻辑》，《声屏世界》2003 年第 1 期，第 9 ~ 11 页。

[79] 峗怡、刘克：《"嵌入式协同"：一个跨域卫生资源合作治理的解释性框架——基于成渝地区双城经济圈的案例研究》，《中国卫生政策研究》2021 年第 10 期，第 8 ~ 16 页。

[80] 吴林锡：《主流媒体生态保护宣传引导作用探讨》，《中国报业》2020 年第 4 期，第 84 ~ 85 页。

[81] 萧筱：《2018 中国 PC 搜索专题报告：用户规模将达 6.88 亿，百度搜索领衔市场》，艾媒网，2018 年 11 月 27 日，http://www.iimedia.cn/c460/63040.html。

[82] 谢沁露：《从空间转向到空间媒介化：媒介地理学在西方的兴起与发展》，《现代传播（中国传媒大学学报)》2018 年第 2 期，第 75 ~ 81 页。

[83] 邢彦辉：《传媒生态系统中的资源循环》，《当代传播》2006 年第 3

期，第 23～24 页。

[84] 许永：《优化媒体资源从认识媒介内生态开始》，《新闻知识》2002
年第 11 期，第 19～23 页。

[85] 严功军、张雨涵：《内爆转换与传播危机：融媒体生态的批判解读》，
《现代传播（中国传媒大学学报）》2017 年第 11 期，第 14～23 页。

[86] 严三九：《从形态融合到生态变革——传媒形态与生态在融合中的颠
覆与发展》，《编辑之友》2014 年第 8 期。

[87] 严婷：《社交媒体中青年群体亲密关系的建构研究》，云南大学硕士
学位论文，2019。

[88] 喻国明等：《传媒业变革节点的理论回应——2009 传媒经济研究关
键词》，《国际新闻界》2010 年第 1 期，第 12～15 页。

[89] 喻国明、焦建、张鑫：《"平台型媒体"的缘起、理论与操作关键》，
《国际新闻界》2015 年第 6 期，第 120～127 页。

[90] 喻国明、张超、李珊、包路冶、张诗诺：《"个人被激活"的时代：
互联网逻辑下传播生态的重构——关于"互联网是一种高维媒介"
观点的延伸探讨》，《现代传播》2015 年第 5 期，第 1～4 页。

[91]〔美〕约书亚·梅罗维茨：《消失的地域：电子媒介对社会行为的影
响》，肖志军译，清华大学出版社，2002。

[92] 张意曼、陈柏宏：《从区位理论的观点探讨电子报与传统报纸在内容
上的异同：以中时报系之电子报与报纸为例》，《传播与管理研究
（台湾）》2003 年第 2 期，第 209～230 页。

[93] 张明新：《媒体竞争分析：架构、方法与实证——一种生态位理论范
式的研究》，华中科技大学出版社，2011。

[94] 张岩、李晓媛：《东北文化资源与文化产业经济的共生性研究——以
本山传媒开发东北地方性文化资源为例》，《产业与科技论坛》2015
年第 5 期，第 22～23 页。

[95] 张瑜烨、黄龙：《大众传媒对长江中游城市群建设的舆论助推作用——
以湖北广播电视台为例》，《中国广播电视学刊》2014 年第 8 期，第
93～96 页。

[96] 张志安、聂鑫：《互联网内容生态变化：历程、路径与反思》，《新闻

与写作》2018 年第 10 期，第 5~12 页。

[97] 张志安、汤敏：《新新闻生态系统：中国新闻业的新行动者与结构重塑》，《新闻与写作》2018 年第 3 期，第 56~65 页。

[98] 赵树清：《重构传媒生态推进融合创新：广电媒体融合发展的治本之策》，《传媒》2016 年第 17 期，第 14~17 页。

[99] 郑保卫、王静：《数字化对传媒生态的影响》，《兰州大学学报》（社会科学版）2008 年第 5 期，第 2~7 页。

[100] 支庭荣：《大众传播生态学》，浙江大学出版社，2004。

[101] 朱春阳、曾培伦：《重回"伞形结构"：传统媒体新闻客户端创新的空间走向》，《湖南科技大学学报》（社会科学版）2019 年第 5 期，第 118~125 页。

[102] 《2019 年前三季度中国广告市场回顾报告》，未来智库网，2019 年11 月 21 日，https://www.vzkoo.com/read/9f837a33281d6a2f6aa97e288deeeed2.html。

[103] 《"融源"县级融媒体中心省平台云方案》，华栖云网，http://www.chinamcloud.com/rhmt/jjfa/sjjsbsjjfa/。

[104] 《2019-2020 年中国移动社交行业年度研究报告》，艾媒网，2020年 3 月 20 日，https://www.iimedia.cn/c400/70165.html。

[105] 《极光大数据：一点资讯用户研究报告》，中文互联网数据资讯网，2019 年 1 月 3 日，http://www.199it.com/archives/816637.html。

[106] 《〈2019 年新闻资讯行业研究报告〉发布》，百度网，2019 年 11 月29 日，https://baijiahao.baidu.com/s?id=1651516679770899564&wfr=spider&for=pc。

[107] 《2020 年报纸融合传播指数报告》，人民网，2021 年 4 月 27 日，http://yjy.people.com.cn/n1/2021/0426/c244560-32088636.html。

[108] 《2020 年广播融合传播指数报告》，人民网，2021 年 4 月 27 日，http://yjy.people.com.cn/n1/2021/0426/c244560-32088658.html。

[109] 《2020 年电视融合传播指数报告》，人民网，2021 年 4 月 27 日，http://yjy.people.com.cn/n1/2021/0426/c244560-32088670.html。

[110] 《QuestMobile2020 中国移动互联网春季大报告》，Quest Mobile 网，

2020 年 4 月 21 日，https：//www. questmobile. com. cn/research/report – new/90/。

[111] 第 46 次《中国互联网络发展状况统计报告》，中华人民共和国国家互联网信息办公室官网，2020 年 9 月 29 日，http：//www. cac. gov. cn/2020 – 09/29/c_1602939918747816. htm。

[112]《中共中央办公厅 国务院办公厅印发〈国家"十三五"时期文化发展改革规划纲要〉》，中华人民共和国中央人民政府官网，2017 年 5 月 7 日，http：//www. gov. cn/zhengce/2017 – 05/07/content_5191604. htm。

[113]《习近平主持中共中央政治局第十二次集体学习并发表重要讲话》，中华人民共和国中央人民政府官网，2019 年 1 月 25 日，http：//www. gov. cn/xinwen/2019 – 01/25/content_5361197. htm。

[114]《中共中央办公厅 国务院办公厅印发〈关于加快推进媒体深度融合发展的意见〉》，中华人民共和国中央人民政府官网，2020 年 9 月 26 日，http：//www. gov. cn/zhengce/2020 – 09/26/content_5547310. htm。

二 英文文献

[1] Adams, P. C., "Geographies of Media and Communication", *Progress in Human Geography*, 2018 (6): 65 – 82.

[2] Ackroyd, S., Alexander, E. R., "How Organizations Act Together: Inter-organizational Coordination in Theory and Practice," *Administrative Science Quarterly*, 1998 (1): 217.

[3] Blumler, J. G., Katz, E., *The Uses of Mass Communication*, Sage Publications, 1974.

[4] Burgess, J., Gold J., *The Media and Popular Culture*, Kent: Croom Helm Ltd., 1985.

[5] Burgess, J., "Landscapes in the Living Room: Television and Landscape Research", *Landscape Research*, 1987 (12): 1 – 7.

[6] Dimmick, J., Chen, Y., Li, Z., "Competition Between the Internet and Traditional News Media: The Gratification-Opportunities Niche Dimension", *Journal of Media Economics*, 2004 (17): 19 – 33.

［7］ Dimmick, J., "Diffuse Competition and the Decline in Newspaper Advertising Revenue", AEJMC in Washington DC, 2013.

［8］ Dimmick, J., Feaster, J., Hoplamazian, G., "News in the Interstices: The Niches of Mobile Media in Space and Time", *New Media & Society*, 2010 (1).

［9］ Dimmick, J., Feaster, J., Ramirez, A., "The Niches of Interpersonal Media: Relationships in Time and space", *New Media & Society*, 2011 (13): 1265 - 1282.

［10］ Dimmick, J., *Media Competition and Coexistence: The Theory of the Niche*, NJ: Lawrence Erlbaum Associates, 2003.

［11］ Dimmick, J., Patterson, J. W., Albarran, A. B., "Competition between the Cable and Broadcast Industries: A Niche Analysis", *Journal of Media Economics*, 1992 (1): 13 - 30.

［12］ Dimmick, J., Ramirez, A., Wang, T., Lin, S. F., " 'Extending Society': The Role of Personal Networks and Gratification-utilities in the Use of Interactive Communication Media", *New Media & Society*, 2007 (9): 795 - 810.

［13］ Dimmick, J., Rothenbuhler, E. W., "Competitive Displacement in the Communication Industries: New Media in Old Environments", *The New Media*, 1984 (3): 287 - 304.

［14］ Dimmick, J., Sarge, M., *Media and Identity: A Theory, Measures of Identity Facets and Outcomes and Preliminary Studies, Communication Theory*, CA: Sage, 2015.

［15］ Dimmick J., "Seeking the Media: A Uses and Gratifications Perspective on the Search for Media Content", *New Media & Society*, 2013 (4), pp426 - 448.

［16］ Frable, D., "Gender, Racial, Ethnic, Sexual and Class Identities", *Annual Review of Psychology*, 1997 (48): 139 - 162.

［17］ Gant, C., Dimmick, J., "Making Local News: A Holistic Analysis of Sources, Selection Criteria, and Topics. Journalism & Mass Communication Quarterly", *Journalism & Mass Communication Quarterly*, 2010 (3): 628 – 638.

[18] Gauntlett, D., *Media, Gender and Identity*, London: Routledge, 2002.

[19] Gause, G. F., "About the Processes of Destruction of One Species by Another in the Populations of Ciliates", *Zoological Journal*, 1934 (1): 16 – 27.

[20] Giddens, A., *The Consequences of Modernity*, Stanford University Press, 1990.

[21] Grinnell, J., "The Niche-relationship of the California Trashier", *Auk*, 1917 (3): 34 – 52.

[22] Harwood, J., "Age Identity and Television Viewing Preferences", *Communication Reports*, 1999 (12): 85 – 90.

[23] Howard, J., "Social Psychology of Identities", *Annual Review of Sociology*, 2000 (1): 367 – 393.

[24] Hutchinson, G. E., *A Treatise on Limnology*, NY: John Wiley, 1957.

[25] Jones, K., *Accent of Privilege: English Identities and Anglophobia in the U. S*, Philadelphia: Temple University Press, 2001.

[26] Li, S., "New Media and Market Competition: A Niche Analysis of Television News, Electronic News, and Newspaper News in Taiwan", *Journal of Broadcasting and Electronic Media*, 2001 (45): 259 – 276

[27] McDonald, D., Dimmick, J., "Diversity: Conceptualization and Measurement", *Communication Research*, 2003 (10): 60 – 79.

[28] Mcluhan, M., Lapham, L. H., "Understanding Media: The Extensions of Man", *American Quarterly*, 1994 (4).

[29] Paasi, A., "The Institutionalization of Regions: Theory and Comparative Case Studies", *Fennia*, 2013, 164 (1): 105 – 146.

[30] Paasi, A., "The Media as Creator of Local and Regional Culture", in OECD REFO, 1989.

[31] Picard, R., *Media Economics*, CA: Sage, 1989.

[32] Postman, N., "What is Media Ecology?", *Media Ecology Association*, https://media-ecology. org/What-Is-Media-Ecology.

[33] Ramirez, A. , Dimmick, J. , Feaster, J. , Lin, S. F. , "Revisiting Interpersonal Media Competition: The Gratification Niches of Instant Messaging, E-Mail, and the Telephone", *Communication Research*, 2008 (5): 529 – 547.

[34] Relph, E. , *Place and Placelessness*, London: Pion, 1976.

[35] Rosengren, K. , Wenner, L. , Palmgreen, P. , *Media Gratifications Research*, Beverly Hills, 1985.

[36] Schoener, T. W. , "Resouce Partitioning in Ecological communities", *Science*, 1974 (8): 27 – 39.

[37] Slater, M. D. , "Reinforcing Spirals: The Mutual Influence of Media Selectivity and Media Effects and Their Impact on Individual Behavior and Social Identity", *Communication Theory*, 2007 (11): 281 – 303.

[38] Whittaker, R. H. , Levin, S. A. , *Niche: Theory and Application*, NY: Dowen Press, 1975.

附　录

附录1　京津冀和成渝代表性媒体样本结构

附表1-1　京津冀代表性媒体样本结构

区位\种群	传统媒体与融媒体种群（N=31）	新媒体种群（N=7）
北京 （N=21）	2家电视媒体：北京电视台、中央电视台； 2家广播媒体：北京人民广播电台、中央人民广播电视台； 10家报纸媒体：新华社、人民日报、环球时报、健康时报、光明日报、经济日报、新京报、中国青年报、北京青年报、北京日报	优酷、爱奇艺、抖音、快手、新浪微博、今日头条、网易新闻
天津 （N=9）	1家电视媒体：天津电视台； 1家广播媒体：天津人民广播电台； 4家报纸媒体：天津日报、每日新报、今晚报、中老年时报； 3家新闻门户网站：北方网、天津网、今晚网	—
河北 （N=8）	4家电视媒体：河北电视台、石家庄电视台、张家口电视台、保定电视台； 1家广播媒体：河北人民广播电台； 2家报纸媒体：河北日报、石家庄日报； 1家新闻门户网站：长城网	—
合计 （N=38）	包括：7家电视媒体、4家广播媒体、16家报纸媒体、4家新闻门户网站	包括：7家新媒体

附表1-2　成渝代表性媒体样本结构

区位\种群	传统媒体与融媒体种群（N=20）	新媒体种群（N=5）
成都 （N=13）	2家电视媒体：四川电视台、成都电视台； 2家广播媒体：四川人民广播电台、成都人民广播电台；	爱奇艺、快手

种群 区位	传统媒体与融媒体种群（N = 20）	新媒体种群（N = 5）
成都 （N = 13）	5 家报纸媒体：四川日报、华西都市报、每日经济新闻、成都日报、成都商报； 2 家新闻门户网站：四川新闻网、四川在线网	爱奇艺、快手
重庆 （N = 12）	1 家电视媒体：重庆电视台； 1 家广播媒体：重庆人民广播电台； 5 家报纸媒体：重庆日报、重庆晨报、重庆晚报、重庆商报、三峡都市报； 2 家新闻门户网站：大渝网、华龙网	腾讯视频、腾讯新闻、人人视频
合计 （N = 25）	包括：3 家电视媒体、3 家广播媒体、10 家报纸媒体、4 家新闻门户网站	包括：5 家新媒体

注：2017～2020 年，爱奇艺西部总部、快手直播电商总部均落户成都；腾讯西南总部、人人视频总部基地均落户重庆。

附录 2　京津冀和成渝代表性媒体的主要新闻客户端样本列表

附表 2 - 1　京津冀代表性媒体的主要新闻客户端样本列表

京津冀代表性融媒体 （N = 31）	所属集团（N = 19）	自建新闻客户端 （N = 26）	所属地域
中央电视台、中央人民广播电台	中央广播电视总台	央视新闻、央广新闻	
北京电视台、北京人民广播电台	北京广播电台	北京时间、听听 FM	
新华社	新华社	新华社	
人民日报、环球时报、健康时报	人民日报社	人民日报、环球时报、健康时报	
光明日报	光明日报社	光明日报	
经济日报	经济日报社	经济日报	北京 （13 个客户端）
新京报	新京报传媒公司	新京报	
中国青年报	中国青年报社	中国青年报	
北京日报、北京青年报	北京日报报业集团	北京头条	

续表

京津冀代表性融媒体 （N=31）	所属集团（N=19）	自建新闻客户端 （N=26）	所属地域
天津电视台、天津人民广播电台、天津日报、每日新报、今晚报、中老年时报、天津网、今晚网、北方网	天津海河传媒中心	津云、津滨海	天津 （2个客户端）
河北电视台、河北人民广播电台	河北广播电视台	冀时、即听FM	河北 （9个客户端）
河北日报	河北日报报业集团	河北日报	
长城网	长城新媒体集团	长城24小时	
石家庄电视台	石家庄广播电视台	无线石家庄	
石家庄日报	石家庄报业传媒集团	—	
张家口电视台	张家口广播电视台	张家口手机台	
保定电视台	保定广播电视台	智慧保定	
—	廊坊广播电视台	Hi廊坊	
—	保定日报报业集团	掌握保定	
京津冀代表性新媒体 （N=7）	其中：非新闻类新媒体 （N=5）	新闻类新媒体 （N=2）	所属地域
新浪微博、爱奇艺、优酷、抖音、快手、今日头条、网易新闻	新浪微博、爱奇艺、优酷、抖音、快手	今日头条、网易新闻	北京 （2个客户端）

注：石家庄日报客户端因运行维护无法取得数据，予以删除；廊坊广播电视台"Hi廊坊"客户端和保定日报报业集团"掌握保定"客户端的安装量较高，补录入样本集。

附表2-2 成渝代表性媒体的主要新闻客户端样本列表

成渝代表性融媒体 （N=20）	所属集团（N=12）	自建新闻客户端 （N=22）	所属地域
四川电视台、四川人民广播电台	四川广播电视台	四川观察、熊猫视频、熊猫听听	成都 （11个客户端）
成都电视台、成都人民广播电台	成都广播电视台	看度、神鸟知讯	
四川日报、华西都市报、四川在线网	四川日报报业集团	川观新闻、封面新闻	
成都日报、成都商报、每日经济新闻	成都传媒集团	红星新闻、每日经济新闻、成都日报锦观	
四川新闻网	四川新闻网传媒集团	首屏新闻	

续表

成渝代表性融媒体 （N = 20）	所属集团（N = 12）	自建新闻客户端 （N = 22）	所属地域
重庆电视台、重庆人民广播电台	重庆广播电视集团	第一眼新闻、重庆手机台	重庆 （10 个客户端）
重庆日报、重庆晨报、重庆晚报、重庆商报、三峡都市报、大渝网、华龙网	重庆日报报业集团	重庆日报、上游新闻、新重庆	
—	重庆青年报社	重庆头条	
—	重庆市渝中区融媒体中心	重庆渝中	
—	重庆市渝北区融媒体中心	渝北掌媒	
—	重庆市巴南区融媒体中心	看巴南	
—	重庆市南岸区融媒体中心	掌新南岸	
成渝代表性新媒体（N = 5）	其中：非新闻类新媒体（N = 4）	新闻类新媒体（N = 1）	所属地域
爱奇艺、快手、人人视频、腾讯视频、腾讯新闻	爱奇艺、快手、人人视频、腾讯视频	腾讯新闻	重庆 （1 个客户端）

注：在数据收集过程中发现重庆青年报社旗下"重庆头条"客户端以及重庆市主城各区融媒体中心旗下 4 个客户端的安装量较高，补录入样本集。

附录3　京津冀和成渝代表性媒体的融媒体账号样本列表

附表 3 – 1　京津冀代表性媒体的融媒体账号样本列表

京津冀代表性融媒体 （N = 31）	所属集团（N = 18）	代表性融媒体账号 （N = 22）	所属地域
中央电视台、中央人民广播电台	中央广播电视总台	央视新闻、央广军事	北京 （11 个账号）
北京电视台、北京人民广播电台	北京广播电台	BTV 养生堂、北京交通广播	
新华社	新华社	新华社	
人民日报、环球时报、健康时报	人民日报社	人民日报	
光明日报	光明日报社	光明网	
经济日报	经济日报社	中国经济网	

续表

京津冀代表性融媒体 （N＝31）	所属集团（N＝18）	代表性融媒体账号 （N＝22）	所属地域
新京报	新京报传媒公司	新京报	北京 （11 个账号）
中国青年报	中国青年报社	青蜂侠	
北京日报、北京青年报	北京日报报业集团	长安街知事	
天津电视台、天津人民广播电台、天津日报、每日新报、今晚报、中老年时报、天津网、今晚网、北方网	天津海河传媒中心	天津卫视、天津广播、每日新报、津云	天津 （4 个账号）
河北电视台、河北人民广播电台	河北广播电视台	河北广播电视台	河北 （7 个账号）
河北日报	河北日报报业集团	河北新闻网	
长城网	长城新媒体集团	—	
石家庄电视台	石家庄广播电视台	无线石家庄	
石家庄日报	石家庄报业传媒集团	石家庄日报	
张家口电视台	张家口广播电视台	张家口播报	
保定电视台	保定广播电视台	保定新闻广播	
—	廊坊广播电视台	环京津新闻网	

注：长城新媒体集团的"长城网"抖音号获赞量为 0，将其从京津冀渠道生态位测算的代表性融媒体账号样本集中删去，新增廊坊广播电视台的"环京津新闻网"账号补充进样本集。

附表 3 - 2 成渝代表性媒体的融媒体账号样本列表

江浙沪代表性融媒体 （N＝20）	所属集团（N＝7）	代表性融媒体账号 （N＝14）	所属地域
四川电视台、四川人民广播电台	四川广播电视台	四川观察、四川卫视	成都 （9 个账号）
成都电视台、成都人民广播电台	成都广播电视台	看度新闻	
四川日报、华西都市报、四川在线网	四川日报报业集团	四川日报、封面新闻	
成都日报、成都商报、每日经济新闻	成都传媒集团	锦观新闻、红星新闻、每日经济新闻	
四川新闻网	四川新闻网传媒集团	四川新闻网	

续表

江浙沪代表性融媒体 （N＝20）	所属集团（N＝7）	代表性融媒体账号 （N＝14）	所属地域
重庆电视台、重庆人民广播电台	重庆广播电视集团	重庆广电第一眼、重庆卫视	重庆 （5个账号）
重庆日报、重庆晨报、重庆晚报、重庆商报、三峡都市报、大渝网、华龙网	重庆日报报业集团	重庆日报、上游新闻、华龙网	

注：重庆商报、重庆晚报慢新闻无抖音号，将其从成渝渠道生态位测算的代表性融媒体账号样本集中删去。

附录4　京津冀和成渝代表性媒体所属母公司样本列表

附表4-1　京津冀代表性媒体所属母公司样本列表

代表性媒体（N＝38）	媒体母公司（N＝15）	所属地域
中央电视台	中央电视台	北京 （11家公司）
中央人民广播电台	中央人民广播电台	
北京电视台	北京电视台	
北京人民广播电台	北京人民广播电台	
人民日报、环球时报、健康时报	人民日报社	
光明日报	光明日报社	
优酷	优酷信息技术北京有限公司	
爱奇艺	北京爱奇艺科技有限公司	
网易新闻	网易传媒科技（北京）有限公司	
抖音、今日头条	字节跳动有限公司	
—	中国广播电视网络有限公司	
天津电视台、天津人民广播电台、天津日报、每日新报、今晚报、中老年时报、天津网、今晚网、北方网	天津海河传媒中心	天津 （2家公司）
—	天津通信广播公司	
河北电视台、河北人民广播电台	河北广播电视台	河北 （2家公司）
—	河北广电信息网络集团股份有限公司	

代表性媒体（N = 38）	媒体母公司（N = 15）	所属地域
*新华社、快手、新浪微博、经济日报、新京报、中国青年报、北京日报、北京青年报、河北日报、长城网、石家庄电视台、石家庄日报、张家口电视台、保定电视台		—

注：未查询到*部分媒体中的新华社、快手、新浪微博所属母公司专利信息，经济日报等其他媒体所属母公司专利数量较少或为零，故将其从京津冀技术生态位测算的媒体母公司样本中剔除；作为补充，新增中国广播电视网络有限公司等 3 家专利拥有量排名靠前的媒体公司纳入样本集。

4 - 2　成渝代表性媒体所属母公司样本列表

代表性媒体（N = 20）	媒体母公司（N = 8）	所属地域
四川电视台、四川人民广播电台	四川广播电视台	成都（5 家公司）
成都电视台、成都人民广播电台	成都广播电视台	
四川日报、华西都市报、四川在线网	四川日报报业集团	
成都日报、成都商报、每日经济新闻	成都传媒集团	
—	创意信息技术股份有限公司	
重庆电视台、重庆人民广播电台	重庆广播电视集团	重庆（3 家公司）
重庆日报、重庆晨报、重庆晚报、重庆商报、三峡都市报、大渝网、华龙网	重庆日报报业集团	
—	博拉网络股份有限公司	

注：未查询到四川新闻网所属母公司专利信息，故将其从成渝技术生态位测算的媒体母公司样本中剔除；作为补充，新增创意信息技术股份有限公司和博拉网络股份有限公司 2 家专利拥有量排名靠前的传媒信息技术公司纳入样本集。

后　记

2017 年，中国传媒大学"大阅城"图书馆。

"大阅城"门口常常有一个身影急匆匆地走过，三楼传媒类书架旁时而传来窸窸窣窣的翻书声，五楼公共自习室里某张书桌前也不时有沙沙落笔和嗒嗒敲击键盘的声音响起。今天却好似不同寻常，那个"噪声制造者"突然停顿了、迟疑了。难得的寂静中，手指拂过书页上的"媒体""地理""生态"几个词语，一幅幅虚幻的图像在她的脑海中浮现——那是电影生产要素在不同城市之间流动和汇聚的路线图。少顷，她认真点了点头，确认了媒体与城市之间的关联。这种关联以传媒要素为纽带，在城市中集聚的信息、技术、渠道等各类传媒要素是媒体开展经营和传播活动所必需的资源。

2019 年，中国传媒大学 34 号宿舍楼。

深夜，34 号楼 120 室的大门紧闭，却有一丝光亮溢出门外，仿佛在诉说着未眠人的心事。两年过去了，经年累月的努力耕耘将刹那的"灵光乍现"转化为更加深入的思考。通过对传媒生态系统、传媒生态位等理论的学习，她逐渐认识到每一家媒体对传媒资源的获取和利用都遵循着特定的模式，而不同媒体之间资源利用模式的相似性和差异性又如同一个个"坐标"，标示着它们在传媒生态结构中所处的"生态位"。在日复一日的学习、感悟、写作中，陆陆续续有论文发表出来了。有时，她关心媒体与环境的共演，解释传媒生态位经营策略在短期和长期的动态变化；有时，她思考媒体之间的竞合关系，探觅一种互利共生的产业发展逻辑；还有的时候，一连串的疑问和猜想在她的心中萦绕、酝酿：如果媒体的资源利用模式可以用数据表达，它们在传媒生态中的位置是否可测？如果传媒生态位可以被测量，它们所构筑的传媒生态结构会呈现怎样的面貌？如果每一家媒体都移动到合适的位置，传媒生态位从重叠走向分离能否推动传媒生态结构趋于合理？倘若猜想只是念头而没有付诸实践，研究就会止步不前。复杂的研究设计、巨大的工作量、未知的研究结论总是让人望而却步。直到今夜，一个研究方案的提交截止日期迫近了，她实在没空犹豫，只得焦急地在乱成一团的思绪中扒拉着线头。猛然间，她回想起了那个"关联"：一定区域内的城市群是传媒资源的集聚地，也是各种媒体的属地。那么，区域内各种媒体的经营与传播空间是对内聚焦于本地或是向外延伸至全国，究其本质就是一种用户生态位的差异，这种差异传导到区域传媒生态结构中，可能会表现出不同媒体在用户层级上的分化特征。思路一打开，"用户—内容—渠道—技术"四维传媒生态位测算框架随即在想象中勾勒成形，于是她奋笔疾书，洋洋洒洒数千字落于纸页，抬首晨曦微现。

2021 年，大黄庄桥东妇联小区 10 号楼。

在这个疫情反复的寒冬，10 号楼 601 室迎来了新的租客，她们的到来让这间小小的屋子充满了暖意。虽然空间不大，女孩们还是决意将一间卧室腾空，再置办一整套书桌椅，一间简易书房便改造成功了。在这里，她们有一项重大的任务要完成——撰写毕业论文。而她又是同室里尤其焦虑的一个，因为她的论文体量很大、数据很杂、问题很多，可想而知，耗时也会很长。论文开题以来，身边的老师、亲人、朋友是她的"及时雨"，总在她最需要的时候提供无私的帮助：在每周一次的研讨会上，导师不厌其烦地倾听她的研究汇报，适时地给予鼓励，精准地提出建议；亲朋好友不仅包容她在生活中和学习上的小情绪，也在数据收集、资料整理等方面分担了她的压力。不知不觉间，寒假悄然而至了，她抱着一种"闭关写作"的念头搬进了合租房。然而，远离了学校和家人，进入一种"离群索居"的生活状态，迟钝的笔锋把论文进度拖得无比漫长，总是写了又改、改了又删。渐渐地，她的抑郁情绪不断滋长，时常在深夜不敢入眠，害怕第二天仍然会守着电脑枯坐一日。幸而，合租室友总是在不经意间治愈她，她们用欢声笑语、美味佳肴把她拉回到现实的烟火气中。偶尔，写不下去的时候抬头一看，对面也有一个耷拉着脸的小脑袋，四目相对之间好像就没那么沮丧了。也不知这样难熬的日子过了多久，许是"念念不忘，终有回响"，几个想不通的关窍一一打通之后，写作的进度陡然加快。然而，由于前期写作一度陷入僵局，紧赶慢赶还是沦为交稿最晚的那一个"掉队生"。导师却在顶着极大阅稿压力的情况下包容了她的迟到，并且专业而高效地揪出了论文框架上的毛病。在电话里，听着导师的清晰讲解、耐心安慰和殷殷嘱托，她又是感动又是羞愧，同时也有了一种醍醐灌顶、茅塞顿开的清爽感。此后，从初稿到二稿的大改工作很是顺利，后来在修修补补的过程中竟然改到了第八稿，而写作前期的那种迷茫和困惑尽数消失不见了，真是"一勤天下无难事"。

2022 年，西南政法大学办公楼教师工作室。

从中国传媒大学毕业后，我总算实现了年少时的梦想——成为一名高校教师。我也时常想念曾经的那个"她"，在图书馆一泡就是一整天的"她"，在宿舍挑灯夜战奋笔疾书的"她"，在合租房暗自垂泪重整精神的"她"……如果没有过去在每一个想放弃的时刻都咬紧牙关坚持下来的无数个"她"，今天的我可能要一边在梦想碎裂的痛楚中煎熬，一边为那些空耗的光阴而追悔莫及。好在，没有如果。而今，博士毕业论文几经修改即将成书出版，在怀念过去的同时，我更要感谢在本书写作过程中一直陪伴着我、关心着我、督促着我的师长亲友，多少次春风送暖、雪中送炭的情谊深重而绵长，只嫌自己笔力太轻，难以道尽心中的谢意。

本书原稿是我的博士毕业论文，成书时进行了一定的修改和调整。博士毕业论文是在我的导师卜彦芳教授的悉心指导下完成的。从拟定选题、收集资料到撰写成文的整个过程，无不浸透恩师的辛劳和汗水。恩师以深厚的学术底蕴、严谨的治学风格、勇于创新的科学思维、循循善诱的启发和教导使我在学术道路上受益匪浅；恩师以积极向上的态度、求真务实的作风、淡定从容的心境、落落大方的举止、知性优雅的气质汇聚成强大的人格魅力深深影响着我、感染着我；恩师还是一位富有爱心、虚怀若谷的仁者，无数次在我懈怠、沮丧之时给予我耐心、包容、支持和鼓励。恩师是我求学生涯中有幸遇到的好导师、好榜样，在此谨向恩师致以最诚挚的谢意！

本书原稿写作期间，经历了包括开题答辩、中期答辩、预答辩、正式答辩等在内的一系列严谨的、公正的、科学的答辩评审验收工作。感谢在答辩和评审期间给予我意见和建议的诸位专家学者，感谢诸位在审稿过程中付出的时间和精力，每一次的修改意见都使我的博士毕业论文增色不少。

本书原稿写作过程中还得到了朋友们无私的支持和帮助。李初晴、李悦、李秋霖、刘涛、唐嘉楠同学为相关案例的数据收集付出了大量的工作。谯金苗、杨勇等师兄师姐，蔡霖、顾恩澍、李丹阳、李丹、秦海青、韦子娟、杨贝贝、杨帆、赵新星等同窗好友以及敖嘉、卢艺、夏阳宇、周恩泽等师弟师妹在学习上和生活上给予我诸多帮助。感谢朋友们，在与大家一起学习、共同进步的日子里我收获了满满的快乐与感动。

本书原稿是我在中国传媒大学求学期间完成的。犹记得毕业时心中对母校无限的眷恋，无论是宽敞明亮的教室、书声琅琅的课堂，还是"立德、敬业、博学、竞先"的校训，抑或校歌中"珍惜春光"的再三叮嘱，都蕴含着母校对学子深沉的爱与关怀。衷心感谢中国传媒大学对我的培养和教育，祝愿母校积历史之厚蕴，宏图更展，再谱华章！

本书定稿是我在西南政法大学工作期间完成的。我生于祖国西南边陲的小城腾冲，从小就对西南政法大学有一份独特的憧憬，如今能够在此执教而"圆梦"西政，不得不说是我的幸运。虽然入职未满一年，但我已感受到了学校和学院对于青年教师的培养力度。在从原稿到定稿的修订期间，我得到了学校科研经费的资助，并依托成渝地区双城经济圈发展传播研究院展开对成渝传媒生态的测算与分析，也正因如此，才能将本书的出版提上日程。衷心感谢西南政法大学予我一份教职，也愿意挖掘我的科研潜力。今后我将继续努力工作，尽力回报学校和学院对我的培养。

此外，本书有幸在社会科学文献出版社出版，高雁编辑在本书的校对、排版、订正等环节做了大量的工作。由于书中数据丰富而图表众多，校对工作烦琐枯燥且耗时耗力。每一处细节的核对和图表的美化都浸透了高编辑的汗水。在此，向社会科学文献出版社、向高雁编辑表示衷心的感谢！

最后，特别感谢一直陪在我身边给予我支持、鼓励、安慰的亲人们，我的父母给了我生活以及精神上的支持，给了我良好的家庭教育，给了我最无私的爱与关怀，为我顺利完成学业提供了坚实的后盾。我的外公和外婆在我求学期间相继离世了，但他们留给我享用不尽的精神财富，激励着我坚定地走好每一步。

纸短情长，道不尽的感谢在心中铭记，衷心祝愿诸位师长亲友平安顺遂、万事胜意。

2022 年 6 月 12 日

于西南政法大学

图书在版编目（CIP）数据

区域传媒生态结构优化研究：基于传媒生态位的视角 / 董紫薇著. —— 北京：社会科学文献出版社，2022.10

　ISBN 978 - 7 - 5228 - 0317 - 3

　Ⅰ.①区… Ⅱ.①董… Ⅲ.①传播媒介 - 研究 Ⅳ.①G206.2

中国版本图书馆 CIP 数据核字（2022）第 109786 号

区域传媒生态结构优化研究
——基于传媒生态位的视角

著　　者 / 董紫薇

出 版 人 / 王利民
责任编辑 / 高　雁
责任印制 / 王京美

出　　版 / 社会科学文献出版社 （010）59367226
　　　　　　地址：北京市北三环中路甲 29 号院华龙大厦　邮编：100029
　　　　　　网址：www. ssap. com. cn
发　　行 / 社会科学文献出版社 （010）59367028
印　　装 / 三河市尚艺印装有限公司

规　　格 / 开　本：787mm × 1092mm　1/16
　　　　　　印　张：14.75　字　数：231 千字
版　　次 / 2022 年 10 月第 1 版　2022 年 10 月第 1 次印刷
书　　号 / ISBN 978 - 7 - 5228 - 0317 - 3
定　　价 / 98.00 元

读者服务电话：4008918866